অবাধ্য সন্তানদের

রোধ

কীভাবে করবেন

बच्चों को बिगड़ने से कैसे रोकें

সন্তানদের প্রতি আপনার উপেক্ষা, প্রয়োজনের অতিরিক্ত ভালোবাসা দেওয়া, কিংবা নিজেদের ব্যস্ততার মধ্যে ঘিরে রাখা বাচ্ছাদের বিগড়ে যাওয়ার আসল কারণ। এরজন্য প্রয়োজন শিশু মনোবিজ্ঞানীরদের পরামর্শ নেওয়ার সাথে সাথে আপনার কিছুটা সতর্কতা ও বুঝে চলার প্রয়োজন।—যা আপনার সন্তানকে দেবে সুন্দর ও সফল জীবন।

অবাধ্য সন্তানদের
রোধ
কীভাবে করবেন

बच्चों को बिगड़ने से कैसे रोकें

চুন্নীলাল সলুজা

Published by:

F-2/16, Ansari road, Daryaganj, New Delhi-110002
☎ 23240026, 23240027 • Fax: 011-23240028
Email: info@vspublishers.com

Regional Office : Hyderabad
5-1-707/1, Brij Bhawan (Beside Central Bank of India Lane)
Bank Street, Koti, Hyderabad - 500 095
☎ 040-24737290
E-mail: vspublishershyd@gmail.com

Branch Office : Mumbai
Jaywant Industrial Estate, 2nd Floor–222, Tardeo Road
Opposite Sobo Central Mall, Mumbai – 400 034
☎ 022-23510736
E-mail: vspublishersmum@gmail.com

Follow us on:   

All books available at www.vspublishers.com

ISBN 978-93-579400-2-3

Edition: 2015

Printed at: Param Offsetters, Okhla, New Delhi

আমার নিজের কিছু কথা

শিশু দেশের ভবিষ্যৎ। সমুচিত-দিক্-নির্দেশের অভাবে দেশের এই ভবিষ্যৎ নষ্ট হতে চলেছে। আর্থিক সম্পন্নতা অভিশাপ হয়ে পারিবারিক জীবনের উপর অন্ধকার নামিয়ে আনছে। পরিবারের মধ্যে পারস্পরিক স্নেহ-ভালোবাসা নষ্ট হয়ে যাচ্ছে। দেশের ভবিষ্যৎ, পরিবারের আশা-আকাঙ্খা শেষ হতে চলেছে। এর কারণ যা-ই হয়ে থাকুক না কেন, আমরা স্বাধীন ভারতবর্ষের এই প্রজন্মকে সেই শিক্ষা-সংস্কৃতি দিতে পারিনি যা তাদের জীবনকে সুন্দর ও সুগঠিত করে তুলতে পারে। ভালো শিক্ষার নামে আমরা তাদের ভালো স্কুল এবং ইংরাজী জ্ঞানের ব্যবস্থা করি অর্থাৎ পাশ্চাত্য শিক্ষায় শিক্ষিত হয়ে ওঠার প্রস্তুতি করে দিই, আরও দিই ফ্যাশান, গ্ল্যামার, হিংসা আর ভোগবাদী কু-সংস্কার, যা পরিবারের সন্তানদের চিন্তা-ভাবনাকে বিকৃত করে তুলছে, তার সাথে সমাজে ভেদাভেদ সৃষ্টি হচ্ছে। সরকারী বাংলা-মাধ্যম স্কুল এবং বেসরকারী ইংরাজী-মাধ্যম স্কুলে শিক্ষা-প্রাপ্ত বাচ্ছাদের মধ্যে দূরত্ব বেড়ে চলেছে। তথাকথিত নামী-দামী ইংরাজী মাধ্যমে পড়া স্কুলের ছাত্র-ছাত্রীদের লোকদেখানো প্রগতিশীলতার কারণই আইন-ব্যবস্থার উপর বোঝা সৃষ্টি করছে।

টি. ভি. আর সিনেমা শিশুদের সামনে যে জীবনশৈলী তুলে ধরে, তার ফলে বাচ্ছারা তাদের সঠিক বয়সের আগেই তাদের মানসিকতা বড়োদের মতো হয়ে যায়। টি. ভি.-র মাধ্যমে এমন অনেক সামাজিক তথ্য শিশুদের সামনে আসে যার ফলে একটা কথাই মনে হয়—হে ভগবান, এদের সদ্‌বুদ্ধি দাও! এরা জানেনা যে, এরা পতনের কোন গহ্বরে পতিত হতে চলেছে। আজকের কিশোর-কিশোরী, ছেলে-মেয়েরা টি. ভি.-র সামনে হাতে রিমোট নিয়ে বসে সেইসব দৃশ্যকে দেখতে থাকে যা তাদের হিংস্র প্রবৃত্তিকে উস্‌কে দেয়। আর হিরো-হিরোইনদের কামুক ভাব-ভঙ্গিমাকে নিজেদের মধ্যে গ্রহণ করতে থাকে। যুবকদের সামনে দেশী-বিদেশী চ্যানেল দ্বারা প্রদর্শিত এই সমস্ত ভণ্ড প্রদর্শন, এই গ্ল্যামার না তাদের জীবনের সত্য, না কোন সুখের আধার। মনোবৈজ্ঞানিকরা মনে করেন আজকের যুবক সম্প্রদায়ের যৌনরোগ-বৃদ্ধি, অপরাধ আর হিংসার প্রধান কারণ এই যৌন-ভাবনার

অভিব্যক্তি, যা বাচ্ছাদের অবাধ্য হওয়ার কারণ এবং আত্মহত্যার প্রবৃত্তিরও মুখ্য কারণও এটাই।

সামাজিক অপরাধে যুক্ত ব্যক্তিদের প্রতিষ্ঠা ও এইসব লোকেদের বলা ও করার মধ্যে পার্থক্য দেখে সন্তানদের মনে কুণ্ঠা এবং বিদ্রোহ উৎপন্ন হতে থাকে। তাদের অভিব্যক্তিও নষ্ট হয়ে যায়। তৎকালীন লাভের রাজনীতি আর চাকরিজীবিরা মিলে যে এক নতুন সমাজের জন্ম দিয়েছে, সেই সমাজে জন্মানো সন্তানরাই বেশী নষ্ট হয়ে যাচ্ছে। এই নষ্ট হয়ে যাওয়া বাচ্ছারা আজ মহানগরীতে আতঙ্কের কারণ হয়ে দাঁড়িয়েছে—ডন্, রাকা, শঙ্কর, পণ্ডিত, সুলতান হয়ে ওঠার পরে বদনাম ও তিরস্কারের জীবন অতিবাহিত করছে কিংবা পুলিশ অথবা শত্রুদের দ্বারা অকালে প্রাণ হারাচ্ছে। দু'টো পরিস্থিতিই সেইসব অভিভাবকদের জন্য কম যন্ত্রণাদায়ক নয়। নিজের বংশের যে কুল-প্রদীপ জন্মাবার পর ঘিয়ের প্রদীপ জ্বালানো হয় এবং মিষ্টি বিতরণ করা হয় সেই বংশধরই আজ বংশের অভিশাপ হয়ে দাঁড়িয়েছে।

দেশের এই দুঃখের কারণকে আমি এক গভীর সমস্যা, এক প্রতিযোগীতা, এক চেতনার পূর্বাভাষরূপে মনে করেছি আর সমাধানের প্রয়াসও এই পুস্তকের মাধ্যমে করতে চেষ্টা করেছি। এ-ব্যাপারে দেশের ভবিষ্যৎ ছেলে-মেয়েদেরও একবার তাদের অভিভাকদের মাধ্যমে জানাতে চাই যে—ভৌতিকবাদী চিন্তা-ভাবনা কখনো সুখের আধার হয়নি, না কখনও হতে পারে। অতএব নিজের মূল্যাঙ্কন একটি আধারেই আধারিত করুন। যদি আপনি আপনার পরিবারের শিক্ষায় শিক্ষিত হ'ন, তবে আপনি জানবেন আপনার জীবন সফল হতে, সার্থক হতে বাধ্য।

সেজন্য নিজের সামাজিক ও পারিবারিক জীবনকে সফল করার একটা শিক্ষাই আত্মগত করুন আর এই সত্যকে উদারমনে স্বীকার করার ফল সবাই পেয়ে থাকেন। আর আপনি আপনার করাটা কবীরের এই শিক্ষা থেকে গ্রহণ করুন—

কবির যখন জন্মেছে, পৃথিবী হেসেছে আমি কেঁদেছি,
এমন কাজ করে যাও, আমি হাসব আর জগত কাঁদবে।

—চুন্নীলাল সলুজা

শিবপুরী (ম. প্র.)

ভিতরের পৃষ্ঠাতে ...

অবাধ্য সন্তান আজ রাষ্ট্রের এমন এক সমস্যা, যা পারিবারিক, সামাজিক, রাষ্ট্রীয়, এমনকি সমস্ত জীবনকে প্রভাবিত করছে। তার উপর আর্থিক প্রভাবেও অপরাধ বাড়ছে। সম্পূর্ণ সু-ব্যবস্থা ভাঙতে বসেছে। পরিবার থেকে জন্ম নেওয়া এই অবাধ্যতা ঘর থেকে বেরিয়ে রাস্তায়, হোটেলে, স্কুল-কলেজ পর্যন্ত পৌঁছচ্ছে, সেখানে তার হিংসাত্মক রূপ আইন-কানুন আর সমাজ ব্যবস্থার উপর প্রশ্ন চিহ্ন হয়ে উঠেছে। হাই-ফাই কালচার আর নেশার দিকে আকৃষ্ট হওয়া এই যুব সমাজ নিজেদের বড়ো আর প্রগতিশীল দেখানোর এক তরোয়াল-রূপে তৈরী হয়ে উঠছে আর ভ্রষ্ট রাজনীতিবিদ্‌রা সেই তরোয়ালে শান দিচ্ছে। এই সমস্ত ব্যবস্থার সমাধান কী?... এই সমস্ত সমস্যার এক সম্পূর্ণ দস্তাবেজ।

—একজন সমীক্ষকের দৃষ্টি থেকে

অবাধ্য সন্তানের কাছ থেকে আশা

সন্তানদের অবাধ্য হওয়ার সমস্যা আজ অত্যন্ত গভীর হয়ে উঠেছে। অবাধ্য সন্তানদের কার্যকলাপ আজ পরিবার থেকে বেরিয়ে সমাজে আর রাষ্ট্রকে প্রভাবিত করতে শুরু করে দিয়েছে। বাচ্ছাদের খেলতে-খেলতে সঙ্গী-সাথীদের হত্যা করা, অবয়স্ক কিশোর-কিশোরীরা মদ্যপান করে তীব্রগতিতে গাড়ি চালিয়ে পথচারীদের পৃষ্ট করে দেওয়া, গভীররাত পর্যন্ত বাইরে থাকা, হোটেলে যাওয়া, পার্টিতে যাওয়া, ডিস্কোথেক, অসভ্য-আচরণ, নেশার শিকার হওয়া ইত্যাদি এমন সব কার্যকলাপ করে যা যেকোনো সমাজের পক্ষে গভীর চিন্তার বিষয়। তারও আগে অপরাধী দ্বারা ভুলিয়ে-ফুসলিয়ে বাচ্ছাদের নরম হাতে বন্দুক ধরিয়ে দেওয়া বা তাদের চুরি বিদ্যা শেখানো ইত্যাদি সংবাদকে সমাজবিজ্ঞানীদের পক্ষে এক সতর্কীকরণ, এক চ্যালেঞ্জ রূপে গ্রহণ করতে বাধ্য করেছে।

আধুনিকতার এই প্রতিযোগীতায় সন্তানদের জীবন-স্তরেও একটা পরিবর্তন এসেছে। বাচ্ছাদের খাওয়া-দাওয়া, পোশাক-পরিচ্ছদ আর শিক্ষার ক্ষেত্রে গত 50 বছরের তুলনায় আজ ব্যাপক উন্নতি হয়েছে। যেমন-যেমনভাবে পরিবারের আর্থিক ব্যবস্থার উন্নতি হয়েছে, বাচ্ছারাও বেশী সুবিধাপ্রাপ্ত হয়েছে। এক একজোড়া কাপড় আর কলম-দোয়াত নিয়ে বাচ্ছাদের কয়েক মাইল পায়ে হেঁটে স্কুলে যেতে হয় না। প্রত্যেক বাবা-মা তার বাচ্ছাদের উপর নিজেদের থেকে বেশী টাকা খরচ করতে চান। তাকে উচ্চ-স্তরের কাপড়-জামা, জুতো, বই-খাতা, ব্যাগ দিয়ে বাড়ি থেকে যান-বাহনের ব্যবস্থা করে বিদ্যালয়ে যাওয়ার সুবিধা করে দিয়ে, নামী-দামী ইংরাজী-মাধ্যম বিদ্যালয়ে শিক্ষা দিতে চান।

এত সুযোগ-সুবিধা আর শিক্ষা-স্তরে পরিবর্তন সত্ত্বেও বাচ্ছাদের মধ্যে অনুশাসনহীনতা সমস্ত বাঁধকে ভেঙ্গে দিচ্ছে—কারণ এটাই যে ধন-উপার্জনের হুড়ো-হুড়িতে তৈরী হচ্ছে একা এবং ছোট পরিবার, ফলে মাতা-পিতা দুজনেরই

কর্মব্যস্ততার জন্য সন্তানরা পরিবার-স্তর থেকে সম্পূর্ণ সংস্কার পায় না। অধিকাংশ মাতা-পিতা তাদের সন্তানদের গতিবিধি সম্বন্ধে খোঁজখবর রাখতে পারেন না। কিছু বাবা-মা বাড়িতেও বাচ্ছাদের আচরণ-ব্যবহারের উপর লক্ষ্য রাখতে সময় পান না। তারা টাকা খরচ করে বাচ্ছাদের আচরণকে কিনতে চান। যা কখনো সম্ভব নয়। পরিণাম—অনেক বাচ্ছা তাদের ইচ্ছানুযায়ী আচরণের সাহায্যে অবাধ্যতার অন্ধকার গলির দিকে এগিয়ে যাচ্ছে। এখন সময় এসে গেছে সন্তানদের নষ্ট হয়ে যাওয়ার ফলে চোখের জল ফেলার অবস্থা হওয়ার আগে নিজেদের আদরের সন্তানদের চরিত্র নির্মাণের দিকে সতর্ক দৃষ্টি রাখার। এখন প্রশ্ন হলো—অবাধ্যতা কি? এমন সন্তান যাদের ভবিষ্যতে ক্যারিয়ারের চিন্তা নেই, সামাজিক আর পারিবারিক সম্মান প্রতিষ্ঠার কোনো খেয়াল নেই, সামাজিক নীতি-নিয়ম উল্লঙ্ঘন করতে যাদের কোনোরকম দ্বিধা হয় না, এ ধরনের বাচ্ছাদের অবাধ্য সন্তান বলা হয়। তাদের প্রবৃত্তি নষ্ট হয়ে যায়, যা আয়ু, বয়স, পরিস্থিতি আর সাধনার সাথে সাথে বাড়তে থাকে। সংক্ষেপে বলা যায় যেসব বাচ্ছাদের চিন্তা-ভাবনা আর ব্যবহার পারিবারিক, সামাজিক আর রাষ্ট্রীয় আশা-আকাঙ্খার বিপরীত, অনুশাসনহীন হয়, সাধারণ ভাষাতে তাদেরই অবাধ্য সন্তান বলা হয়ে যায়।

প্রসিদ্ধ মনোবৈজ্ঞানিক সিরিল ওয়ার্ট এই প্রকার বাচ্ছাদের সম্বন্ধে বলেছেন—"যেসব বাচ্ছাদের মধ্যে সমাজ বিরোধী প্রবৃত্তি বেড়ে যায়, আর অনুশাসনকেও তাদের বিরুদ্ধে ভাবতে শুরু করতে হয়, তারাই অবাধ্য সন্তানদের শ্রেণীভুক্ত।"

একথা মনোবৈজ্ঞানিক হিলিও স্বীকার করেছেন। তাঁর মতে "অবাধ্যতা এক ধরনের অপরাধী বৃত্তি"। অতএব একে অপরাধী বৃত্তির প্রাথমিক অবস্থা বলাও অনুচিত হবে না। হিলির কথা অনুসারে—"যে বালক, সমাজ দ্বারা স্বীকৃত আচরণ পালন করে না, তাকেই অবাধ্য সন্তান বলা হয়ে থাকে।"

সমগ্ররূপে অবাধ্য সন্তান সম্বন্ধে শাব্দিক অর্থ যে রূপেই করা যাক না কেন, তার মূল অর্থ এই যে—সমাজের দৃষ্টিতে যা শ্রেষ্ঠ, তাকে স্বীকার না করে যদি কোন বাচ্ছা তার বিপরীত আচরণ করে, তবে সেটা পরিবার, সমাজ আর রাষ্ট্রের উপর বোঝা হয়ে দাঁড়ায়। যদি তার এই অনুশাসনহীন চিন্তা-ভাবনা আর আচরণকে নিয়ন্ত্রণ না করা যায়, বা তাকে কোনো রকম উৎসাহিত করা হয়, তবে সেই অবাধ্য সন্তান ভবিষ্যতে একজন সাংঘাতিক অপরাধী পর্যন্ত হয়ে উঠতে পারে। অতএব

সুখী পরিবার এবং সুস্থ সমাজের জন্য অবাধ্যতার এই সমস্যাকে রোধ করা আজ আমাদের সবচেয়ে গুরুত্বপূর্ণ কর্তব্য বলে মনে হয়। সমস্যার সমাধানের জন্য আমাদের সন্তানদের মানসিকতা আর সেইসব পরিস্থিতির দিকে দৃষ্টি দিতে হবে, যা বাচ্ছাদের অবাধ্য হতে সাহায্য করে।

শিশুদের মন কেমন হয়?

বলা হয় শিশুদের মন সাচ্চা হয় অর্থাৎ তাদের মন, বাক্য আর কর্ম শুদ্ধ, সরল আর নির্মল হয়। সম্পূর্ণ বর্ষার জলের বিন্দুর মতো। কিন্তু যেভাবে বর্ষার সেই নির্মল জলের বিন্দু মাটিতে পড়ে তার স্পর্শে ময়লা হয়ে যায়, ঠিক সেইভাবেই শিশুরাও সমাজের আর পরিবারের স্পর্শ-সম্পর্ক পেয়ে ভালো-মন্দ হয়ে যায়। এই ভালো-মন্দ তারা তাদের সমাজ ও পরিবার থেকেই প্রাপ্ত হয়। সেজন্য তাদের সরলতা মলিনতাতে বদলাতে থাকে। এই মলিনতা থেকেই তাদের জীবনের ঘোর-প্যাঁচ, সত্যি-মিথ্যে, হেরা-ফেরি করা শেখাতে থাকে। যতক্ষণ বাচ্ছারা তাদের সীমার মধ্যে থাকে, ততক্ষণ তাদের সেই ছোট ছোট অপরাধ সহ্য করা হয়। পরিবার আর সমাজও বাচ্ছা মনে করে ক্ষমা করে দেয়। কিন্তু যখন তাদের সেই ছোট ছোট অপরাধ বড় আকার ধারণ করে এবং সহ্য-শক্তির বাইরে যেতে থাকে, বাচ্ছা মনের দিক থেকে আর সাচ্ছা না থেকে অবাধ্য হতে থাকে তখন তারা পরিবার আর সমাজের উপর বোঝা হয়ে দাঁড়ায়। পরিবারের এই সন্তানরা সমস্ত সীমা পার করে এতো অবাধ্য হয়ে যায় যে তারা তাদের অভিভাবকদের দুর্বলতার সুযোগ নিতে থাকে। মদ্যপান, দ্রুতগতিতে গাড়ি চালানো, অনেক রাত পর্যন্ত বাইরে থাকা, ঝগড়া-মারামারি করা, আবার কখনো কখনো হত্যার মতো জঘন্য অপরাধও করে বসা অবাধ্য বাচ্ছাদের কার্যকলাপের খবর আমরা খবরের কাগজে রোজ ছাপাতে থাকি—যা সমাজের বৃদ্ধিপ্রাপ্ত অবাধ্য বাচ্ছাদের সত্যিকারের রূপ প্রকট করতে থাকে।

আপনার প্রিয় সন্তান আপনার কাছে কি চায়?

সন্তানদের লালন-পালন, তার বর্তমান আর ভবিষ্যতকে মা-বাবার বিচার-বিবেচনা, চাল-চলন আর জীবনশৈলী অত্যন্ত প্রভাবিত করে—সে পরিবার যৌথ হোক বা একক, সন্তানদের চাহিদার কেন্দ্র তাদের বাবা-মা-রাই হয়ে থাকেন। সন্তানরা তাদের বাবা-মায়েদের দ্বারা এতই প্রভাবিত হয়ে থাকে যে, পরিবারের অন্য সদস্যরা যেরকমই হয়ে থাকুন না কেন, তারা তাদের বাবা-মাকেই তাদের নিজেদের প্রেরণা

আর আদর্শ মনে করে। বাবা-মায়ের সংরক্ষণ, স্নেহশীলতা ছেলেমেয়েদের মধ্যে আত্মবিশ্বাস বাড়িয়ে তোলে, সেটাতেই তাদের কার্যক্ষমতা বাড়িয়ে তোলে। সমাজে যতই পরিবর্তন আসুক না কেন, সামাজিক আর নৈতিক মূল্য যতই হ্রাস হতে থাকুক না কেন, বাচ্ছাদের ওপর বাবা-মায়েদের যে প্রভাব পড়ে, তা কখনো নষ্ট হয় না। এই ধরনের শিশুরা নিজেদের বাবা-মায়েদের কাছ থেকে যা আকাঙ্খা করে, সেটা নিম্নে দেওয়া হল—

আত্মীয়তার চাহিদা—

যেমনভাবে তৃষ্ণার নিবারণের জন্য প্রাণীর জলের আবশ্যকতা হয়, সেইভাবে বাচ্ছাদের মনের চাহিদা তাদের বাবা-মায়েদের কাছেই হয়ে থাকে। এই চাহিদার অভিব্যক্তি অভিভাবকরা বাচ্ছাকে কোলে নিয়ে, তাকে উঁচুতে নিয়ে লাফালাফি করে, চুমু খেয়ে, তাকে বুকে জড়িয়ে ধরে করতে থাকে। এই ধরনের আত্মীয়-স্নেহ তাদের বয়সের সাথে সাথেই বাড়তেই থাকে। সেজন্য শুধুমাত্র ছোট বাচ্ছাদেরই নয়, এমনকি কিশোর এবং তারপরে যুবকরাও বাবা-মায়েদের কাছে এই স্নেহ, নির্ভরতা আর আত্মীয়তা চায়। এজন্য বলা হয়, সন্তানরা যতই বড়ো হয়ে যাকনা কেন, বাবা-মায়েদের কাছে সর্বদা ছোটই থাকে। আমাদের দেশে বিবাহের পর মা-বাবা ছেলেমেয়েদের প্রতি উদাসীন হয়ে যায়। এটাই কারণ বাচ্ছাদের মন থেকে পরিবারের প্রতি স্নেহ-স্রোত শুকিয়ে যাবার। যখন ছেলে-মেয়েরা বাবা-মায়েদের আত্মীয়-স্বজন-স্নেহ থেকে বঞ্চিত থেকে যায়, তখন তাদের মধ্যে পরিবারের প্রতি (বাবা-মায়ের প্রতি) দূরত্ব বাড়তে থাকে। আত্মীয়-স্নেহ থেকে এই বঞ্চনা ছেলে-মেয়েদের মধ্যে সুপ্ত বাসনা হয়ে থেকে যায়। এ-ব্যাপারে দিল্লীর শ্রীমতি অভিলাষা জৈন-এর মত—আত্মীয়-স্নেহের এই অভিব্যক্তি যদি আপনি বাচ্ছাদের প্রত্যক্ষভাবে না দিতে পারেন, তবে অপ্রত্যক্ষভাবে দেওয়ার চেষ্টা করুন।

সন্তানদের এই ইচ্ছাকে পূরণ করার জন্য তার সাথে সর্বদা সম্পর্ক, সংবাদ আদান-প্রদান করতে হবে। যে কথা বাবা-মায়েরা কোনো কারণে প্রত্যক্ষভাবে বলতে পারেন না—সেই কথাকে ফোন অথবা পত্রের মাধ্যমে অভিব্যক্ত করুন। পণ্ডিত নেহেরু দ্বারা 'পিতার পত্র, কন্যার নামে' এর একটা ভালো উদাহরণ। বাবা-মায়ের কাছ থেকে স্নেহ পাওয়ার এই ইচ্ছাকে সম্মান করুন। সন্তান, আপনি এবং আপনার পরিবারের সাথে সর্বদা যুক্ত থাকবে। পারিবারিক ইচ্ছাকে সম্মান করবে। বাবা-মায়ের স্নেহ থেকে বঞ্চিত বাচ্ছারা উপেক্ষার এই প্রতিক্রিয়া স্বরূপ যা ব্যবহার করবে, সেটা তাকে অবাধ্যতার দিকে আরও এগিয়ে দেবে।

মায়ের প্রতি বাবার স্নেহের চাহিদা :

সাধারণত বাচ্ছারা মাকে অত্যন্ত ভালোবাসে, মায়েরাও তাদের সন্তানদের উপর স্নেহ-ভালোবাসা উজাড় করে দেয়। সেজন্য সন্তানরা মায়ের উপর তাদের স্নেহ-ভালোবাসা সম্পূর্ণরূপে ঢেলে দেয়। স্নেহের এইরূপ ব্যবহারিক পূর্তির জন্য তারা বাবার কাছে আশা করে সেও তার মায়ের প্রতি ভালোবাসা প্রদান করে। মায়ের প্রতি যেন কোনোরকম অপশব্দ না ব্যবহার করে। তার ওপর হাত না তোলে। যে-সব কথাবার্তা মায়ের পছন্দ নয়, যাতে মায়ের মনে দুঃখ হয় সেরকম কথা বা ব্যবহার যেন বাবা না করেন। যদি বাবা রাতে দেরীতে বাড়ী আসে, বাড়ী এসে মায়ের সাথে দুর্ব্যবহার করে, কর্কশ কথা বলে, প্রতারিত করে—তাহলে বাবার করা এই কার্যকলাপ সন্তানদের মনে গভীর রেখাপাত করে। আর তার মনে বাবার প্রতি প্রাথমিকভাবে আক্রোশের বীজ অঙ্কুরিত হতে থাকে। সন্তানরা যত ছোটই হোক না কেন, বাবার মায়ের প্রতি প্রদর্শিত হওয়া এই ভালোবাসা দেখে মনে মনেই প্রসন্ন হতে থাকে। একবছরের সোনালীরও তার বাবা-মায়ের ভালোবাসা দেখে চোখে আনন্দ আর ঠোঁটে মধুর হাসি ফুটে ওঠে। স্ত্রীর প্রতি তার ভালোবাসা-স্নেহ প্রদর্শিত করা ব্যক্তিই ভালো বাবা হতে পারেন। আর এই ধরনের পিতার সন্তানরা কমই অবাধ্য হতে পারে, কারণ স্বামী-স্ত্রীর ঝগড়া দেখা, শোনা, সহ্য করা বাচ্ছারাই সর্বদা মানসিকরূপে অবসাদগ্রস্ত হয়ে পড়ে। ছোট বয়সের বাচ্ছাদের মনে পিতার প্রতি ভীতি, ঘরের অবসাদগ্রস্ত পরিবেশই তাকে ক্রুদ্ধ, অধৈর্য্য, আর কর্কশ করে তোলে। এই পরিস্থিতিই বাচ্ছাদের অবাধ্য হয়ে উঠতে সাহায্য করে।

সন্তানরা অভিভাবকদের কাছে সময় চায়—

সন্তানরা ছোটো হোক কিংবা বড়ো, তারা সর্বদা চায় অভিভাবকরা তাদের কিছু সময় দেয়। ক্রন্দনরত বাচ্ছারাও মায়ের কোলে গিয়ে চুপ করে যায়। মনোবৈজ্ঞানিকদের মতে সন্তানরা যত তাদের বাবা-মায়ের কাছে থাকে ততই তাদের মানসিক বিকাশে ভারসাম্য বজায় থাকে, তাদের শারীরিক বিকাশও খুব ভালো হয়। ছোটো বাচ্ছারা যখনই তাদের মায়ের কোলে ঘুমায়, তখন তারা নিশ্চিন্তে ঘুমাতে থাকে। কিন্তু যখন তাদের একা শোওয়ানো হয় তখন তারা ঘুমের মধ্যে জেগে উঠে মায়ের মনকে আকর্ষণ করে। যদি মা তাদের স্নেহশীল হাতের দ্বারা না থাবড়ায় তো তারা জেগে যায়।

বাল্যকালের পর কিশোরকালেও সন্তানরা চায় যে অভিভাবকরা তাদের মানসিক ইচ্ছা, আশা-আকাঙ্খার খোঁজ নেয়, পূর্ণ করে। ক্যারিয়ারের নির্বাচনের ক্ষেত্রে সহযোগীতা করে। স্কুল-কলেজ, প্রতিবেশী অথবা বন্ধু-বান্ধবদের সম্বন্ধে জানে। তাদের ছোটো ছোটো সফলতার প্রশংসা করে এবং আনন্দের ভাগীদার হয়।

দীনেশের লেখা ও ছাপা কবিতা যখন তার বাবা সময় বের করে পড়ে, তখন তার খুব আনন্দ হয়। প্রতিদিন সে যা লেখে তাই বাবাকে উৎসাহের সঙ্গো দেখায়। বাবার এই দীনেশের লেখার প্রতি আগ্রহই একদিন দীনেশকে প্রতিষ্ঠিত কবি হয়ে উঠতে সাহায্য করে। আজ তার তিনটি কাব্য-সংগ্রহ ছাপা হয়ে বের হয়েছে।

সন্তানদের দৃষ্টিকোণ বোঝার চেষ্টা করুন—

সন্তানরা তাদের মনের সমস্ত কথা অভিভাবকদের বলতে চায়। কিন্তু আধুনিক আর বড়ো হওয়ার চিন্তা আর লোভ মানুষকে এত ব্যস্ত করে তুলেছে যে তাদের দেখার সময়ই নেই যে তাদের ছেলে-মেয়েরা কী করছে? কী পড়ছে? কোথায় যাচ্ছে? তার সন্তানরা বাড়ী থেকে কতটা পকেট-খরচ নিয়ে যাচ্ছে? সেটা কীভাবে খরচ করছে? বাবা এতই কাজে ব্যস্ত থাকে হয়ত কয়েকদিন ধরে তার ছেলে-মেয়েদের সাথে দেখাই হয় না। মা তার বন্ধু-বান্ধব আর কিটী পার্টিতে এত ব্যস্ত থাকে যে তার সন্তানদের প্রয়োজনগুলি জানারই সময় থাকে না।

যখন তানিয়া সাদা সালোয়ার কামিজ পরে তার নিজের ব্যক্তিত্বকে ফুটিয়ে তুলতে চেয়েছে, তখন তার বাবা তাকে মিনিস্কার্ট পরিয়ে জাপানি পুতুল বানাতে চেয়েছে। দু'জনের দৃষ্টিকোণ আর বিচার-বিবেচনার মধ্যে এই পার্থক্যই দু'জনের মধ্যে দূরত্ব এনে দেয়। তানিয়ার বিচার-বিবেচনার উপায় তার বাবার অন্ধ চোখ দেখতে পায় না। সে সর্বদা তাকে গেঁয়ো ভুত বলে অভিহিত করত। একদিন তানিয়ার বাবা আমাকে বললেন—"আমি এখন ওকে কিছু বলা ছেড়ে দিয়েছি...।" তার প্রতি উত্তরে তানিয়ার বক্তব্য—"বাবা তো আমাকে চায়-ই না...।"

চরিত্রবান পিতা—

দেখা ও শোনা আর বোঝার ক্ষেত্রে একথা 'ছোটো মুখ আর বড়ো কথা'—র মতো মনে হয়। কিন্তু সন্তানদের মনের ওপর এর সাংঘাতিক প্রভাব পড়ে। বাচ্ছারা এটা চায় যে তাদের পিতা-মাতা চরিত্রবান হোক। একে অপরের প্রতি নিষ্ঠাবান হোক। লোকেরা তাদের বাবা-মাকে চরিত্রবান বলে জানুক। বাবার এই গুণের

কারণে সমাজে তার প্রতিষ্ঠা হোক, বাবার জন্য সে যেন গর্ব অনুভব করতে পারে। প্রাথমিক শ্রেণীতে যখন আমি কোনো ছাত্রকে তাদের বাবার সম্বন্ধে জানতে চায়, তখন তারা ভালো পিতার কথা গর্বের সঙ্গে জানাতে থাকে। আবার কিছু ছাত্র তাদের পিতার কারণে মনে হীনতার ভাব পোষণ করে।

এটা শাশ্বত সত্য যে বাবা ছাড়া সন্তানদের এই আবশ্যকতা অন্য কেউ পূরণ করতে পারে না। এটাই কারণ পিতৃহীন সন্তান কোথাও না কোথাও অভিশপ্তই থেকে যায়। অবাধ্যতাও এই পিতৃহীনতার ফল।

অন্যের প্রতি অসম্মানের বীজ বপন করবেন না—

সন্তানরা, তারাই অবাধ্য হয় যারা তাদের অভিভাবকদের কাছ থেকে নিরাশ হয়। সন্তানদের জন্য গর্ব অনুভব করুন আর তাদের আপনার থেকেও উন্নত হওয়ার সুযোগ দিন। সন্তানদের সামনে সর্বদা অন্যের প্রতি অসম্মানের কোনো কথাবার্তা বা ব্যবহার করবেন না। যখন আপনি নিজেই নিজের বন্ধু-বান্ধব, নিকট আত্মীয়-স্বজন, প্রতিবেশী, সহকর্মীদের প্রতি মান-সম্মান প্রকাশ করবেন, নিজের কথা ও কাজের মধ্যে পার্থক্য করবেন না, তাহলে কোনো কারণ নেই, আপনার সন্তানদেরও তাদের বড়োদের সম্মান না করার।

সন্তানদের ভালোবাসুন, কিন্তু বুঝে-শুনে—

কিছু মনোবৈজ্ঞানিকদের মতে সন্তানরা অভিভাবকদের আদর-ভালোবাসাতেই বিগড়ে যায়। উদাহরণস্বরূপ—"বিড়ি খাবে..." পাঁচ-ছ বছরের বাচ্চার মুখে অভিভাবক বিড়ি ধরিয়ে দেয়। বাচ্চাও তার স্বাভাবিক হাসি হেসে, শেখানো বাঁদরের মতো বলে "হ্যাঁ"। কোলে নিয়ে বাচ্চার মুখে বিড়ি ধরিয়ে দিয়ে বাবা হাসতে থাকে, প্রতিবেশীরাও তা দেখে মজা পায়। পাঁচ বছরে অবোধ শিশু হাসতে থাকে।—

"খা, আমার শের, আসলে ছেলে কার।—সর্দার বলবীর সিংহের...।" শেষ পর্যন্ত বারো তেরো বছরের কিশোরের হাতে হুইস্কির গ্লাস ধরিয়ে দেয়। আর খুব গর্বের সাথে বলে—"আমি তো আমার ছেলের সাথে বসে মদ পান করি। এতে চুরি বা লজ্জা কিসের? আজকাল তো বড়ো বড়ো ডাক্তার, ইঞ্জিনিয়ার, জজ-উকীল, প্রফেসর সকলেই মদ্যপান করে...।"

"রশ্মি, তুমি আমার এই বাজি খেলো, আমি এখনই আসছি। কাপুর সাহেব হয়ত ফোন করেছে। আমার তার সাথে কিছু বিশেষ কথা আছে। এমনিতেই উনি

ফোন সহজে রাখেন না...।” মা তার যুবতী কন্যার হাতে তাশের পাতা ধরিয়ে দেয়। অতি-ভালোবাসা আর প্রগতিশীলতার এই তিনটি দৃশ্য এমন একটি পরিবারের সাথে সম্বন্ধিত—যার আচরণ আর চিন্তা-ভাবনা থেকে এটাই বলা যায় যে এই ধরনের আদর-ভালোবাসা অন্ততঃ সন্তানদের বিগড়েই দেয়।

ভালোবাসার কারণে বাচ্ছাদের মধ্যে উৎপন্ন হওয়া অভ্যাস তাদের মধ্যে মানসিক বিকৃতির সৃষ্টি না করে তার খেয়াল রাখবেন। যদি বাড়ির লোকেই বাচ্ছাদের দিয়ে বিড়ি, সিগারেট, পান, তামাক, গুটখা ইত্যাদি আনায়, তবে বাচ্ছাদের মনে হবে সেগুলির স্বাদ গ্রহণ করতে। সাধারণত বাচ্ছারা পরিবারের লোকেদেরই নিজেদের আদর্শ মনে করে। সেজন্য সে নিজেও এই আদর্শ গঠন করতে আরম্ভ করে দেয়। যদি পরিবারের সদস্যদের আচরণ আদর্শের প্রতিকূল হয় তাহলে বাচ্ছাদের ভাবনাতে আঘাত লাগে। সাধারণত বাচ্ছাদের মনোভাব অত্যন্ত কোমল হয়। সেজন্য অভিভাবকদের আদর-ভালোবাসায় বয়ে গিয়ে এমন কোনো আচরণ করা উচিত নয়, যা আপনি আপনার সন্তানদের করাতে চান।

অতিরিক্ত স্নেহ বা ভালোবাসার দরুণ সন্তানের সমস্ত দোষকে উপেক্ষা করে মাপ করে দেওয়া উচিত নয়। এধরনের বেপরোয়ার অর্থ হল আপনি আপনার সন্তানকে আরও একটি অপরাধ করতে উৎসাহিত করছেন।

সন্তানদের সামান্য শিষ্টাচারের কথা শেখান, বলুন আর বোঝান, যাতে সে এই সমস্ত কথাকে পালন করে এবং নিজের ব্যক্তিত্বতে তার ব্যবহার করে। যেখানে কিছু বড়োরা বসে কথা বলছে সেখানে বাচ্ছারা না থাকে। যদি কোনো অতিথি আসে তবে তাকে যথাসাধ্য অভিবাদন জানিয়ে বাচ্ছার অন্য ঘরে চলে যাওয়া উচিত। যদি ঘরে আর কেউ না থাকে তবে তাকে বসতে বলে সে কার সাথে দেখা করতে চায় জিজ্ঞাসা করবে। এই ধরনের শিষ্টাচার ও শালীনতা সন্তানদের সভ্য করে তুলবে। তার মধ্যে বিচারের ক্ষমতা বাড়াবে আর আত্মীয়তা জাগাবে। সে সামাজিক জীবনের সাথে যুক্ত থাকবে।

সন্তানদের প্রতি আদর-ভালোবাসার মূর্তরূপ দেওয়ার জন্য বাড়ির লোকেদের প্রয়োজন বাড়িতে আসা আত্মীয়কুটুম্বদের সাথে বাচ্ছাদের পরিচয় করিয়ে দেওয়া আর বাচ্ছাদের মনোভাবকেও এই লোকেদের সাথে যুক্ত করা।

আপনি ব্যবহারিক দৃষ্টিতে যতই প্রগতিশীল হ'ন না কেন, ছোটো-বড়োর মধ্যে একটা মর্যাদার দূরত্ব থাকা অবশ্যই প্রয়োজন। বলা হয় যে—যখন বাবার জুতো

ছেলের পায়ে হয়ে যায়, তখন তারা বন্ধু হয়ে যায়। কিন্তু তার মানে এই নয় যে বাবা ছেলে এক টেবিলে বসে 'পান' করবে। এই ধরনের প্রগতিশীলতার ফলে ছেলের কুকীর্তি মাথা তুলতে সাহস পায়। সেজন্য সামাজিক স্বীকৃতি আর আদর্শকে গ্রহণ করুন।

বাল্যাবস্থার সংস্কারের ফল কিশোরের ব্যবহার—

যখন কেউ আমার কাছে সন্তানদের অবাধ্যতার নালিশ করে—"স্যার সব কিছু করে দেখেছি। এই ছেলেতো আমাকে কোনো জায়গায় মাথা তুলে দাঁড়াতে দিচ্ছে না। আত্মীয়-স্বজনদের কাছেও আমার সম্মান নষ্ট করে দিয়েছে। কারোর সামনে মুখ দেখানোর উপায় রাখেনি।"

এই ধরনের নালিশ করার সময় হয়ত তারা ভুলে যায় যে সেই অভিভাবকরাই তাদের অতিরিক্ত আদর-ভালোবাসার ফলে বাচ্ছাদের অনুচিত পরামর্শ শুধু এইজন্য দিয়েছেন যে তারা বাচ্ছা...। এই অভিভাবকরাই তাদের বাচ্ছাদের ভুল-ভ্রান্তিগুলি লুকিয়ে রেখেছে। অনুচিত ব্যবহারকে ঢাকা দিয়ে রেখেছে। যখন সেই বাচ্ছাদের কু-অভ্যাস ও কু-ব্যবহার অতিরিক্ত মাথা চাড়া দিয়ে উঠেছে, তখন অভিভাবকরা চিন্তান্বিত। তাদের সন্তানদের এই অভ্যাস আর ব্যবহার এত বেশি কণ্টকদায়ক হয়ে ওঠে যে তারা বিরক্ত হয়ে বাচ্ছাদের প্রতাড়িত করে, অপমানিত করে, এমনকি মার-ধোরও করে সন্তানদের সঠিক রাস্তাতে আনার চেষ্টাও করে। কিন্তু সমস্যা বাড়তেই থাকে। সন্তানরা বিগড়াতেই থাকে।

এধরনের অভিভাবকদের নিজের চিন্তা-ভাবনার মূল্যাঙ্কন নিজের স্তরের ওপর করে একটা সমাধানে পৌঁছতে হবে যে—তারা বাল্যাবস্থা উত্তীর্ণ হওয়ার সময় তাদের সন্তানদের উপর কতটা ধ্যান দিয়েছেন। তাড়িয়ে দিলে তো বাচ্ছারা বিদ্রোহী হয়ে ওঠে আর সে বাড়ী থেকে পালিয়ে যাবার চিন্তা করে। এই ধরনের চিন্তা মনে আনার সাথে সাথে বাচ্ছারা অনুশাসনহীনতা শুরু করে দেয়। আর সুযোগ পেলেই বাড়ী থেকে পালিয়ে যায়। আনুমানিক প্রায় প্রতি বছরে এক লক্ষ্য কিশোর ঘর ছেড়ে পালায়। ঘর থেকে পালানো প্রায় ৮০ শতাংশ বাচ্ছাই অভিভাবকদের দ্বারা প্রতাড়িত হয়ে থাকে।

শিশুদের সমস্ত সংবেদনশীলতা নিম্নরূপ হয়ে থাকে।—যা অবস্থা, পরিস্থিতি আর অভিভাবকদের সহযোগীতার দ্বারা পরিবর্তিত হতে থাকে। তাদের প্রভাবে পার্থক্য দেখা দেয়। ভয়, ঈর্ষা, প্রেম, ঘৃণা ইত্যাদি বাচ্ছাদের মানসিকতাকে প্রভাবিত

করে। এজন্য শিশুবস্থায় বাচ্ছাদের পরিবারে এমন সংস্কার দেওয়া উচিত, যার ফলে তাদের সংবেদনশীলতা সাকারাত্মক রূপ পায়। ভুল সংস্কারকে শোধরানো যায়। এভাবে সংবেদনশীলতার মার্গান্তকরণ বাচ্ছাদের বিগড়ে যাওয়ার অবস্থা থেকে রক্ষা করবে।

বাল্যাবস্থা সংস্কার দেওয়ার সময়—

সন্তানদের সংস্কার দেওয়ার জন্যে শিশুবস্থা থেকেই তাদের মধ্যে সংস্কারের বীজ বপন করুন। প্রতিটি বাবা-মা চায় যে তাদের আদরের সন্তান বড়ো হয়ে তাদের মুখ উজ্জ্বল করবে। তাদের বৃদ্ধাবস্থার অবলম্বন হয়ে উঠবে। সে সবই সম্ভব যদি বাল্যাবস্থাতেই তাদের মধ্যে প্রভাবশালী সামাজিক সংস্কার বপন করা যায়। মা-ই বালকের প্রথম গুরু বলে মনে করা হয়। অতএব সংস্কার দেওয়ার দায়িত্ব বাবার সাথে সাথে মায়েরও থাকে। ইতিহাস সাক্ষী—যখনই মা তাদের সন্তানদের ভালো সংস্কার দিয়েছে, তারা তখনই যোগ্য হয়ে পরিবারের নাম উজ্জ্বল করেছে। যদি আপনি আপনার বাচ্ছাদের মধ্যে কোনো ভালো সংস্কার দিতে চান তবে প্রথমে লক্ষ্য করতে হবে সে যেন সাবলম্বী ও অনুশাসনপ্রিয় হয়ে ওঠে। এরজন্য আপনি সন্তানদের বিশ্বাস অর্জন করে তার ব্যবহারিক চিন্তা-ভাবনাকে আপন করে নিন। আর—

1. তার যোগ্যতা, প্রতিভা আর ক্ষমতাতে বিশ্বাস ব্যক্ত করে তাকে নিজের স্তরে কাজ করতে, ভাবনা-চিন্তা করতে সুযোগ দিন।

2. তার ভালো কাজ, ব্যবহার, উপলব্ধি, চেষ্টার প্রশংসা করুন, যাতে তার কাজ করার উদ্যম, ইচ্ছা আর উৎসাহ সর্বদা বজায় থাকে।

3. তার কোনো অজ্ঞানতাকে ঠাট্টা-তামাশা করবেন না বরং সেই সম্বন্ধে অন্যভাবে জ্ঞান প্রদান করুন, যাতে তার চিন্তা-ভাবনা খোলা-আকাশে ডানা মেলতে পারে।

4. বাচ্ছাদের জোরে জোরে পড়া, বলে বলে সুন্দর করে লেখার অভ্যাস করান।

5. অবসাদগ্রস্ত সন্তানদের সাথে সর্বদা সহানুভূতিপূর্ণ ব্যবহার করুন আর তাকে সান্ত্বনা দিন।

6. সন্তানদের সাথে কখনও যোগাযোগ-হীনতার পরিস্থিতি হতে দেবেন না। যেমনভাবে একজায়গায় জমে থাকা জল পচে যায়, সেইভাবে বাচ্ছা আর অভিভাবকদের মাঝে যোগাযোগহীনতার ব্যবহার বাচ্ছাদের মানসিকতা আর

চিন্তা-ভাবনাকে পঙ্গু করে দেয়। বাবা-মা আর বাচ্ছাদের মধ্যে সহজ, সরল যোগাযোগের সমস্ত স্রোত বন্ধ করে দেয়।

7. সন্তানদের উপর অনুশাসন চাপিয়ে দেওয়ার বদলে তাদের স্বয়ং অনুশাসন স্বীকার করতে শেখান। "কান খুলে শুনে নাও", "থুতু ফেলে ডুবে মর", "আমার চোখের সামনে থেকে দুর হয়ে যাও"—এধরনের কর্কশ সাবধানবানী বাচ্ছাদের ভুলেও বলবেন না।

বাড়ীতে দেওয়া অনুশাসনের সংস্কার—

দৌড়-ঝাঁপ আর ব্যস্ততাময় জীবনে আজকাল অভিভাবকরা এত সময় পায় না যে তারা বাচ্ছাদের পর্যাপ্ত সময় দেয়, তাদের উপর পুরোপুরি নজর দেয়। তারপরও এতটা অবশ্যই করা যায় যে পরিবারের সমস্ত সদস্যদের মধ্যে পরস্পর প্রেম-ভালোবাসা আর সহযোগীতার ভাবনা নিহিত থাকে। তাদের বাড়ি এবং সামাজিক জীবনের অনুশাসনের সমস্ত সংস্কার দেওয়া যায়।

অনুশাসন দ্বারা আমাদের আশা কেবল এতটাই যে বাচ্ছারা শুধু বাবা-মার নির্দেশানুসারে কাজ করে। কিন্তু পারিবারিক জীবনে বাচ্ছাদের আচরণ ঠিক তার বিপরীত হয়। অনুশাসন ব্যক্তির ব্যক্তিত্বের এমন এক অলঙ্কার যা সে যেকোনো জায়গায় যেকোনো পোশাকের সাথেই পরতে পারে। সেজন্য অভিভাবক বাচ্ছাদের বোঝানো, কু-কথা বলা, এমনকি কখনো কখনো ধমকিয়েও থাকেন। অনুশাসনের সীমাতে আনার জন্য কখনো কখনো আরও অন্য উপায়ও গ্রহণ করা যায়। কিন্তু এইসব উপায়ের পরও বাচ্ছাদের উপর না কোনো অনুকূল প্রভাব পড়ে, না তার অনুশাসনের প্রতি আগ্রহ বাড়ে। বাস্তবে অনুশাসন স্থাপন করার জন্য অভিভাবকদের এই সমস্ত উপায় গ্রহণ করা অনাবশ্যক। সন্তানদের স্বাস্থ্য, প্রকৃতি, রুচি, খাওয়া-দাওয়া, পরিবেশ, চিন্তা-ভাবনা, জীবনের আদর্শ ইত্যাদি এতো আলাদা আলাদা হয় যে, সমস্ত সন্তানদের উপর একই ধরনের নিয়ম প্রতিস্থাপিত হতে পারে না। এই কারণে সন্তানদের অনুশাসনহীনতার আক্ষেপ ব্যবহারিক নয়। সেজন্য এই বিষয়ে অভিভাবকদেরও কোনো পদক্ষেপ নেওয়া উচিত নয় যতক্ষণ না তারা সন্তানদের অভ্যাস, ইচ্ছা আর পরিস্থিতির সাথে খুব ভালোভাবে পরিচিত না হতে পারছেন।

মনোবৈজ্ঞানিকদের মতানুসারে বাড়ীতেই সন্তানদের উপর অনুশাসন চাপিয়ে দেওয়ার প্রচেস্টা তাদের শোধরাতে পারবে না। কারণ সন্তানদের প্রকৃতিকে না জেনে তাদের বদলানোর প্রচেস্টা কেবল তাদের জেদী, ক্রোধী আর

প্রতিশোধ-মনোভাবসম্পন্ন আর উচ্ছৃঙ্খলই করে তুলবে না, তাদের ব্যক্তিত্বেও আঘাত লাগবে। বাড়ীতে বাচ্ছাদের মধ্যে অবাধ্যতার বীজ কীভাবে অঙ্কুরিত হয়, সেটা এখানে একটা উদাহরণের সাহায্যে বোঝানো হলো—

নীল রঙের ছোট একটা গন্ধযুক্ত খাম, তার ওপর একটাকা লাগানো। সেটা আট বছরের নেহার হাতে রেখে মা বললেন—"এটা পাশের বাড়ীর আঙ্কেলের হাতে দিয়ে আয়, আর দেখবি সেটা যেন আর কাউকে দিবি না।" আট বছরের নেহার চোখে আজ্ঞাকারী শিষ্যার দৃষ্টি ছিল। মা খামটি নেহার হাতে ধরিয়ে দিয়ে বললেন—"আর আঙ্কেল যদি কোন খাম দেয়, তাহলে সেটা আমাকেই দিবি।" বলে একটা চকোলেট নেহার হাতে ধরিয়ে দেয়।

ঘর থেকে পাওয়া এই সংস্কার সন্তানদের চিন্তা-ভাবনাকে কতটা বিকৃত করে দেয়—তার অনুমান কোনো অভিভাবকদের থাকে না, আবার সন্তানদের দিয়ে করানো এই অন্যায় কাজ অভিভাবকরা এই ভেবে করায় যে বাচ্ছারা বোঝে না।—যেখানে সত্যতা এই যে তারা সব বোঝে। বাচ্ছারা কি এটা বোঝে না যে, —যে চিঠি কাকা, কাকি বা দিদির জন্য নিয়ে যাচ্ছে তার মধ্যে অবশ্যই কোনো রহস্য আছে, যার জন্যই লুকানো হচ্ছে।

পরিশ্রম, সততা, সাধনা আর সম্বন্ধের পবিত্রতা ইত্যাদি সংস্কার সন্তানরা ঘর থেকে পেয়ে থাকে। আপনিও আপনার সন্তানদের মস্তিস্কে একথা সঠিকভাবে ঢুকিয়ে দিন, যে—ঈশ্বর আমাদের সর্বদা ভালোর দিকে চলার শক্তি, প্রেরণা আর সাহস দেন, মন্দ থেকে বাঁচান সেজন্য ঈশ্বরকে সর্বদা স্মরণ করুন।

প্রতিবেশী থেকে পাওয়া মানসিক বিকৃতি—

কখনো কখনো অভিভাবকরা বাচ্ছাদের দিয়ে কিছু ভুল কাজ, যেমন—প্রতিবেশীদের ঘরে উঁকি-ঝুঁকি মারা, খোঁজ-আনা ইত্যাদি কাজ করায় এই ভেবে যে তারা বাচ্ছা, কিছু বুঝবে না।

যেমন আপনি প্রতিবেশী কাকিমা বা মাসিমার কথা খুঁটিয়ে খুঁটিয়ে জিজ্ঞাসা করেন, তবে বাচ্ছাদের মজা লাগে। তারা কিছু কথার সাথে সাথে নিজেদেরও মন-গড়া কথা বলে আপনার কাছে প্রিয় হয়ে থাকতে চায়। যা আপনার পক্ষে রুচিকর কিংবা আপনার ভালো লাগে। বলার অর্থ এই যে—বাচ্ছাদের দিয়ে গোয়েন্দাগিরি করানোর ফলে আর সেই বাচ্ছাদের বয়সের আগেই বড়ো করে দেয়।

আর সেই ব্যবহার নিজের উপরই প্রতিফলিত করে। সত্যি কথা এটাই যখন তারা আসল সত্যটা জানতে পারে, তখন নিজেদের এই কাজের জন্য দায়ী এবং অপরাধী মনে করতে থাকে। তারা নিজেদের এই ব্যবহারের জন্য নিজেকে সর্বদা দোষী মনে করতে থাকে আর এই অপরাধবোধ থেকে মুক্ত হতে পারে না।

এই সত্যটাও জানুন, যে বাচ্ছাদের পরখ করার ক্ষমতা অত্যন্ত তীক্ষ্ণ হয়। সে আপনার চোখের ভাষাও অত্যন্ত সরলতার সঙ্গো পড়ে নিতে পারে। হয়ত আপনি তাকে প্রলোভনের দ্বারা প্রভাবিত করেন, সেজন্য সে বুঝে-শুনেও অজ্ঞানতার ভান করে আপনার অনুচিত ইচ্ছাকে পূরণ করতে থাকে। কিন্তু এই অবস্থা সর্বদার জন্য স্থায়ী হয় না আর যখন সে সত্যের আভাষ পায় তখন হয় তা বিস্ফোরক হয়ে ফেটে পড়ে নয়ত আপনার ঘটানো খেলা ভঙ্গা হয়ে যায়। আর এই দুই অবস্থাতেই সন্তানদের মানসিক বিকৃতি হতে থাকে। কখনো তার কৃতকার্যের জন্য আর কখনো এই কার্যের কারণে মনে উৎপন্ন হওয়া গ্লানির জন্য। অপরাধের এই হীনতাকে ঘর এবং আত্মীয়-পরিজন থেকে দূরে সরিয়ে দেয়। ঘর এবং প্রতিবেশী থেকে শুরু হওয়া এই অবাধ্য বাচ্ছাদের অনেক বিষম পরিস্থিতি, সমস্যা আর দোটানার মধ্যে ফেলে দেয়। এমনকি এই চিন্তা-ভাবনার কারণেই বাচ্ছারা দমে থাকা, ভীরু, একাকী হয়ে ব্ল্যাকমেলের শিকার হয়ে পড়ে। অনেক ধরনের হীনতা ঘিরে ধরে অসফলতা-প্রাপ্ত হতে থাকে।

বন্ধু-বান্ধব—

ঘর থেকে বেরিয়ে বাচ্ছারা বিদ্যালয়ে অন্য সঙ্গী-সাথীদের সাথে সম্পর্ক তৈরী করে। শ্রেনীতে একসাথে বসা, কথা বলা, কখনো কখনো কিছু খাওয়া, খেলা করা, হাসা ইত্যাদি ব্যবহারের কারণে তাদের মধ্যে মিত্রতার বন্ধন তৈরী হয়। বিদ্যালয়ের শ্রেণীতে, শ্রেণীর বাইরে, গলি বা রাস্তাতে বাচ্ছাদের অধিকাংশ সময় তাদের বন্ধুদের সঙ্গো অতিবাহিত হয়। এই সম্পর্কতে তাদের চরিত্রের অনেক কথা সঙ্গী বাচ্ছাদের ওপর প্রভাব ফেলে। সেই কথা এবং ব্যবহার যখন ভালো লাগে তখন তাদের মধ্যে মৈত্রীভাব উৎপন্ন হয়। তারা সেই সব বাচ্ছাদের সম্পর্ক পেয়ে প্রসন্ন হয় যাদের কথা তার ভালোলাগে। এধরনের বাচ্ছারা যদি ভালো চরিত্র, ভালো সংস্কারের হয়, ভালো পরিবারের হয়, তাহলে সেই মৈত্রী সম্পর্কও প্রগাঢ় হয়ে ওঠে, বিকশিত হতে থাকে।

হীন ভাবনাত্মক হয়ে কিছু বাচ্ছারা সংকোচী হয়ে পিছনের বেঞ্চে বসতে থাকে।

এধরনের বাচ্ছারা গুমরে থাকা, একাকী হয়ে থাকতে ভালোবাসে। আর স্কুল জীবনে ভালো বন্ধুদের সঙ্গ থেকে বঞ্চিত থেকে যায়। বন্ধু থাকা বাচ্ছাদের ব্যক্তিত্ব বিকাশের জন্য অনিবার্য আবশ্যকতা, কারণ বন্ধুদের সঙ্গ পাওয়ার পরই বাচ্ছাদের মানসিক বিকাশ তীব্রগতিতে হতে থাকে। তাদের মধ্যে বিষম-পরিস্থিতিতেও সমন্বয় সাধন করার শক্তি এসে যায়। তাদের মনোবল বাড়তে থাকে। মনোবৈজ্ঞানিকদের মতে বাচ্ছাদের আন্তরিক এবং বাইরের ব্যক্তিত্ব বিকাশের জন্য বন্ধু থাকা একান্ত আবশ্যক। বাস্তবে সঙ্গী বন্ধুদের সঙ্গ পেয়ে তাদের ব্যক্তিত্বে উজ্জ্বলতা আসে। বাচ্ছারা সঙ্গী ব্যক্তিত্বকে খোঁজার কাজ করে। বাচ্ছাদের মধ্যে প্রতিযোগীতার ভাবনা উৎপন্ন করে যা তাদের সর্বদা সামনে এগিয়ে যেতে প্রেরণা দেয়। বাচ্ছাদের সামাজিক বিকাশ ঘটে। সাথী বন্ধুদের সঙ্গ বাচ্ছাদের অবসাদগ্রস্ত থাকা থেকে মুক্ত রাখে আর মানসিক সন্তুষ্টির অনুভব করায়। তাকে পরিবার আর সমাজের প্রতি নিষ্ঠাবান করে তোলে। পারিবারিক সম্বন্ধের প্রতি আস্থাবান আর নিষ্ঠাবান বন্ধুরাই করে তোলে। সত্যি কথা তো এটাই যে বন্ধুরাই তাদের মানবীয় গুণের খোলা আকাশের সাথে পরিচয় করায়। সেজন্য অভিভাবকদেরও উচিত সন্তানদেরও বন্ধু লাভের জন্য পরোক্ষ ও প্রত্যক্ষভাবে অবশ্যই সহযোগীতা করা।

ভালো বন্ধু বাচ্ছাদের ভবিষ্যতকে সুন্দরভাবে সাজিয়ে-গুছিয়ে তোলে। সেইভাবে বড়লোক বন্ধুর বন্ধুত্বও বাচ্ছাদের বিগড়ে দেয়। স্কুল-জীবনে কখনো কখনো মধ্যবিত্ত পরিবারের সন্তানদের ধনী পরিবারের সন্তানদের সাথে বন্ধুত্ব হয়ে যায়। অনেক সময় সে নিজেই ওই ধরনের বাচ্ছাদের সাথে বন্ধুত্ব করতে চায়। এই ধরনের বন্ধুত্বর ফলে মধ্যবিত্ত পরিবারের সন্তানদের সাথে বড়লোকের সন্তানদের চাল-চলন, তার ঘড়ি, দামী টাই, গগল্স, গাড়ি, জুতো, পার্সে রাখা টাকা ইত্যাদি তাকে এত আকর্ষিত করে যে তার মনে যখন সেইসব বাচ্ছাদের সাথে মিত্রতা করার কথা আসে তখনই তাদের মধ্যে হীনমন্যতা আসতে থাকে। এই সমস্ত ধনী পরিবারের সন্তানদের দেখে মধ্যবিত্ত ও নিম্নবিত্ত পরিবারের বাচ্ছাদের জীবন হীন মনে হতে থাকে। ভাবনার এই হীনতা বাচ্ছাদের মনে-মনেই দুঃখী করতে থাকে। তারা পারিবারিক উপেক্ষা অথবা অন্য কারণে মানসিকভাবে অসন্তুষ্ট, বিদ্রোহী আর ক্রুদ্ধ হয়ে উঠতে থাকে। মধ্যবিত্ত পরিবারের এইসব বাচ্ছারা কখনো কখনো ধনী বন্ধুদের সাথে পাল্লা দেওয়ার জন্য মিথ্যা-কথা বলা, লোক-দেখানো ব্যবহার ইত্যাদির সাহায্য নিতে থাকে। আর অন্যদিকে ধনী পরিবারের সন্তানরা তাদের মিথ্যা প্রশংসা আর তোষামোদ পেয়ে অহংকারী আর দাম্ভিক হয়ে ওঠে।

বাস্তবিকতা এই যে যখন বড়লোকের ছেলেদের সমান-সমান হওয়ার চক্করে মধ্যবিত্ত বাচ্ছারা তাদের অভিভাবকদের কাছে বেশী পকেট খরচা চায়, আর যখন সেই খরচের পূরণ হতে পারে না তখন তারা নিজের ঘরেই চুরি অথবা হেরা-ফেরি করতে থাকে। অবস্থাটা যখন কঠিন হয়ে যায় তখন সেই বাচ্ছারা তাদের অভিভাবকদেরই দায়ী করে, ঝগড়া করতে থাকে, আর অবশেষে নিজের সীমা অতিক্রম করে, তাদের ধনী বন্ধুদের পিছনে লেগে থাকতে শুরু করে। তাদের 'কৃপা'তে জীবন যাপন করে। সে তার বন্ধুদের ব্যবহার করতে চায় তার প্রভাব বাড়াতে, তার সর্বস্ব তৈরী করার কাজে লাগানোর জন্য। এমনকি কখনো কখনো এই বড়লোকদের ছেলেরা এই ধরনের মিত্রদের ভুল কাজের জন্যও ব্যবহার করে থাকে।

হর্ষের সাথে এরকমই ঘটনা ঘটেছিল। রাহুলের বন্ধুত্ব পাওয়ার সাথে সাথে তার চাল-চলন বদলাতে থাকে। সে কখনও রাহুলের জামা-কাপড় পরত, কখনও বা তার ঘড়ি। অতিশীঘ্রই বন্ধুরা তাকে রাহুলের 'চামচা' বলে রাগাতে থাকে। কথাটা সত্যি, কিছুদিন পর্যন্ত এইভাবে চলতে থাকে। কিন্তু একদিন তার চোখ খুলে গেল, যখন রাহুল একদিন তাকে সামান্য কারণে অপমান করল। রাহুল হর্ষকে তার কলেজের একজন মেয়ের বাইকের হাওয়া বের করে দিতে বললে হর্ষ তা করতে অস্বীকার করে। রাহুল এই সামান্য উপেক্ষা সহ্য করতে পারেনা। হর্ষকে অপমান করে নানা ধরনের কটুকথা বলে—"আমার বিল্লী আমাকেই ম্যাও"। তোর এত সাহস........দু পয়সার লোক, তুই এত তাড়াতাড়ি নিজের সীমা ভুলে গেলি........বেইমান..........নেমকহারাম কোথাকার...........!"

অন্য সঙ্গী-সাথী বন্ধুদের সামনে হর্ষ এত অপমান কীভাবে সহ্য করবে!............"দেখে নেবো।" বলে রাহুলের সঙ্গে বদলা নেওয়ার জন্য নিজের শক্তি বাড়াতে থাকে।

আসল কথা এটা যে স্কুল-কলেজের এই ধরনের ছেলেদের গুণ্ডাবাজির শিকার হওয়ার ফলে না শুধু নিজের ভবিষ্যৎ নষ্ট হয়, বরং বন্ধুত্বের নামে সাথী বন্ধুদের ভবিষ্যতকেও নষ্ট করতে থাকে। সেজন্য এই ধরনের বড়লোক বাবার ছেলেদের বন্ধুত্ব পাওয়ার জন্য লালায়িত না হওয়াই ভালো। না তাদের ইশারাতে নাচতে থাকো।

গ্রাম-গঞ্জ থেকে যখন তারা শহরের স্কুল-কলেজে প্রবেশ করে তখন তাদের অধিকাংশ সময়ই এই ধরনের বন্ধুদের সাথে অতিবাহিত হয়। কখনো কখনো এইসব ছেলেরা তাদের বন্ধুদের দুর্বলতার সুযোগ নিয়ে তাকে কাজে লাগাতে চেস্টা

করে। দাদা ধরনের ছেলেদের এই দুর্বলতা ধূমপান থেকে শুরু করে ড্রাগের নেশা পর্যন্ত হতে পারে। বড়ঘরের ছেলেরা তাদের দুর্বলতা ঢাকা দেবার জন্য সাথী বাচ্ছাদেরও বিভ্রান্ত করতে থাকে। তাকে নিজের গাড়িতে ঘোরানো, হোটেলে চা-কফি খাওয়ানো বা বিয়ার পার্টি দেওয়া তার নিয়ম হয়ে যায়। ব্যস, সন্তানদের বিগড়ানোর জন্য এর থেকে আর বেশী কি চায়?

যদি এইসব বাচ্ছারা রাজনৈতিক সংরক্ষণ পেয়ে যায়, তবে তো সোনায় সোহাগা। কারণ নেতাদের ভীড় তৈরী করার জন্য এই ধরনের বিগড়ানো সন্তানদেরই আবশ্যকতা হয়। রাজনৈতিক সংরক্ষণ পেয়ে এইসব অবাধ্য সন্তানরা প্রতিদিন নতুন নতুন ক্রিয়াকাণ্ড করতে থাকে। এইভাবে অপরাধের প্রতি ভয় নষ্ট হয়ে যায় আর অপরাধের প্রবৃত্তিও বাড়তে থাকে।

স্কুলের জীবনের গতিবিধির উপর নজর রাখুন—

ঘর থেকে বেরিয়ে সন্তানরা বিদ্যালয়ে পৌঁছায়। 6 থেকে 18 বছর পর্যন্ত বয়সের বাচ্ছাদের অধিকাংশ সময় বিদ্যালয়েই অতিবাহিত হয়। বিদ্যালয় সেই সংস্কারস্থল যেখানে বাচ্ছারা নতুন ছেলে-মেয়েদের, বন্ধু-বান্ধবদের, শিক্ষক-শিক্ষয়িত্রীদের সাথে মেলামেশা করে। সন্তানদের এমন অনেক ছেলে এবং শিক্ষকের সাথে সাক্ষাৎ হয়ে যায়—যাদের ব্যক্তিত্ব তাদের প্রভাবিত করে। সন্তানদের সুন্দরভাবে বেড়ে ওঠা বা নষ্ট হয়ে যাওয়ার পিছনে এদের অনেক বড়ো ভূমিকা আছে। সেজন্য, অভিভাবকদের নিজেদের সন্তানদের সম্বন্ধে স্থানীয় গতিবিধির উপর লক্ষ্য রাখা অত্যন্ত প্রয়োজন। কারণ যে বিদ্যালয়ে আমরা সন্তানদের ব্যক্তিত্ব তৈরীর জন্য প্রেরণ করি, সেখানে কখনো কখনো তাদের ব্যক্তিত্ব নষ্ট হয়ে যাওয়ার পরিস্থিতি তৈরী হয়।

এটা সত্যি কথা যে, প্রতিটি ব্যক্তির মোটামুটি ৬ ভাগ সময় স্কুলেই অতিবাহিত হয়। একে জীবন তৈরীর সময়ও বলা হয়। বাস্তবে এটা জীবনের সর্বোত্তম সময়, কারণ ব্যক্তি যাই-ই তৈরী হোন না কেন তার শিকড় এই সময়ের মধ্যেই প্রোথিত থাকে। এই সময়ে পাওয়া অভ্যাস, সংস্কার আর ব্যবহার তার সম্পূর্ণ জীবনকে প্রভাবিত করে।

প্রাথমিক শ্রেনীতে বাচ্ছাদের যে শারীরিক ও মানসিক বিকাশ ঘটে, তার প্রভাব বাচ্ছাদের বর্তমান আর ভবিষ্যতের ওপর পড়ে। এই অবস্থাতেই তাদের ভালো বন্ধু এবং ভালো অধ্যাপকের সহযোগীতাও পেয়ে যায়। এইসব ভালো অধ্যাপকের

স্নেহশীল আর আত্মীয়তার ব্যবহার বাচ্ছাদের অভিরুচিকে বিকশিত করতে সাহায্য করে। এই বাচ্ছারাই যদি শ্রেণীতে ছেলেদের সহযোগীতা, মিত্রতার ভাব আর অধ্যাপকদের সাহায্য, স্নেহ, উৎসাহ না পায় তবে তাদের অভিরুচিতে নিষ্ক্রিয়তা চলে আসে। তারা লেখা-পড়াতে পিছিয়ে পড়ে। স্কুল থেকে পালানো এবং পালিয়ে গিয়ে আওয়াগিরি করা তাদের অভ্যাস হয়ে যায়। স্কুল-পালানো এই ধরনের বাচ্ছাদের জাতিগত, আর্থিক আর সামাজিক হীনমন্যতা গ্রাস করতে থাকে। হীনতা-র এইভাবই তাদের রুষ্ট, ক্রুদ্ধ আর ঈর্ষান্বিত করে তোলে, যা শুধু এদের অবাধ্যই করে না, বরং এমন বাচ্ছারাই অপরাধের দিকে বাড়তে থাকে।

স্কুলের ভিড়ের মধ্যে খুব কম বাচ্ছাই অধ্যাপকদের সান্নিধ্য লাভ করে। অধ্যাপকদের এই উদাসীনতা বাচ্ছাদের প্রতিভাকে প্রভাবিত করে। যদি অধ্যাপকরা বাচ্ছাদের দিকে দৃষ্টি দেন, তাদের ইচ্ছাকে আমল দেন তবে সেই বাচ্ছা নিশ্চয়ই উন্নতির দিকে এগিয়ে যায়। আজকাল স্কুলে এই ব্যাপারে অভাব দেখা দিয়েছে। এটাই কারণ বাচ্ছা আর অধ্যাপকদের মধ্যে মাবনবতার সম্বন্ধ স্থাপিত না হওয়ার।

শিক্ষাকে ব্যবসায়ীকরণের প্রভাব সোজাসুজি বাচ্ছাদের ওপর পড়ে। মোটা মোটা ফিস্, শিক্ষার নামে তাদের মনোবৃত্তির সম্পন্নতা, ফ্যাশন্, গ্ল্যামার আর বিকৃত সংস্কৃতির প্রভাবে বাচ্ছাদের মানসিকতাকে এত প্রভাবিত করেছে যে আর্থিকভাবে সম্পন্ন ঘরের ছেলেমেয়েরা সরকারী স্কুলের নামে নাক সিঁটকাতে থাকে। স্কুলের অনুশাসনের প্রতি তাদের নিরন্তর বিরক্তভাব তাদের স্কুল থেকে দুরে রাখে। সরকারী বিদ্যালয়ের অবস্থা সরকারী হাসপাতালের মতো হয়ে গেছে।—যেখানে গিয়ে বাচ্ছারা আনন্দিত না হয়ে নিরানন্দ হতে থাকে।

শিক্ষাব্যবস্থা এখন গরীব-বড়োলোকদের মধ্যে বিভাজিত হয়ে গেছে। সেজন্য স্কুল-সম্বন্ধীয় সমস্ত ব্যবস্থাই পাল্টে গেছে। ওদিকে অ্যাপকদের মধ্যেও সেই ভাবনা নেই যা শিক্ষার্থীদের সংস্কারবান করে তোলে। অতএব স্কুলের আবহাওয়া বা পরিবেশ দিন দিন নীরস, বিরক্তকর আর আকর্ষণবিহীন হয়ে পড়ছে। অধ্যাপক আর বিদ্যার্থী দু'জনেই একে অপরকে স্বীকার করে না। এটাই কারণ যেখানে বাচ্ছাদের জীবন সুন্দরভাবে গড়ে তোলার জন্য পাঠানো হয়, সেখানে প্রার্থনীয় লক্ষ্যের অভাবে তারা বিগড়ে যাচ্ছে। অনেক চেষ্টার পরেও স্কুল জীবনে ছাত্রদের সমস্যা বাড়ছে। সমাজ যেভাবে গরীব-বড়োলোক শ্রেণীতে ভাগ হয়ে গেছে, শিক্ষা আর স্কুলও সেইভাবে দুই শ্রেণীতে ভাগ হয়ে গেছে। ব্যবহারিক সংস্কারের অভাবে এই সমস্ত স্কুলে সন্তানদের নাকারাত্মক চিন্তা-ভাবনাই বেশী বিকশিত হচ্ছে। সত্যি কথা এটাই যে সংস্কার-বিহীন শিক্ষা আজ বেশী সুলভ হয়ে উঠেছে।

বিদ্যালয়ে আসার জন্য এই ছাত্রদের দীর্ঘ রাস্তা পায়ে হেঁটে, বাসে, স্কুটারে বা সাইকেলে আসতে হয়। রাস্তায় আসার সময় তাদের দৃষ্টি চৌরাস্তাতে লাগানো অশ্লীল সিনেমার পোস্টারের ওপর পড়ে। সঙ্গী-সাথীদের সঙ্গে এ-ব্যাপারে আলাপ-আলোচনা করে। এ-ধরনের আলোচনার ফলে বাচ্ছাদের যৌন-ভাবনার উৎপত্তি হয়। তারা এ-ব্যাপারে আরও বেশী জানার জন্য চেষ্টা করতে থাকে, যার ফলে তারা লেখাপড়া থেকে দুরে সরে যায়।

স্কুল বা স্কুলের বাইরে রাস্তাতে অথবা শ্রেণীতে তাদের থেকে বড়ো ছাত্রদের দাদাগিরিও সহ্য করতে হয়। র‍্যাগিং-এর নামে উচ্চ-শ্রেণীর ছেলেমেয়েরা তাদের থেকে ছোটো ছেলেমেয়েদের এত আতঙ্কিত করে যে তাদের মনে স্কুল, শিক্ষা আর শিক্ষকদের প্রতি ঘৃণা জন্মাতে থাকে। এ-ধরনের ছেলেমেয়েরা হয় স্কুল ছেড়ে পালিয়ে যায়, নয়ত সেই সব অবাধ্য ছেলেমেয়েদের সাথে হাত মেলায়, যাদের মধ্যে সেই বীজ প্রথম থেকেই থাকে।

বিপরীত সেক্সের প্রতি আকর্ষণ—

দক্ষিণ দিল্লীর পুলিশ ও প্রশাসন অনুসারে বাচ্ছাদের বিগড়ানোর তিনটি কারণ—টাকা-পয়সা, মেয়েদের প্রতি আকর্ষণ আর পারিবারিক বিবাদ। এগুলির মধ্যে মেয়েদের প্রতি আকর্ষণ স্কুল জীবন থেকেই শুরু হয়ে যায়। ছেলে-মেয়েদের মধ্যে কিশোরাবস্থাতেই বিপরীত সেক্সের প্রতি আকর্ষণ তার চোখের সহজ ভাষার মধ্যে থেকে জন্মায়। এই আকর্ষণই কখনো স্কুলের কোনো মেয়ে বা মিসের প্রতি বৃদ্ধি পেতে থাকে।

রাজকাপুর তাঁর সিনেমা 'মেরা নাম জোকার'-এ কিশোর মনের এই ভাবনা-চিন্তাকে অত্যন্ত স্বাভাবিকভাবে তুলে ধরে প্রমাণিত করেছেন যে—কিশোর মনের যৌন-ভাবনাকে সামাজিক নিষেধাজ্ঞার বন্ধনও বুখতে পারে না। নিজের অর্থাৎ 'টিচার'-এর প্রতি উঠে আসা যৌন-আকর্ষণ কোন একটা ছেলের দুর্বলতা নয়, বরঞ্চ স্কুল-কলেজে পড়া এরকম হাজার 'রাজু' আছে যাদের যৌন ভাবনা স্কুলের ছাত্রদের মধ্যে এমনভাবে সংক্রামিত হতে থাকে যে তারা তার কল্পনাতে বিভোর হয়ে থাকে আর নির্জনতা পেলেই সেই কল্পনাকে সাকার করার জন্য যা কিছু করার দরকার তাই করতে বাধ্য থাকে। মনোবৈজ্ঞানিকদের মতবাদ—যে নির্জনতা পেলেই কিশোর মনের গ্রন্থিরা সক্রিয় হয়ে ওঠে, আর তার ফলে নিঃসৃত স্রাব তাকে নতুন কিছু, অন্যরকম কিছু রোমাঞ্চকর করতে উৎসাহিত করে।

স্কুলে সমস্ত ছেলেমেয়েদের মধ্যেই যৌন-ভাবনা জন্ম নেয়। যারা উচিত শিক্ষা পায় না, তাদের এই ভাবনা-ই অবাধ্য, বেয়াড়া তৈরী করে দেয়। সেজন্য স্কুলের প্রতি অভিভাবকদের ব্যবহারিক চিন্তাভাবনা থাকা উচিত।

স্কুলের পরিবেশ, স্কুলের আকর্ষণ বাচ্ছাদের চরিত্রবান, অনুশাসিত আর মহতাকাঙ্খী করে তোলে। যেসব বিদ্যালয়ে সাধনার অভাব থাকে, যেখানকার আবহাওয়া বাচ্ছাদের আকর্ষিত করতে পারে না। এ-ধরনের বিদ্যালয়ের বাচ্ছাদের বিদ্যালয় কিংবা শ্রেণী থেকে পালিয়ে নিজের স্কুলের সময়টা অলিতে-গলিতে, বাজারে-সিনেমাতে, পার্কে অথবা রেলওয়ে স্টেশন ইত্যাদিতে সময় কাটায়।—যেখানে তাদের অসামাজিক লোকেরা আকর্ষিত করে নেয়। এই ধরনের আকর্ষণ বাচ্ছাদের বিগড়ানোর জন্য প্রেরিত করে।

লেখা-পড়াতে পিছিয়ে যাওয়া বাচ্ছারা বাড়ী এবং বাড়ীর বাইরে অবসাদগ্রস্ত থাকে। ঝগড়া-মারামারি করে তারা তাদের এই অবসাদকে দুর করতে চায়। যেখানে ঝগড়া-মারামারির এইরূপ ব্যবহার তাদের আরও খারাপ করে দেয়।

স্কুল থেকে পালানো বাচ্ছারা সেইসব বিগড়ে যাওয়া বাচ্ছাদের সঙ্গা পেয়ে যায়, যারা আগে থেকেই লেখা-পড়া ছেড়ে পিছিয়ে পড়েছে। এই ধরনের কুণ্ঠিত আর বিগড়ে যাওয়া বাচ্ছারা তাদের বিড়ি-সিগারেট খেতে শেখায়। গুটখা খাওয়ার অভ্যাস করিয়ে দেয়। বাড়ী থেকে চুরি করা বা হেরা-ফেরী করা শিখিয়ে দেয়। মিথ্যা বলা, বাহানা করা, মেয়েদের বেইজ্জত করা ইত্যাদি তাদের কাছে সাধারণ ব্যাপার হয়ে যায়। এই ধরনের ছেলেদের যেসময় বাড়ীতে লেখা-পড়ায় ব্যয় করা উচিত ছিল, সেই সময় তারা তাশ, জুয়া ইত্যাদি খেলায় ব্যয় করতে থাকে।

এধরনের কিশোর বাচ্ছারা নিজেদের যৌন-ভাবনার সন্তুষ্টির জন্য দেওয়ালে অশ্লীল কথা-বার্তা লিখতে থাকে, ছবি তৈরী করে। এমনকি সুযোগ পেলে মেয়েদের সাথে অশ্লীল ব্যবহার করাও বাহাদুরী মনে করে। গলিতে ঘুরে বেড়ানো এধরনের আওয়ারা বাচ্ছারা অন্য বাচ্ছাদের সাথে ছোটো-খাটো অপরাধ করতে শুরু করে তারপর আস্তে আস্তে বড় অপরাধীদের ইশারাতে চলতে থাকে। এইভাবে তাদের প্রাথমিক অপরাধীর জীবন ব্যয় হতে থাকে।

যখন কিশোর বাচ্ছারা এই অবস্থা স্কুলে অথবা বাড়ীতে পায় না, তখন সেটা এমন জায়গায় ব্যয় করে যেখানে সে ভরপুর আনন্দ পায়। যৌন সন্তুষ্টির জন্য তারা হস্তমৈথুন করতে থাকে বা সমলিঙ্গা-কামী মৈথুনের দিকে আকৃষ্ট হয়ে যায়। এই অবস্থা শুধুমাত্র ছেলেদেরই নয়, মেয়েরাও সামাজিক আর পারিবারিক সংরক্ষণ, পোষণ পেয়ে কিশোরী অবস্থাতেই এমন কিছু অপরাধ বা আইন বিরুদ্ধ কাজ করতে থাকে, যা দেশের আইন আর ব্যবস্থার জন্য গভীর চ্যালেঞ্জও হয়ে উঠেছে।

দ্রুতগামী পরিবর্তনের অবস্থা—

মনোবৈজ্ঞানিকদের মতে কিশোরাবস্থা অত্যন্ত উৎসাহ, স্বপ্ন আর রঙীন কল্পনা করার কাঁচা বয়স। কিছু লোক একে ঝড়ের মতো পরিবর্তনের অবস্থা বলে এই বয়সের বাচ্ছাদের স্নেহময় আর আত্মীয়তাপূর্ণ ব্যবহারের উপদেশ দেয়।

কিশোরাবস্থার ছেলেমেয়েরা অত্যন্ত উচ্চাকাঙ্খী হয়ে থাকে। সিনেমার সংস্কৃতি, ফ্যাশন, ডিস্কো, ডান্স, পার্টি আর গ্ল্যামারের চমক-ধমক, টি. ভি. এবং ভোগবাদী হাই-ফাই সংস্কৃতি আর ভৌতিক সুখ-সুবিধার কারণে এদের ইচ্ছা-আকাঙ্খা অত্যন্ত বড়ো হয়। অভাব সহ্য করা বা অভাবে থাকা এদের পছন্দ নয়। কারণ অভিভাবকদের অতিরিক্ত আদর-ভালোবাসা এদের কখনো অভাবকে বুঝতে দেয়নি, আর না অভিভাবকরা কখনো তাদের কঠিন বাস্তবিকতার সাথে পরিচিত হতে দিয়েছেন। সেজন্য কিশোরাবস্থার বাচ্ছারা প্রায়শঃ দিবাস্বপ্নতে বেঁচে থাকতে অভ্যস্ত হয়ে যায়।

কিশোরাবস্থার বাচ্ছাদের ব্যাপারে অভিভাবকদের বর্তমান চিন্তাধারার কোন মিল খুঁজে পায় না। তারাও সর্বদা অতীতের কথা ভেবে-ভেবে তাদের এই কিশোরদের কাছ থেকে সেই প্রকার আশা করে। যেখানে অতীত মৃত থাকে, আর বাচ্ছারা বর্তমান আর ভবিষ্যতে বাঁচতে চায়। পরস্পরবিরোধী এই চিন্তা-ভাবনার এই কারণে কিশোরাবস্থার ছেলেমেয়েরা আর অভিভাবকদের মাঝে মন-কষাকষি আর ঝগড়া-ঝাঁটি হতে থাকে।

বন্ধু-বান্ধব আর স্কুলের গতিবিধির এই পরিপ্রেক্ষীতে একথা বলা যায় যে কিশোরাবস্থা-প্রাপ্ত ছেলেমেয়েরা সহজ-সরল ব্যবহারের থেকে সরে গিয়ে এমন ব্যবহার করে যে অভিভাবকরা মনে করে যে—তাদের গায়ে নতুন যুগের হাওয়া লেগে গেছে। তারা কিশোরাবস্থার নিজের এই বাচ্ছাদের বিচিত্র ব্যবহারের প্রতি বেশী লক্ষ্য দিতে থাকে।

কিশোরাবস্থাতে সন্তান এবং অভিভাবকদের মধ্যে মনের মিল না হওয়ার অন্য অনেক কারণের মধ্যে এটাও একটা কারণ যে তারা দুজনেই নিজেদের মধ্যে পারস্পরিক সমন্বয়-সাধন করতে চায় না।

তীব্র যৌনাকর্ষণের অবস্থা—

বিপরীত সেক্সের প্রতি স্বাভাবিক আকর্ষণ এই বয়সের সবচেয়ে বড়ো বৈশিষ্ট্য। ছেলেমেয়েদের মধ্যে জনন-হরমোন সক্রিয় হয়ে যাওয়ার কারণে কিশোরাবস্থাতে ভাবনাত্মক আবেগ অত্যন্ত দ্রুত তাদের অভিভূত করতে থাকে। মানসিক পরিপক্কতার অভাবে কাঁচা বয়সেই এই ভাবনাতে আমাদের ফিল্ম, আর টি.ভি. সিরিয়াল এই আগুনে ঘি ঢালার কাজ করে। কিশোর মনের বিভ্রান্তি ছেলেমেয়েদের পথ-ভ্রষ্ট করে দেয়। যখন এই বয়সের ছেলেমেয়েদের মধ্যে আসা শারীরিক আর মানসিক পরিবর্তনের সম্বন্ধ আসে, তারা এই অবস্থাতে নিজের বয়সী ছেলেমেয়েদের মধ্যে সম্পর্ক স্থাপিত করতে চায়। এই অবস্থাতে মেয়েদের চেহারার কমনীয়তা আর লাবণ্য তাদের চোখে ধরা পড়তে থাকে। এই সমস্ত ভাবনা-চিন্তা তো ছেলেমেয়েদের মধ্যে উৎপন্ন হয়, কিন্তু তারা তা প্রকাশ করতে পারে না। মনোবৈজ্ঞানিক প্রভাবকে স্পষ্ট করার জন্য স্ত্রী মনোবিজ্ঞানের পারদর্শী মনোবিদ্ এরিকা জোঙ্গা-র বক্তব্য যে—ছেলেমেয়েরা তাদের ভবিষ্যৎ জীবনের সাথীর কল্পনাও এই বয়সে করতে শুরু করে। বাইরের আকর্ষণকেই তারা তাদের জীবনের সত্যি মনে করতে থাকে। এই কারণেই কিশোরাবস্থাকে অধিকাংশ ছেলেমেয়েরা তাদের জীবনে কোন কোন ক্ষেত্রে বয়ে যাওয়ার অবস্থা সৃষ্টি করতে থাকে।

রাষ্ট্রীয়-পরিবার কল্যান সংস্থান একটা সমীক্ষা করেছে। সেই সমীক্ষা অনুসারে জানা গেছে—সাধারণত 15 শতাংশ ছেলেমেয়েরা কিশোরাবস্থাতেই যৌন-অনুভব প্রাপ্ত করে থাকে। এর অর্থ এই যে কিশোরাবস্থাতে সংযম রাখা ছেলেমেয়েদের সংখ্যা দিন-দিন কমতে থাকছে। বিগড়ানোর এই অবস্থার জন্য দায়ী কে?

অন্তঃস্রাবী গ্রন্থির দ্বারা শরীর আর মনের ওপর প্রভাব—

সন্তানদের শারীরিক বিকাশ তাদের মানসিক বিকাশের ওপর প্রভাব ফেলে।

বিকাশ-ক্রমে শরীর আর মনের অন্তঃস্রাবী গ্রন্থিরা প্রভাবিত করে। অন্তঃস্রাবী গ্রন্থির দ্বারা যেখানে ছেলে-মেয়েদের শারীরিক অঙ্গের বিকাশ হয়, তার ফলেই শরীরের ভিতর ও বাহ্যিক অবয়বেও পরিবর্তন হতে থাকে, যা মানসিকরূপে সে তার নিজের প্রভাব দেখাতে থাকে। বাল্যাবস্থাতে ছেলেরা ভিন্ন-লিঙ্গ ব্যক্তিদের পছন্দ করে না। কিন্তু কিশোরাবস্থা আসার সঙ্গে সঙ্গে সেই অপছন্দ পছন্দে রূপান্তরিত হয়। ছেলে-মেয়েরা একে অপরকে ভালো লাগানোর জন্য সাজ-সজ্জা করতে থাকে। ছেলেরা অধিকাংশ সময় মেয়েদের দেখতেই সময় কাটায়, তখন মেয়েরা নিজেদের মন্ত্রমুগ্ধের মতো দেখতে থাকে। ছেলে-মেয়েরা নিজেদের মধ্যে কথাবার্তা বলে সময় কাটাতে ভালোবাসে। এই সমস্তই তাদের অন্তঃস্রাবী হরমোনের দ্বারা জননাঙ্গের সক্রিয় হওয়ার কারণে হয়ে থাকে। কিশোরাবস্থাতে এই পরিবর্তন স্বাভাবিক এবং সুস্থ্য হওয়ার লক্ষণ। অন্তঃস্রাবী গ্রন্থির সক্রিয়তা আর স্রাবের কারণেই কিশোরাবস্থাতে ছেলেদের গলার আওয়াজ ভারী হয়ে যায়। কাঁধ মজবুত আর হাত-পা পুষ্ট হতে থাকে। দাড়ি-গোঁফ উঠতে থাকে, ওজন ও উচ্চতা বাড়তে থাকে। মেয়েদের শারীরিক পরিবর্তনও দেখা দেয়। বক্ষস্থল উচ্চ হতে থাকে। স্বর মধুর হয়ে ওঠে। লজ্জার জন্য স্বাভাবিক আকর্ষণ তার চোখে দেখা দিতে থাকে। যা তাকে আরও আকর্ষক করে তোলে। অন্তঃস্রাবী গ্রন্থির কারণেই মেয়েদের ঋতুচক্রের শুরু হতে থাকে। শারীরিক গঠনের কারণে ছেলেমেয়েরা একে অপরের দেখে, স্পর্শ করে, স্মরণ করে এক প্রকার সুখানুভূতি অনুভব করে।

অন্তঃস্রাবী হরমোনের গণ্ডগোলের কারণেই ছেলেমেয়েদের উচ্চতা এবং শারীরের বৃদ্ধি বন্ধ হয়ে যায়। যে ছেলেমেয়েদের উচ্চতা কম থেকে যায় তাদের মধ্যে হীন-ভাবনা জন্ম নেয়। এই হীন-ভাবনার কারণেই সে তার ঘর ও পরিবারের সাথে সমন্বয়-সাধন করতে পারে না। আর নিজেকে নিজের মধ্যে গুটিয়ে রেখে আত্মমুখী, একাকী হয়ে ওঠে। এধরনের ছেলেরা নিজেদের অন্য ছেলেদের সামনে হেয় মনে করে। এই হীনতার কারণেই সে নিজের সাথী বন্ধুদের 'চামচা' হয়ে যায়। তাদের এই ধরনের চিন্তা-ভাবনা তাদের জীবনের অগ্রগতি রোধ করে দেয়।

গলগ্রন্থি আর উপ-গলগ্রন্থি (Thyroid আর Parathyroid) বেড়ে যাওয়ার ফলে বালকের স্বাভাবিক বৃদ্ধি রোধ হয়ে যায়। আর সে অনেকরকমের রোগে আক্রান্ত হয়ে যায়।

কিশোরাবস্থার সম্বেগ আর তার প্রভাব—

কিশোরাবস্থাকে 'ঝঞ্ঝা'র অবস্থা বলা হয়। এই বয়সে বাচ্ছাদের অবাধ্য

হওয়ার/বাধ্য হওয়ার সমস্তরকম অবস্থা অভিভাবকদের কাছেই থাকে। যদি অভিভাবকরা এই অবস্থার সম্বেগের মূল্যাঙ্কন করে, অধ্যয়ন আর সমীক্ষা করে তার উপযোগীতা বালকের হিতের জন্য করে, তবে বাচ্ছাদের বিগড়ানোর অবস্থা শুধু সমাপ্তই হবে না। তার ব্যক্তিত্বরও সন্তুলিত বিকাশ ঘটবে।

এই অবস্থা সম্বেগের কিছু বৈশিষ্ট্য নীচে দেওয়া হলো—

1. সম্বেগ পরিবর্তনশীল আর অস্থায়ী হয়। অন্য পরিস্থিতি বদলানোর সাথে সাথেই বাচ্ছাদের মানসিকতাও বদলাতে থাকে। ক্রন্দনরত বাচ্ছা পরিস্থিতি পাল্টালে হাসতেও থাকে।

2. সম্বেগের কারণে বাচ্ছারা ছোটো ছোটো ব্যাপারেও ক্ষুব্ধ হয়ে ওঠে। এই অবস্থাতে ভয়, আনন্দ, ক্রোধই বেশী উগ্র রূপে প্রকট হয়ে ওঠে। যদি অভিভাবকরা সময়মতো তার রোধ করতে পারে তবে বাচ্ছাদের মানসিকতাকে বদলানো যায়।

3. বাচ্ছারা তাদের এই সম্বেগকে লুকিয়ে রাখতে পারে না। এমনকি তারা এর অভিব্যক্তি হাত পা চালিয়ে এবং মারপিট করেও প্রকাশ করে।

4. সম্বেগ বার বার প্রকট হয়ে ওঠে। এর অভিব্যক্তিও ভিন্ন ভিন্ন প্রকারের হতে থাকে। কখনো কখনো এই অভিব্যক্তি এত হিংস্র হয়ে ওঠে যে, বাচ্ছারা তাদের বন্ধু অথবা ভাই-বোনকে কাটতে পর্যন্ত পারে। অভিব্যক্তির এই প্রকাশ যত প্রভাবশালী হয় বাচ্ছারা তাকেই বেশী গ্রহণ করতে থাকে। কখনো কখনো বাচ্ছারা তাদের অভিভাবকদের দিয়ে অনুচিত চাহিদাও পূরণ করিয়ে নেয়।

5. সম্বেগ আরোপিত হতে পারে। যদি বাবা-মায়েরা কোনো কারণে বাচ্ছাদের প্রতাড়িত করে বা বকাবকি করে তবে তারা তার ছোটো ভাইবোনদের মার-পিট করে তার সম্বেগকে ব্যক্ত করে।

6. সম্বেগের অভিব্যক্তিতেও কখনো কখনো পার্থক্য দেখা দেয়। একটু বড়ো বাচ্ছারা ঘর থেকে পালিয়ে তার নিজের অসন্তোষ আর প্রতিশোধকে প্রকট করে তখন ছোট বাচ্ছারা ঘরের এককোণে অন্ধকারে বসে নিজের সম্বেগ আর বিরোধকে প্রকট করতে থাকে।

আসলে কিশোরমনে জন্ম নেওয়া এই সম্বেগ আর তার অভিব্যক্তি বাচ্ছাদের চিন্তা-ভাবনা, সফলতা-বিফলতাকে প্রভাবিত করতে থাকে। বালক সমাজের এক বিকাশশীল প্রাণী। সেজন্য তার বিকাশ-ক্রমে এই সম্বেগকে বুঝুন। এর মাধ্যমে বাচ্ছাদের সফল ভবিষ্যৎ দিন।

সন্তানদের চাহিদা, আবশ্যকতাকে জানুন—

যেভাবে শরীরকে জীবিত রাখার জন্য অন্ন, জল, বায়ুর প্রয়োজন হয়, সেইভাবে বাচ্ছাদের মানসিক বিকাশের জন্য তাদের কিছু আশা ও প্রয়োজনীয়তা থাকে। এই প্রয়োজনীয়তাকে পূরণের জন্য অভিভাবকদের সংরক্ষণশীলতা, সামঞ্জস্যের আবশ্যকতা হয়। বর্তমানে সামাজিক আর পারিবারিক ব্যবস্থা যে তীব্রগতিতে বদলাচ্ছে, তার পরিণাম হল সন্তানদের ভবিষ্যতের ওপর সর্বদার জন্য প্রশ্নচিহ্ন হয়ে থাকে। তাদের মনোবৈজ্ঞানিক আবশ্যকতার আধুনিক শৈলীতে কিছু এধরনের বাচ্ছাদের বন্ধন বুঝতে পারা স্বামী-স্ত্রীরা বলে না যে তারা 'এখন সন্তান চায় না'...। এধরনের প্রগতিশীল চিন্তাযুক্ত স্বামী-স্ত্রীর কাছে বাচ্ছা এসেও যায় আর তারা তাকে ম্লানমুখে স্বীকার করে নেয়। মহানগরীতেই শুধু নয়, ছোট শহর আর শহরতলীতেও কর্মরত মহিলাদের বাচ্ছা এক ঝামেলা, সমস্যা মনে হয়। অভিভাবকদের বাচ্ছা থেকে মুক্তি পাওয়ার এই চিন্তা-বাচ্ছাদের আন্তরিক ও বাহ্যিক বিকাশকে প্রভাবিত করে। প্রসিদ্ধ মনোবিশ্লেষক ফ্রায়েডের মতে বাচ্ছার তাদের চেতন-মনের ইচ্ছাপূরণ করতে চায় কিন্তু অচেতন মনের অহম্ তাকে বাধা দেয়। ইচ্ছার এই জোয়ার-ভাটাই তাদের মনের বৈজ্ঞানিক চাহিদা, যা তাদের বয়স বৃদ্ধির সাথে সাথে বদলাতে থাকে। সন্তানরা মা-বাবা, পরিবার, সমাজ থেকে এই আশা করে যে তাদের এই চাহিদা আর আবশ্যকতাকে সম্মান ও প্রতিষ্ঠা দেয়। সেজন্য এই সব ব্যাপারকে আমল দিতে হবে।

1. অভিভাবকরা যেন তাদের সন্তানদের মন থেকে স্বীকার করে।

2. তাদের শারীরিক, মানসিক আর আর্থিক সুরক্ষা, সংরক্ষণ প্রদান করে।

3. তাদের অবস্থার অনুকূলে অভিভাবকদের আত্মীয়স্নেহ পায়। তাদের শারীরিক ও মানসিক সম্বেগের প্রতিষ্ঠা পায়। এই সম্বেগের প্রতিষ্ঠাতে অভিভাবকদের সহযোগীতা লাভ করে।

4. তারা পরিবার ও আপনজনদের বিশ্বাস-পাত্র হয়ে ওঠে। লোক তাদের অবিশ্বাস না করে।

সাধারণত বয়সের সাথে সাথে সন্তানদের সামাজিক আর পারিবারিক আকাঙ্খা বাড়তে থাকে। এজন্য বাচ্ছাদের এই মনোবৈজ্ঞানিক আকাঙ্খাকে একটা সীমা পর্যন্তই পূরণ করুন।

উপেক্ষা সন্তানদের নিঃসঙ্গ করে তোলে—

সত্যতা এটাই যে বাচ্ছারা তাদের চিন্তা-ভাবনা, নির্ণয়তা, ইচ্ছার জন্য

অভিভাবকদের সহযোগীতা, স্নেহ, সমর্থন আর সংরক্ষশ চায়। কিন্তু যখন অভিভাবকরা তাদের ব্যস্ততার কারণে তাদের কোনোরকম সহযোগীতা, সমর্থন দিতে পারে না, তখন বাচ্ছারাও মৌন হয়ে যায়। এই ধরনের মৌনতা তাদের একাকী করে তোলে। সমর্থনের অভাব আর একাকীত্বের এই অবস্থাতে তার নিজের নেওয়া সিদ্ধান্তের ওপরও অবিশ্বাস করতে থাকে। এতে শুধু তার আত্মবিশ্বাসই কমে যায় না, তার মনে অসফলতার ভয়ও আসতে থাকে।—যা তাকে সর্বদা ভুল সিদ্ধান্ত নিতে বাধ্য করে দেয়।

সন্তানরা মানসিকভাবে যতটা সংরক্ষণ আর সমর্থন অভিভাবকদের কাছ থেকে পেতে পারে, ততটা আর কারও কাছে নয়। বাচ্ছারাও বুঝতে পারে যে আয়া আয়াই হয়, মা নয়। যখন বাচ্ছারা বুঝতে পারে মা তাকে আয়ার ভরসায় ছেড়ে দিয়ে বাইরে পার্টিতে গেছে, তখন তার চিন্তা-ভাবনা ক্ষীণ হয়ে যায়। বাচ্ছাদের ভাবনা-চিন্তা অভিভাবকদের প্রতি বদলাতে থাকে।

সত্য এটাই যে অভিভাবকরা বাচ্ছাদের ভালো, তাদের সুখ-সুবিধার জন্য দিন-রাত পরিশ্রম করতে থাকে, তারা ভুলে যায়, যে বাচ্ছাদের এই সমস্ত সুখ-সুবিধার সাথে তাদের সংরক্ষণ, স্নেহ, সহযোগীতা আর আত্মীয়স্পর্শেরও আবশ্যকতা হয়, যা তাদের পাশে বসেও দেওয়া যেতে পারে, বাচ্ছারা অভিভাবকদের কাছ থেকে যা আশা করে।

সঠিক লক্ষ্য-নির্ণয়ে সাহায্য করুন—

প্রগতিশীলতার এই নতুন দৌড়ে বাচ্ছাদের অবাধ্যতার সবচেয়ে বড়ো কারণ তাদের সঠিক নির্দেশের অভাব। সঠিক দিক্-নির্ণয়ে, বাচ্ছাদের সঠিক কার্য-চয়নে, তার প্রতি প্রতিবদ্ধতা আর সফলতার নতুন উচ্চতা পর্যন্ত নিয়ে যেতে পারে। সন্তানদের মধ্যে আত্মনির্ভরতা আনতে পারে। লক্ষ্য-নির্ণয়ে অভিভাবকদের সহায়তা তাদের নিজের পরিবার আর সমাজের প্রতি দায়বদ্ধ করে তোলে। সেজন্য এটা খুবই প্রয়োজনীয় যে সঠিক লক্ষ্য-নির্ণয়ে বাবা-মা তাদের সন্তানদের সাহায্য করেন।

'জব্ ডিস্স্যাটিসফেক্শন'-এর কারণেই বাচ্ছারা লক্ষ্য থেকে সরে যায়। এই ধরনের নিরাশাই বাচ্ছাদের ভবিষ্যতের প্রতি অনাস্থাবান, হতাশ আর অসন্তুষ্ট করে তাকে কুণ্ঠাগ্রস্ত করে তোলে, তাকে অবাধ্য করে নিরাশার অন্ধকার গহ্বরে পতিত করে, যেখানে ছেলেরা নিজে দিক্-ভ্রষ্ট, ভ্রান্ত হয়ে বাঁচার আশাতে হাত-পা ছুঁড়তে থাকে আবার কখনও নিরাশ হয়ে নেশার দিকে এগিয়ে গিয়ে মরার ইচ্ছা পোষণ করতে থাকে। এধরনের চিন্তা-ভাবনাই তাকে অপরাধের দিকেও এগিয়ে নিয়ে যায়।

অনিশ্চয়তা থেকে সন্তানদের রক্ষা করুন—

সন্তানদের ভবিষ্যত নির্মাণ আর ক্যারিয়ারের চয়নে কোনো রকম অনিশ্চয়তা অবস্থাতে বাচ্ছাদের অনেকদিন পর্যন্ত থাকতে দেবেন না। তারজন্য বাচ্ছাদের বার বার দোষী সাব্যস্ত করা অথবা শিক্ষা-প্রণালীকে দোষী ভাবা এক ধরনের সমস্যা থেকে মুখ ফিরিয়ে থাকা। সেজন্য যুবক হওয়ার সাথে সাথে বাচ্ছাদের ক্যারিয়ারের ব্যাপারে আপনি নিজে চিন্তা-ভাবনা করুন। এই ধরনের চিন্তাকে গ্রহণ করার জন্য সরকার অথবা পাঠ্যক্রমকে দোষী না ভেবে সহজ উপায়ের মধ্যেই বাচ্ছাদের ভবিষ্যতের খোঁজ করুন।

সন্তানদের লক্ষ্যহীনতাকে দায়ী না করে তাদের লক্ষ্য-প্রাপ্তির যোগ্য করার জন্য মানসিকভাবে তৈরী করুন। প্রগতি আর প্রতিযোগীতার এই যুগে যুবক সম্প্রদায়কেও তাদের চিন্তা-ভাবনাকে সেই অনুরূপ বানাতে হবে। সেজন্য বাচ্ছাদের ক্যারিয়ার তৈরী করার জন্য শুরুতেই তাদের এমন একটা সংস্থাতে ভর্তি করুন, যারা তার অভিরুচি, তার যোগ্যতা, আর প্রতিভাতে চাকচিক্য এনে তাকে ক্যারিয়ারের প্রতি আগ্রহী করে তুলবে।

আসল ব্যাপার এটাই যে, লক্ষ্য-নির্ণয়ে, তার ক্যারিয়ার সম্বন্ধে আপনার দ্বারা নেওয়া সিদ্ধান্ত তার উন্নত পরিণামের গ্যারান্টি। এব্যাপারে আপনি একটাই লক্ষ্য রাখুন যে—যদি লক্ষ্য-নির্ণয়ের এই ব্যবহারে যদি কোনো ভুল থেকে যায়, তবে বাচ্ছার যেন বিশ্বাস ভঙ্গ না হয়, তার বিশ্বাস অর্জন করুন আর যেন সে একটা নতুন সুযোগ পেতে পারে। তারপরেও যদি ফল ভালো না হয় অথবা আশানুরূপ সফলতা না পায় তবে বাচ্ছাদের প্রতাড়িত বা অপমানিত করবেন না, বরং তাকে এই ধরনের পরিণামকে সহ্য করার জন্য মানসিকভাবে তৈরী করুন। সফলতার শ্রেষ্ঠতা সন্তানদের বোঝান, লক্ষ্য চয়ন করার জন্য আপনার সহযোগীতা বাচ্ছাদের মানসিক শক্তি বাড়াবে। তাকে সুরক্ষিত ক্যারিয়ার প্রদান করবে। ছোট্ট পাখিকেও তার মা ততক্ষণই বাসাতে রেখে দেয় যতক্ষণ না তাদের ডানা শক্ত হয়। ডানাতে সক্ষমতা আসার সঙ্গে সঙ্গেই সে আকাশের উচ্চতা মাপতে উপরে উড়তে চলে যায়। লক্ষ্য-নির্ণয়ে অভিভাবকদের কিছুটা এই ধরনের চিন্তা-ভাবনাই সন্তানদের সফলতার দিকে প্রেরণ করে আর সে জীবনে আকাঙ্খিত লক্ষ্যের প্রাপ্ত করে।

ব্যক্তিত্ব বিকাশের জন্য প্রয়োজন ভালো বন্ধু—

কিছুক্ষণের জন্য আপনি এমন একজন ছেলের কল্পনা করুন, যে—নিজের অভিভাবক দ্বারা কর্কশ কথা শুনে ঘরের বাইরে কোথাও ক্রোধ আর ভাবনাত্মকরূপে

বিষাদগ্রস্ত হয়ে, উদাস হয়ে বসে আছে। এরকম সময়ে তার মনে আর মস্তিষ্কে নিজেরই অভিভাবকের প্রতি এমন প্রতিশোধ নেবার ভাবনা আসে যে, সেই সময় সে যা কিছুই করতে তৈরী হয়ে যায়। তার ক্রোধের জন্য ভাবনা-চিন্তা উগ্র হতে থাকে। এই মুহূর্তে বন্ধুদের সঙ্গ পেয়ে সেই ক্রোধ প্রশমিত হতে থাকে। বন্ধুদের সঙ্গ পেয়ে শুধু তাদের ক্রোধ প্রশমিত হয় না, বন্ধুদের সঙ্গ পেয়ে তারা কঠিন পরিস্থিতিতে এধরনের ভাবনাকে সহ্য করতে শক্তি প্রদান করে। যতক্ষণ না বন্ধুদের সঙ্গ পায় ততক্ষণই ক্রোধের ভাবনাতে তাদের মন আচ্ছাদিত থাকে। এই অবস্থাকে বাচ্ছাদের মন "আঘাতপ্রাপ্ত হরিণ"-এর মতো হয়ে থাকে। বন্ধুদের সঙ্গ পেয়ে, বন্ধুদের স্নেহ আর বিশ্বাস লাভ করে, বন্ধুদের সহানুভূতি পেয়ে বাচ্ছাদের মনে জাগ্রত ক্রোধ এবং ঘনীভূত উদাসী ভাব কম হতে থাকে। এইসব কিশোর বাচ্ছাদের মন শান্ত স্বস্তিতে ভরা, উৎসাহী আর প্রসন্ন হতে থাকে। তাদের প্রতিকূল পরিস্থিতি সহ্য করার শক্তি সঞ্চার হতে থাকে। সাথে সাথে কষ্টকর আর প্রতিকূল পরিস্থিতির মোকাবিলা করার ক্ষমতাও বিকশিত হতে থাকে।

বন্ধুদের কাছে অনেক কিছু শেখে সন্তানরা—

মনোবৈজ্ঞানিকদের মতে, বাচ্ছাদের আন্তরিক আর বাহ্যিক ব্যক্তিত্বকে বন্ধুরাই ভালোভাবে খুঁজে বের করে তাকে উজ্জ্বল করে তুলতে পারে। তার সামাজিক আর পারিবারিক পরিবেশ যেমনই হোক না কেন, বন্ধুদের তার ব্যক্তিত্বের ওপর সবচেয়ে বেশী প্রভাব পড়ে। জীবনের প্রতি তার চিন্তা-ভাবনা, কর্ম-শৈলী, বিচার-ভাবনা, পোশাক-পরিচ্ছদ, খাওয়া-দাওয়া, অভ্যাস, চরিত্র সে তার সাথী বন্ধুদের কাছ থেকে গ্রহণ করে। বন্ধুদের সাথে সম্পর্ক তৈরী করে তার সম্পূর্ণ জীবনই বদলে যায়। বন্ধুদের সহযোগীতা পেয়ে যেমন—পারিবারিক অবসাদ থেকে মুক্ত হয়, তেমনি তার নিজের চিন্তার উপর মানসিক সন্তুষ্টিও আসে, যা তাকে অনাবশ্যক চাপ, অবসাদ থেকে মুক্ত রাখে। বন্ধুদের এই ভূমিকা বাচ্ছাদের জীবন তৈরীতে/নষ্ট করতে অত্যন্ত গুরুত্বপূর্ণ হয়ে থাকে, যা তাকে নিজের কাজ ও পরিবারের প্রতি নিষ্ঠাবান করে তোলে। তাকে সম্বন্ধের প্রতি জাগরিত করে তোলে।

সন্তানরা তাদের মনের কথা কেবল তাদের বন্ধুদেরই বলে। কখনো কখনো তারা তাদের ভুল-ভ্রান্তি, দুর্বলতা, দোষ এমনকি নিজস্ব কোনো গোপনতা তার বন্ধুদের বলে তার মনের বোঝা হালকা করে নেয়। সত্যতা এটাই যে বয়সের অনুসারে অভিভাবকদেরও তাদের সন্তানদের বন্ধু হয়ে ওঠা ও সন্তানকে বন্ধু ভাবা উচিত।

বন্ধু নির্বাচনে সন্তানদের সহযোগীতা করুন—

সন্তানদের অবাধ্যতার ব্যাপার থেকে বাঁচানোর জন্য অভিভাবকদের তার সন্তানদের বন্ধুদের দিকে বিশেষ লক্ষ্য রাখতে হবে। অভিভাবকরা এটা সুনিশ্চিত করুন—

1. মিত্রতার সম্বন্ধ সমান বয়স, সমান আর্থিক আর সমান সামাজিক যোগ্যতা, সমান বৌদ্ধিক স্তরের বাচ্ছাদের সাথে স্থাপিত করতে হবে। এজন্য বলা হয় যে বিচারের সমানতাই মৈত্রী-সম্বন্ধের আধার।

2. নিজের থেকে বড়ো অথবা নিজের থেকে ছোটো বয়সের ছেলেমেয়েদের সাথে বন্ধুর সম্পর্ক স্থাপন করবেন না।

3. টাকা পয়সার চাকচিক্যতে প্রভাবিত হয়ে মৈত্রী-সম্বন্ধ স্থাপন করবে না। বড়লোকের ছেলেদের সাথে বন্ধুত্ব করার জন্য অতি-উৎসাহিত হবে না। যদি এরকম কোনো বাচ্ছার সাথে বন্ধুত্ব হয়ে গিয়ে থাকে, তবে সর্বদা নিজের সীমার খেয়াল রাখবে।

4. এধরনের বন্ধুদের কোনো উপহার স্বীকার করবে না।

5. যতক্ষণ সে অত্যন্ত আগ্রহ না দেখায়, ততক্ষণ তার বাড়ীতে যাবে না।

6. যদি তোমার নিজের ভাবনাতে কোনো ব্যাপার নিয়ে মতভেদ এসে যায়, তবে এই সম্বন্ধকে আস্তে আস্তে সমাপ্ত করে দিতে হবে। এরজন্য মনে কোনো আত্মগ্লানি অথবা প্রতিশোধের চিন্তা আনার আবশ্যকতা নেই।

7. সন্তান এবং তার বন্ধুদের কখনো মত দেবেন না যে তারা বেশী রাত পর্যন্ত বাইরে থাকবে। আর অনেক বেলা পর্যন্ত ঘুমিয়ে থাকবে। যদি আপনার বাচ্ছা এধরনের আচরণ করতে থাকে, তবে বুঝতে হবে কোথাও কিছু অসংগতি ঘটছে। আর অসংগত ব্যাপারে কোথাও না কোথাও তার বন্ধুরা অবশ্যই যুক্ত আছে যারা আপনার সন্তানকে বিগড়ে দিচ্ছে। অতএব এটাকে গভীরভাবে গ্রহণ করুন।

8. বাচ্ছাদের মধ্যে এই অভ্যাস তৈরী করুন যে তারা ঘর থেকে বাইরে যাবার সময় যেন বলে যায় যে সে কোথায় যাচ্ছে আর কখন ফিরে আসবে।

9. সন্তানদের বন্ধুরা বাড়ীতে আসলে স্বাগত জানান এবং সম্মান করুন। তার ভালো কাজ, ব্যবহার, সফলতা আর উপলব্ধির চর্চা করে তাকে পরিবারের সাথে যুক্ত করুন।

10. সন্তানদের বন্ধুদের সাথে বেশীক্ষণ বসে টি. ভি. অথবা সিনেমা দেখার অনুমতি দেবেন না।

বন্ধু, পিতা এবং শিক্ষক—তিনজনের ভূমিকা পালন করুন—

সন্তানদের পরিবর্তনশীল মানসিকতা আর ভুল-ব্যবহারের অন্য কোনো কারণ যাই-ই থাকনা কেন, এটা অবশ্যই আছে যে বাচ্ছাদের এই অবস্থায় আনার জন্য অভিভাবকরা কম দোষী নয়। অভিভাবক দ্বারা বাচ্ছাদের ওপর চাপিয়ে দেওয়া অনুশাসন, আদর্শ, সিদ্ধান্ত আর ব্যবহার সেই সময় বন্ধা হয়ে যায় যখন বাচ্ছাদের ধারালো নজরে দেখা হয়।

আজ আমাদের ঘরে সত্যতা, সততা, পারস্পরিক স্নেহ, ত্যাগ, বিশ্বাস, সহিষ্ণুতা, সমর্থন, আর সহযোগীতার মতো মানবীয় আদর্শের অভাব বাড়তেই থাকছে। ব্যক্তিগত স্বার্থের বৃদ্ধি হচ্ছে। যখন আদর্শ আর সংস্কার পরিবারেই নেই, তাহলে বাচ্ছাদের মধ্যে কোথা থেকে আসবে? এটাই বাচ্ছাদের উদ্দামতার বিশেষ কারণ।

বাচ্ছাদের অবিশ্বাস করা আর এই অবিশ্বাসকে বাচ্ছাদের বন্ধুদের, ঘরে আসা অতিথিদের, আত্মীয়কুটুম্বদের সামনে প্রদর্শিত করা এবং এভাবে বলা—"ও জীবনে কী করবে?", "ওর মধ্যে বুদ্ধিই কতটা আছে।" "ওতো কিছু বোঝেই না। একেবারে অকর্মা।"—এই ধরনের চিন্তা-ভাবনা, আর ব্যবহার বাচ্ছাদের নজরে অভিভাবকদের নীচু করে দেয়। বাচ্ছারা অপমানে আর দ্বেষে ভরে ওঠে। সে তার সমস্ত হীনতা, দোষ আর দুর্বলতার জন্য অভিভাবকদের দোষী সাব্যস্ত করে। এইভাবে তার কুণ্ঠিত ব্যক্তিত্ব পদে পদে সাংঘাতিকরূপে প্রকাশ পেতে থাকে। এধরনের বাচ্ছারা বাড়ী এবং সমাজের প্রতি বিদ্রোহী হয়ে ওঠে। ঘর থেকে পালিয়ে যাওয়া, কয়েকদিন ধরে বাবা-ছেলের মধ্যে সামনা-সামনি না হওয়া, কথা বন্ধ হওয়ার অবস্থা সৃষ্টি হয়। ঘরের মধ্যে বাইরে ছোটো-খাটো অপরাধ করতে থাকে। যা বাচ্ছাদের বিগড়ানোর সূত্রপাত করে।

এজন্য শুরুতেই বাচ্ছাদের বন্ধু, পিতা আর শিক্ষক হয়ে তার সাথে ব্যবহার করুন, সেটাই তাকে বিগড়ানো, অবাধ্যতার থেকে বাঁচাবে। বাচ্ছার বন্ধু, পিতা আর শিক্ষক হয়ে তার চোখে চোখ রেখে দেখুন। আপনি তার চোখে আপনার দেওয়া সংস্কারই নিরন্তর দেখতে পাবেন।

সন্তানদের সাথে কীরকম ব্যবহার করবেন—

1. বাচ্ছাদের উদারমনে স্বীকার করে তাকে পর্যাপ্ত সময় দিয়ে তার সাথে যোগাযোগ স্থাপন করে, তাকে পরিবারের সাথে যুক্ত রাখুন।

2. পরিবারের সমস্ত সদস্যদের মান-সম্মান প্রতিষ্ঠিত করুন। বাচ্ছাদের মানসিক চিন্তা-ভাবনাতে এই ব্যবহার অত্যন্ত গভীর রেখাপাত করে। বাচ্ছাদের মাধ্যমে

স্বামী-স্ত্রীর মধ্যে নৈকট্য অথবা দূরত্বের ব্যবহার বাচ্ছাদের মানসিকতাকে স্নেহশীল অথবা হিংস্র করে তোলে। সেজন্য বাচ্ছাদের সামনে স্বামী-স্ত্রীর মধ্যে অবসাদগ্রস্ততা যেন না আসে, বিবাদ, দুরত্ব কখনও বাড়তে দেবেন না।

3. সন্তানদের সামনে মিথ্যা বলবেন না। বলা এবং করার মধ্যে যেন ব্যবধান না থাকে, ক্রোধ, হিংসা, মারপিট করবেন না। গালাগালি দেওয়া বাচ্ছাদের হিংস্র করে তোলে। তাদের মধ্যে স্নেহশীলতা জন্মাতেই পারে না।

4. পাড়া-প্রতিবেশীদের মধ্যে আপনার ভাবমূতি, প্রতিষ্ঠা, একজন চরিত্রবান ব্যক্তিরূপে হওয়া উচিত। বাচ্ছাদের তার পিতার এই ভাবমূর্তির প্রতি গর্ব অনুভব হয় আর প্রতিবেশীদের কাছ থেকে পাওয়া এই প্রতিষ্ঠা তাকে বিগড়াতে দেয় না।

5. সন্তানদের ভালোবাসুন, অকারণ আদর নয়। অকারণ আদরে প্রতিপালিত বাচ্ছাদের চিন্তা-ভাবনা রুগ্ন হয়ে যায়। নিজেকে অন্যের থেকে শ্রেষ্ঠ, বিশিষ্ট মনে করতে থাকে। বিশিষ্ট আর শ্রেষ্ঠ হওয়ার ভ্রান্তি তাদের অহংকারী, দাম্ভিক, চরিত্রহীন আর স্বার্থপর বানিয়ে দেয়।

6. অসফলতা অথবা অন্য কোনো কারণে অবসাদগ্রস্ত সন্তানদের সাথে সহানুভুতিপূর্ণ ব্যবহার করতে হবে। বিদ্রুপ, ব্যঙ্গ অথবা অপমানকর কথা বলে তার ভাবনাকে আর উসকে দেবেন না।

7. সন্তানদের ওপর অনুশাসন চাপিয়ে দেওয়ার বদলে অনুশাসন মেনে নিতে সাহায্য করুন।

8. পাড়া-প্রতিবেশীদের মধ্যে এমন বন্ধু, প্রতিবেশী-স্বজনদের ওপর নজর রাখুন, যাদের সঙ্গ বাচ্ছাদের নষ্ট করতে পারে।

9. বিপরীত সেক্সের প্রতি আকর্ষিত কিশোর ছেলেমেয়েদের এই আকর্ষণের সত্যতার সাথে পরিচিত করান, যাতে তারা এই কল্পলোকের আসল পরিচয় জানতে পারে। দিক্‌ভ্রান্ত না হয়ে পড়ে।

10. সঠিক লক্ষ্য নির্বাচনে সন্তানদের সাথে ততক্ষণ পর্যন্ত সাথ দিন, যতক্ষণ পর্যন্ত তারা আর্থিক ও সামাজিক স্তর পর্যন্ত আত্মনির্ভর না হয়ে ওঠে।

যখন ঘরে অন্ধ ধৃতরাষ্ট্র বর্তমান, তো তার সন্তান দুর্যোধন আর দুঃশাসনই হবে।—

—এক শাশ্বত সত্য

অবাধ্যতার শুরু অকারণ আদর-ভালোবাসা

প্রত্যেক পরিবার, সমাজের কিছু নিজস্ব আদর্শ, সিদ্ধান্ত আর সংস্কার থাকে। এই আদর্শ, সিদ্ধান্ত আর সংস্কারের সমন্বয়-সাধন করার পরেই নিজের আবশ্যকতাকে পূরণ করা যায়। ব্যবহার সংক্রান্ত সমন্বয়-সাধনের এই উচিত প্রশিক্ষণই সন্তানদের শোধরাতে পারে, কিন্তু বাচ্ছাদের অভিভাবকদের কাছ থেকে প্রাপ্ত এই প্রশিক্ষণ যখন অন্ধ ভালোবাসার রূপে প্রদর্শিত হয়, তখনই বাচ্ছারা অবাধ্য হতে থাকে।

বাচ্ছারা কিছু কারণে তুতলিয়ে কথা বলতে থাকে। কখনো কখনো তাদের এভাবে বলাটা অভিভাবকদের খুব প্রসন্ন করে তোলে, কিন্তু যখন অভিভাবকরা এভাবে তুতলিয়ে কথা বলাটাকে উৎসাহিত করে তখন ঐভাবে তোতলানোটা তার অভ্যাস হয়ে যায়।—যা তার ভবিষ্যত জীবনে বোঝা হয়ে দাঁড়ায়। এরকমই অন্য আরও অনেক প্রকারের ব্যবহার আছে যা আদর-ভালোবাসার শ্রেণীভুক্ত। এই ব্যবহারের ওপর প্রথম থেকেই লাগাম দেওয়া উচিত।

সন্তানদের তোতলানো শেখাবেন না—

"তাল তাতার বিয়ে। তুমি অবশ্যই আতবে।"—অবশ্যই আসব। কিন্তু আগে একবার বলো—"আমার ঘোড়া সুন্দর", "আমার ঘোলা সুন্দর..."। বাচ্ছারা তার সহজ ভাষাতে তুতলিয়ে বলে দেয়। আচ্ছা বলো—'জুতো', 'তুতো। আচ্ছা বলো—রুটি। 'রুতি...' ইত্যাদি।

বাচ্ছাদের তুতলিয়ে কথা চালু থাকে। অতিথি আর স্বয়ং ঘরের লোকেরা অত্যন্ত খুশী হয়। কখনো অতিথিরা বলে আমার মতে ওর নাম আনন্দ না রেখে তোতু রাখো। আনন্দের চেহারাতে প্রসন্নতার ভাব না জানি কোথায় হারিয়ে যায়। আত্মগ্লানি আর হীনতার ভাব তাকে অবসাদগ্রস্ত করে তোলে।

আমাদের সামাজিক আর পারিবারিক জীবনে ছোটো বাচ্ছাদের তোতলানো এমন একটা ব্যাপার যা প্রায় প্রত্যেক ঘরেই দেখা-শোনা যায়। বাচ্ছাদের এই ব্যাপার অথবা দোষকে অভিভাবকরা দোষ মনে করে নয়, বরং ভালোবেসে স্বীকার করে—যেখানে বাচ্ছাদের ওপর এর ভালো প্রভাব পড়ে না আর তাদের এই দোষের কারণে অনেক প্রকারের হীনমন্যতায় ভুগতে হয়। যখন বাচ্ছারা তাদের বন্ধু-বান্ধব, পরিবারজন, শিক্ষকের সামনে শুদ্ধভাবে বলতে পারে না, তখন সংকোচ করে, চুপ থেকে যায়। এই মৌনতার কারণে অনেক সময় তারা নিজের মনের ভাবনা ব্যক্ত করতে পারে না। অভিভাবক আর সঙ্গী-সাথী বাচ্ছারা তার এই তোতলানোকে তাদের মনোরঞ্জন রূপে গ্রহণ করে। এর ফলে বাচ্ছাদের ওপর তার প্রতিকূল প্রভাব পড়তে থাকে।

জরসিল্ডের মতে বাচ্ছাদের তোতলানোর তিনটি কারণ থাকে।

1. স্বর-যন্ত্রের বিকাশে বাধা, যেমন তন্তু থাকা।

2. প্রশিক্ষণ অথবা অভ্যাসের সুযোগ না পাওয়া।

3. প্রেরণার অভাব।

সাধারণত এই তিনটি কারণের সম্বন্ধই অভিভাবকদের সাথে থাকে। সেজন্য বাচ্ছাদের তোতলানোর ব্যাপারটা গভীরভাবে দেখুন। একে বিকাশে একটা স্তর মনে করা উচিত। যদি তোতলানোর কারণ স্বর-যন্ত্রের দোষে হয়, তবে কোনো যোগ্য চিকিৎসক দ্বারা পরামর্শ গ্রহণ করুন। সাধারণ তন্তু দোষ ছোট একটা শল্য-চিকিৎসার দ্বারা ঠিক করা যায়। সাধারণভাবে তিন বছরের বয়স পর্যন্ত স্বরারোহ (Tone) ঠিক হতে লাগে। কিছু বাচ্ছা পুরোপুরি শুদ্ধভাবে বলতেই চায় না সেজন্য অনেক শব্দ, যেমন—দুধকে দুদু, চানকে চাই, বিস্কুটকে বিক্কুট, চিনিকে নিনি ইত্যাদি বলতে থাকে।

তোতলানো যখন অভ্যাস হয়ে যায়, তখন এধরনের বাচ্ছাদের অনেক বিকৃতরূপে শারীরিক ও মানসিক দোষ বেড়ে উঠতে থাকে। যেমন—রাগ, হীনমন্যতা, ভয়, প্রতিদ্বন্দ্বীতা ইত্যাদি। সেই দোষ কালক্রমে বাচ্ছার আচরণকে বিগড়ে দেয়, যা

বাচ্ছাদের মধ্যে স্থায়ী দোষ হয়ে তার জীবনকে প্রভাবিত করে ও অবাধ্য সন্তানরূপে পরিচিত হয়ে ওঠে।

অভদ্র ব্যহারের ওপর বাধা সৃষ্টি করুন—

আদর-ভালোবাসার বশীভূত হয়ে ছেলেরা নিজের পরিচিত ক্ষেত্রের ছেলেমেয়েদের, প্রতিবেশী, এমনকি পরিবারের অন্য সদস্যদের সাথে অভদ্র ব্যবহার করে। নাক উঁচু করা, নকল করা, রাগানো, বদমাইশি করা, বিরক্ত করা, বাচ্ছাদের নিয়ে রঙ্গ-তামাশা করা, দৌরাত্ম্যের সূচনা করা ইত্যাদি ব্যবহার যা অভিভাবকরা আদর-ভালোবাসা সহকারে সহ্য করে। সন্তানদের কিছু বলে না। অভিভাবকদের উৎসাহ পেয়ে বাচ্ছাদের দুষ্টুমি, বদমাইশি বাড়তে থাকে। ছোটো-খাটো চুরি করা এই ধরনের ব্যবহার। বাচ্ছাদের বাগান থেকে ফুল বা ফল পাড়া দেখেও দেখে না, তারা গভীরভাবে নেয় না অথবা বাচ্ছাদের এই সমস্ত দুষ্টুমির ওপর ঢাকা চাপা দেয়। "আমার ছেলে এরকম করতেই পারে না...।" আমার ছেলে এরকম করতেই পারেনা—ভিতরে বসা ছেলে যখন তার বাবার এধরনের উক্তি শোনে তাতে সে উৎসাহ পায়। আর সেই উৎসাহই তাকে একের পর এক বদমাইসি, অপরাধ করতে এগিয়ে দেয়। বাচ্ছাদের এধরনের খারাপ অভ্যাস তাকে বিগড়াতে থাকে। সেজন্য বাচ্ছাদের দুষ্টুমি, বদমাইশি, অপরাধ করতে এগিয়ে দেয়। বাচ্ছাদের এধরনের খারাপ অভ্যাস তাকে অবাধ্যতার দিকে এগিয়ে নিয়ে যায়। সেজন্য বাচ্ছাদের দুষ্টুমি, বদমাইশি, অন্যায়ের ওপর সময় থাকতে থাকতেই বাধা সৃষ্টি করুন।

দুষ্টুমির মানে লোকসান করা নয়—

বাল্যাবস্থা আর কিশোরাবস্থার সন্ধিকালের বাচ্ছারা সঙ্গী-সাথীদের সাথে মিলিত হয়ে বিভিন্ন প্রকারের দুষ্টুমি করে। ভাঙ্গাচুর করা, ভাইবোনের সাথে মারপিট করা, নিজের কথা মেনে নিতে জিদ করা, এমন সব ব্যবহার যা বাচ্ছাদের দৃষ্টি আকর্ষণের জন্য করে। অতএব এইধরনের ব্যবহারের জন্য অভিভাবক চিন্তিত হবেন না। একে দুষ্টুমির সহজ, সরল আর স্বাভাবিক ব্যবহার মনে করুন। নিজের মত অনুযায়ী অভিভাবকরা বাচ্ছাদের অবশ্যই বুঝিয়ে দেবেন যে দুষ্টুমির দ্বারা অন্যের যেন কোনো ক্ষতি না হয়। বাচ্ছাদের সরল উদাহরণ দিয়ে বোঝান যে, যে ব্যবহার সে অন্যের কাছ থেকে চায় না সেরকম ব্যবহার সে তাদের সঙ্গে যেন না করে। সার্বজনিক সম্পত্তির যেন হানি না করে।

যদি বাচ্ছারা ভাঙ্গাচুরের দ্বারা আনন্দ পায়, তবে তাদের খেলার পর্যাপ্ত সুযোগ দিন। তাদের সম্পূর্ণরূপে খেলার জন্য প্রেরণ করুন। তাদের এই মনোবৃত্তিকে শান্ত

করার জন্য গঠনমূলক কাজে লিপ্ত করুন। সেটা গাছে জল দেওয়া বা নতুন গাছ লাগানোর জন্য গর্ত খোঁড়ার কাজই হোক না কেন। ঘরের পরিষ্কার পরিচ্ছন্নতা, সাজানো-গোছানোতে তাকে ব্যস্ত রাখুন। ভাঙ্গাচুর আর দৃষ্টি আকর্ষণের এই চাহিদা বালককে ভালো কাজে লিপ্ত হওয়া অভিরুচিকে ঔজ্জ্বল্যতা দিয়ে সামাজিক সমন্বয়ের কাজে লাগায়। সন্তানদের সহযোগীতা করুন, তাদের সঙ্গ দিন।

বিছানায় প্রস্রাব করার মানে—

কিছু এমন বাচ্ছাও আছে যারা বয়সে বেড়ে গেলেও বিছানায় প্রস্রাব করে। এমনকি কিশোর বয়স হয়ে যাবার পরেও তার এই দোষ থাকে। এধরনের বাচ্ছাদের অন্যের সামনে অত্যন্ত হীন হয়ে পড়তে হয়। কখনো কখনো অপমানও সহ্য করতে হয়। বেশীর ভাগ বাচ্ছারা ভয়, আলস্য অথবা স্বপ্নাবস্থাতে বিছানা ভিজিয়ে ফেলে। এধরনের বাচ্ছারা বুঝতেই পারে না তারা বিছানায় প্রস্রাব করছে। স্বপ্নের মধ্যে মনে করে তারা বাইরে অথবা বাথরুমে আছে।

যদি বাচ্ছাদের মধ্যে এধরনের প্রবৃত্তি লক্ষ্য করা যায় তবে অভিভাবকদের উচিত, তাদের বিশ্বাস অর্জন করে, সহানুভূতির সাথে বোঝানো উচিত এবং তাদের মনে গেঁথে থাকা ভয় বের করে দেওয়ার চেষ্টা করা উচিত। কিছু বাচ্ছারা অলসতার কারণেও রাতে উঠতে চায়না, বিছানায় প্রস্রাব করে শুয়ে থাকে। এধরনের বাচ্ছারা তাদের শারীরিক ও মানসিক নিয়ন্ত্রণ হারিয়ে ফেলে। আর তাদের এধরনের হীনতা সহ্য করতে হয়। বাচ্ছাদের রাতে তুলে দু'একবার প্রস্রাব করিয়ে দিন। যাতে এরকম অবস্থার সৃষ্টি না হয়। আস্তে আস্তে সেটা অভ্যাসে পরিণত হবে আর বাচ্ছাদের এই প্রকারের হীনতা সহ্য করতে হবেনা।

স্বাস্থ্যকে খারাপ করে টফি-চকোলেট—

সর্বদা অভিভাবকরা দুষ্টু বাচ্ছাদের সামলানোর জন্য, তাকে খুশী করার জন্য, তার ওপর আদর-ভালোবাসা দেখানোর জন্য, তাকে উৎসাহিত করার জন্য চকোলেট, টফি ইত্যাদি দিয়ে নিজের কথা মানাতে চেষ্টা করেন। বাচ্ছাদের নিজের দিকে আকর্ষিত করার এই ব্যবহার করার সময় অভিভাবকরা ভুলে যায়, যে তারা টফি-চকোলেট দিয়ে নিজের সন্তানদের মিষ্টি-বিষ দিচ্ছে। এই মিষ্টি-বিষ বাচ্ছাদের শরীরতো খারাপ করেই, তার দাঁত, মাড়ি আর স্নায়ুতন্ত্রের ওপরও বিপরীত প্রভাব ফেলে। বিশেষজ্ঞদের মতে এই বস্তুগুলির প্রস্তুতিকরণে যে রাসায়নিক পদার্থ ব্যবহৃত হয়, তা বাচ্ছাদের দাঁতকে নষ্ট করে দেয়।

চকোলেট আর টফি তৈরীর মিশ্রণে একপ্রকারের রাসায়নিক পদার্থ দেওয়া হয় যা বেশী খেলে বাচ্ছাদের পেট-খারাপ হয়। এইসব বস্তুকে টি. ভি.-তে আকর্ষক বিজ্ঞাপনের দ্বারা প্রচারিত করা হয়। এতে মিশ্রিত তত্ব লাভদায়ক কম আর ক্ষতিকারক বেশী হয়। এই পদার্থ বাচ্ছাদের দাঁতকে অসময়ে ক্ষতিগ্রস্ত করে দেয়। বাচ্ছারা সর্বদার জন্য দাঁতের ব্যথায় কষ্ট পেতে থাকে। পাচন-তন্ত্রের ওপরও তার প্রভাব ফেলে। আকর্ষক প্যাকিং-এ মোড়া এই মিষ্টি-বিষ বাচ্ছাদের শরীর আর মনকে এমন বিকৃত করে তোলে যে অভিভাবকরা তার আন্দাজও করতে পারেন না। অতএব সময় থাকতে থাকতে এই ধরনের উৎপাদনের প্রতি সতর্ক হয়ে উঠুন এবং বাচ্ছাদেরও সাবধান করুন।

বাচ্ছাদের খারাপ অভ্যাস বদলানোর জন্য নিম্নে দেওয়া উপায়গুলি গ্রহণ করুন—

1. তোতলানোকে বা থতমত খাওয়াকে দোষ মনে করে বাচ্ছাদের তামাশা করবেন না।

2. যদি আপনার সন্তান তুতলিয়ে কোনো শব্দ বলে, তো তার শুদ্ধ উচ্চারণ করিয়ে বাচ্ছাদের অভ্যাস করান। বার বার অভ্যাস করালে তারা শুদ্ধভাবে বলতে উৎসাহিত হবে আর শীঘ্রই আপনার সন্তান শুদ্ধভাবে কথা বলতে পারবে।

3. এধরনের বাচ্ছাদের ‘বেচারা’ বলবেন না, আর তার অবস্থায় ছেড়েও দেবেন না। তোতলানোর এই অভ্যাসকে গভীরভাবে গ্রহণ করুন।

4. আদর-ভালোবাসা প্রদর্শন করতে গিয়ে আপনি নিজেও তুতলিয়ে কথা বলবেন না।

5. দুষ্টুমির প্রতি গর্ব প্রদর্শন করবেন না। বাচ্ছাদের এরকম কোনো দুষ্টুমিকে সহায়তা করবেন না। চুরি করা কোনো বস্তু ফিরিয়ে দিতে বলবেন আর তা করিয়ে নেবেন।

6. যদি আপনার বাচ্ছা বিছানায় প্রস্রাব করে তবে তাকে তিল আর গুড় খেতে দিন। রাতে দু'তিনবার জাগিয়ে প্রস্রাব করান।

7. বাচ্ছাদের হাত-পা গরম জলে ধুইয়ে শোওয়ান।

8. শোওয়ার আগে মুখ পরিষ্কার করান। চকোলেট, টফি খাওয়ার পরে ভালো করে কুলি করান।

9. বাচ্ছাদের চা, কফি, টফি, চকোলেট, পাউচ ইত্যাদি থেকে দূরে রাখুন।

10. বাচ্ছাদের বাজার থেকে কেনা খাবার খাওয়ার অভ্যাস দুর করার জন্য ঘরের তৈরী খাবার টিফিনে দিন। আর টিফিনে তার পছন্দমতো খাবার দিন।

বুদ্ধিমান মা-বাবা বাচ্ছার জন্য ঈশ্বরের সবচেয়ে বড়ো আশীর্বাদ।

—বন্দনা অরোরা

আত্মঘাতী চিন্তা—লাগানো-ভাঙ্গানোর অভ্যাস

মনোবৈজ্ঞানিক বিশ্লেষকরা ব্যক্তির বিগড়ানোর শুরু তাদের বাল্যকাল বলেই মনে করেন। সত্তাবিস্তারের ইচ্ছা বাল্যাবস্থাতেই সন্তানদের মধ্যে জন্ম নিতে থাকে। বাচ্ছাদের সমস্ত ক্রিয়া-কলাপ এই ইচ্ছার ওপর কেন্দ্রিত থাকে। মায়ের কোলে অন্য কোনো বাচ্ছাকে দেখে বাচ্ছা তার আপত্তি বা বিরোধ প্রকাশ করে। সত্তা-প্রাপ্তির এই ইচ্ছাকে মূর্তরূপ দিতে আর তার প্রতিদ্বন্দ্বীকে পরাজিত করার জন্য সে হাতিয়ারকে গ্রহণ করে, তাতে ভবিষ্যতে মিথ্যা আর লাগানো-ভাঙ্গানোর অভ্যাস বিশেষরূপে জড়িয়ে যায়। লাগানো-ভাঙ্গানো করে সে তার পক্ষে সমর্থকের যেমন যোগাড় করে আর সেটাই অন্যের অবস্থাকে দুর্বল করে তোলার কাজে লাগাতেও ব্যবহার করে থাকে।

ঘরের ভিতরে আর বাইরে যখন বাচ্ছাদের সম্পর্ক সঙ্গী-সাথীদের সাথে হয়, তখন তারা তাদের মনের ভাবনাকে অন্যের সামনে তুলে ধরতে চায়। তারা চায় অভিভাবকরাও তাদের অনুভূতিকে অত্যন্ত আগ্রহ-সহকারে শোনে, কিন্তু অভিভাবকদের চিন্তা তার বিপরীত হয়। আর তারা এই অনুভূতিকে 'বাচ্ছাদের কথা' বলে উড়িয়ে দেয়। নিরর্থক মনে করে। সেজন্য বাচ্ছারা এই অনুভবকে কল্পনা শক্তির ডানা লাগিয়ে এমন আকর্ষক ও প্রভাবশালী করে তোলে যে অন্যেরা তার এই অনুভূতিকে গুরুত্ব দেয়। সেজন্য বাচ্ছারা তার অনুভবকে মিথ্যার সাহায্য নিয়ে ব্যক্ত করতে থাকে। গুড্‌ইন্‌কের মতানুসারে—বাচ্ছাদের মনের এই সম্বেগের প্রকাশ করার জন্য পর্যাপ্ত সুযোগ পায় না আর তাদের নিজেদের উপেক্ষার ভয় থাকে, তো

সেই ভয় থেকে মুক্তির জন্য কল্পনার চাদর ঢেকে বিপরীত পরিস্থিতি থেকে মিথ্যার সহায়তা নিয়ে সমন্বয়সাধন করার প্রচেষ্টা করে। এই প্রয়াসেই তারা তাদের দুর্বলতাকে চুগলি করে, বাহানাবাজি করে মজবুত করার চেষ্টা করতে থাকে।

সাধারণত অভিভাবকরা বাচ্ছাদের কাছ থেকে বড়ো বড়ো আশার প্রতিক্ষা করে, যেখানে সেই বালকের মধ্যে হয়ত ততটা যোগ্যতা, প্রতিভা আর ক্ষমতা থাকে না, যেমন তারা চায় আমার ছেলে ডাক্তার হোক, ইঞ্জিনিয়ার হোক। অভিভাবকদের এই আকাঙ্খা পূর্ণ না করার নিরাশা, অসফলতার ভয় তাদের সর্বদা আতংকিত করতে থাকে, যার থেকে বাঁচার জন্য অনেক বাচ্ছা মিথ্যা আর লাগানো-ভাঙ্গানোর সাহায্য নিতে থাকে।

সন্তানরা লাগানো-ভাঙ্গানোর কাজ কেন করে?

নিজের কথা, নিজের প্রভাব, নিজের অস্তিত্ব কোনো বাচ্ছা কম হতে দিতে চায় না। তার প্রভাব কম হয়ে যাওয়ার ভয় মনোবৈজ্ঞানিক সম্বেগ হয়ে বাচ্ছাদের মনকে প্রভাবিত করে। সঙ্গী বাচ্ছাদের প্রতি ঈর্ষার কারণ—এইসব ছেলেরা সর্বদা সামনে থাকতে চায়। পরিবার, বাড়ি, পরিবেশ অথবা কর্মক্ষেত্রে নিজের প্রভাব অক্ষুণ্ণ রাখার জন্য সঙ্গী, বন্ধু, সহকর্মীদের মধ্যে কথা-লাগানো ভাঙ্গানোর কাজ করে তার প্রভাব বজায় রাখতে চায়।

লাগানো-ভাঙ্গানোর এই আচরণ মানসিক হীনতাকে প্রকাশ করার মতো ব্যবহার। এর পরিণাম কখনো ভালো হয় না। সেজন্য বাচ্ছাদের মধ্যে আসা এই বদ-অভ্যাসকে কখনো উৎসাহিত করবেন না। সামাজিক জীবনে সেইসব ব্যক্তিরাই সম্পর্ক-ক্ষেত্রে বেশী প্রতিষ্ঠা পায় যারা এখানকার কথা ওখানে লাগানোর কাজ করে না বা নিজের কথাবার্তাতে গভীর চিন্তা-ভাবনাকে গ্রহণ করতে পারে।

বাচ্ছাদের মধ্যে আসা এই অভ্যাসই তাকে লোকের 'কান ভারি করা' বানিয়ে দেয় আর শীঘ্রই নিজের বন্ধু-মহল থেকে বিতাড়িত হয়। কারণ এধরনের বাচ্ছারা শীঘ্রই তাদের সাথী-সঙ্গীদের নজরে এসে যায়। বন্ধু-বান্ধব আর নিজের লোকেদের দ্বারা পাওয়া এই উপেক্ষার এই ব্যবহার বাচ্ছাদের অন্য বাচ্ছাদের প্রতি হিংস্র, প্রতিশোধ-পরায়ণ করে তোলে।

'চোরকে বলে চুরি করো আর গৃহস্থকে বলে সাবধান হও'—এই দু'রকম ব্যবহারই লাগানো-ভাঙ্গানো করার অভ্যাসকে বাড়িয়ে দেয়।

অভিভাবক তাদের ব্যবহারের মূল্যাঙ্কন করুন—

'মা আর কি বলছিল...? আচ্ছা, দেখ, ঠাকুমার কথা মন দিয়ে শুনবি আর আমার ব্যাপারে কি বলল সবকিছু আমাকে বলবি।" "আচ্ছা, শোন, সামনের বাড়িতে গিয়ে দেখ কারা কারা এসেছে, কি কথা বলছে। ওখানেই খেলা করবি আর আমাকে এসে সমস্ত কথা বলবি। এই নে পাঁচ টাকা, কুলপি কিনে খাবি। আর শোন, এতক্ষণ যেসব কথা আমি চ্যাটার্জি কাকুকে বলছিলাম তা আর কাউকে বলবি না। যা, তুই আমার খুব ভালো ছেলে।"

বাচ্ছাদের এই সমস্ত কথা বলা আর একান্তে ডেকে তাকে জিজ্ঞাসা করার ফলে মায়ের চেহারাতে যে ঔৎসক্য, জিজ্ঞাসা, প্রসন্নতা আরও অধিক জানার ইচ্ছা বাচ্ছার কল্পনা শক্তিকে আরও বাড়িয়ে দেয়। বাচ্ছা সেইসব কথা বলতে চায়, যা মায়ের পছন্দ। মায়েরও ভালো লাগে, সেটা মিথ্যাই হোক না কেন। মাকে খুশি রাখার জন্য মিথ্যার সাহায্য নিলে—ব্যাস্ এই ধরনের চিন্তা-ভাবনা আর অভিভাবকদের ব্যবহার বাচ্ছাদের মিথ্যা বলতে বাধ্য করে। বাচ্ছা তার কথা রাখার জন্য, মাকে প্রসন্ন করার জন্য, নিজের প্রভাব বাড়াবার জন্য মিথ্যা বলাটাকে কোনো মন্দ কাজ মনে করে না।

বাড়িতে সন্তানরা দেখে মা প্রতিটি পদক্ষেপে মিথ্যা বলে। কখনো দুধওয়ালাকে টাকা দেওয়ার সময় বলে এখনও মাইনা হয়নি, কখনো বলে সোনুর বাবা বাইরে গেছে। যেখানে বাচ্ছা জানে বাবার মাইনা হয়ে গেছে আর বাবা বাইরেও যায়নি। তাই সুযোগ আসলে সেও নিজেকে বাঁচাবার জন্য অথবা সমণ্বয়-সাধনের জন্য মিথ্যার সহায়তা গ্রহণ করতে থাকে। শিশুকালে পাওয়া এই সংস্কারই বড় হয়ে তাদের জীবনে অভ্যাসে পরিণত হয়।

একটা সাংঘাতিক অভ্যাস কথা-লাগানো আর মিথ্যা কথা বলা—

সামাজিক জীবনে এই ধরনের বাচ্ছার যেখানে, 'মন্থরা', 'জয়চাঁদ', 'ঘরের শত্রু বিভীষণ' বলে ডাকা হয়, সেই ঘরেই বাচ্ছাদের ওপর এই কথা অত্যন্ত প্রভাব ফেলে। প্রতিবেশী শান্তি মাসিমা যখন মাকে বলেন—"সুনীতা তুমি খুব সরল, সাদাসিধে। তুমি জগতের নিয়ম কানুন জাননা। পাঁচ নম্বরের অরোরা ম্যাডাম-এর থেকে দুরত্ব রেখে চলো। শুনেছি উনি তুক-তাক করতে পারে। যদি তার খারাপ দৃষ্টি লেগে যায়—তো.......। আমার মেয়ে রেখা তো মরতে মরতে বেঁচে গেছে। কেন যে পাড়ার লোকেদের এত হিংসা করে। আর তোমার ঘরের দিকে তো সর্বক্ষণ দেখতে থাকে..........।"

এই ধরনের কথা বাচ্ছারা খুব নিবিষ্ট মনে শুনতে থাকে। আর তাদের বন্ধু মহলে অত্যন্ত রঙ চড়িয়ে বলতেও থাকে। কথা এক কান থেকে অন্য কানে যেতেই থাকে। এর ফলে ঝগড়া-ঝাঁটি অথবা সম্বন্ধ খারাপ হতে কত সময় লাগে!

একথা বলার বা বোঝানোর কোনো প্রয়োজন নেই যে—দেওয়ালেরও কান আছে। আর বাচ্ছারা জিজ্ঞাসু মহিলাদের কথা আরও বেশি করে শোনে। পাড়া-প্রতিবেশীর মহিলারা প্রথমে আপনার পরম-আত্মীয় ও শুভাকাঙ্খি হয়ে আপনার বাড়িতে ঢুকবে, তারপর আপনার সহানুভূতি পেয়ে, বিশ্বাস লাভ করে অন্যের কাছে লাগিয়ে আপনার দুর্বলতাকে কাজে লাগাবে। এ-ধরনের ব্যবহারের প্রভাব আপনার বাচ্ছাদের মানসিকতার ওপর অবশ্যই পড়বে। আর সে ঘর ও বাইরের কথা অন্যকে লাগাতেও থাকবে। এই অভ্যাস তার ব্যক্তিত্বে এমন এক দোষ হয়ে ব্যক্ত হয় যা তাকে ভবিষ্যৎ জীবনে অসফল বানিয়ে দেয়।

মিথ্যা বলা কীভাবে ছাড়াবেন—

কথা লাগানো আর মিথ্যার ব্যবহারের সম্বন্ধ সম্পূর্ণভাবে বাচ্ছাদের কল্পনা শক্তিকে আর তার প্রভাব স্থাপিত করার ইচ্ছা থেকে হয়ে থাকে। সেজন্য এই বিষয়ে বাচ্ছাদের মনে কোনো অন্ধ-বিশ্বাসের প্রতি বিশ্বাস স্থাপন করতে দেবেন না।

কথা লাগানো আর মিথ্যাকে উৎসাহিত না করেও সমাপ্ত করা যায়। অতএব বাচ্ছারা যখন কারো সম্বন্ধে আপনার কাছে কথা লাগিয়ে প্রসন্ন করতে আসে, তখন অতি-উৎসাহ বা অতি-প্রসন্নতা প্রদর্শন করবেন না।

এব্যাপারে জরাসিল্ডের মতামত—মিথ্যা বলার এটাও একটা কারণ যে বাচ্ছারা পারিবারিক ও সামাজিক ব্যবহারের সাথে সমণ্বয়-সাধন করতে পারে না। নিরাপত্তার অভাব বা শারীরিক দুর্বলতার কারণেও সে মিথ্যা বলে, কথা-লাগিয়ে নিজের সুরক্ষার ব্যাপারে আশ্বস্ত হতে চায়। সেজন্য এটা অত্যন্ত আবশ্যক যে বালকদের অভিভাবকের কাছ থেকে পর্যাপ্ত স্নেহ ও সংরক্ষণ পায়। তাছাড়া তাদের ওপর বিশ্বাস রাখতে পারে। এর ফলে যখন জীবনে সংঘর্ষ করার যোগ্য হয়ে উঠবে, তখন তারা নিজের ভুল আর দুর্বলতা লুকিয়ে রাখবে না। বাচ্ছাদের কাছ থেকে হওয়া ভুল গভীরভাবে না নিয়ে তাদের সেই ভুলকে শোধরানোর সুযোগ দিন।

যেমন-যেমন ভাবে বাচ্ছাদের বয়স বাড়ে, তেমনিভাবেই বাচ্ছাদের মধ্যে সামাজিক সমণ্বয়-সাধনের ক্ষমতাও বাড়তে থাকে। সেজন্য যদি বাচ্ছা একটা সীমা পর্যন্ত মিথ্যা বলে, কথা-লাগানোর কাজও করে, তাতে ঘাবড়ানোর কোনো কারণ নেই। আপনি আপনার ব্যবহার সঠিক রাখুন। বাচ্ছাদের ভালো-মন্দ বুঝিয়ে তার মধ্যে আত্মবিশ্বাস জাগান। বয়সের সাথে সাথে এই ব্যবহার আপনা-আপনি নষ্ট হয়ে যাবে।

মিথ্যা আর কথা-লাগানোর এই অভ্যাস থেকে কীভাবে বাঁচাবেন?

1. বাচ্ছা মিথ্যা বা কথা-লাগানোর দ্বারা প্রভাবিত করতে চায়, তাহলে বিস্ফারিত চোখে, চমৎকৃত হয়ে তা শোনার গর্ব করবেন না। ছোটো মুখে বড়ো কথার জন্য তাকে সর্বদা হতোৎসাহিত করুন।

2. পাড়া-প্রতিবেশী, ঘরে আসা অতিথি, আত্মীয় কুটুম্বদের নিন্দা করবেন না বা তাতে আগ্রহ দেখাবেন না। এতে বাচ্ছারা কথা-লাগানোর অভ্যাস ছেড়ে দেবে।

3. বাচ্ছাদের দ্বারা করা কোনো কাজ, তর্ক ঔচিত্য আর বিবেকের দ্বারা কষ্টিপাথরে কষে তবে কোনো নির্ণয় নেবেন।

4. ছেলে-মেয়েদের মধ্যে কোনো বিভেদ করবেন না। ছেলেদের বেশী গুরুত্ব দিয়ে যদি আপনি মেয়েদের উপেক্ষা করেন, তবে তা ছেলেদের অহংকারী, দাম্ভিক করে তোলে। বোন তার ভাইয়ের প্রতি ঈর্ষাগ্রস্ত হতে থাকে আর কথায় কথায় লাগানো-ভাঙ্গানো করে তাকে তার চোখে ছোটো করার প্রয়াস করতে থাকে।

5. বাচ্ছাদের একটা মিথ্যা ধরা পড়লেই তাকে দণ্ডিত করবেন না। তাতে সে পরবর্তী মিথ্যা আরও সতর্কতার সাথে বলতে চেষ্টা করবে। তারজন্য তার মিথ্যার ব্যবহারকে দমিত করার প্রয়াস করুন।

6. বাচ্ছাদের দিয়ে গোয়েন্দার কাজ করাবেন না। তাদের দিয়ে এদিকের কথা ওদিকে বা ওদিকের কথা এদিকে বলাবেন না।

7. বাচ্ছাদের সর্বদা অবোধ মনে করে, তাদের সামনে যেকোনো রকমের আলোচনা করা তাদের মিথ্যা বা কথা-লাগানোর মতো কাজ করতে প্রেরিত করে। বাচ্ছাদের মন অত্যন্ত সহজ হয়, তারাও এইসব কথা বাইরে বলে সন্তুষ্ট হতে চায়। সেজন্য বলে বাচ্ছাদের পেটে কোনো কথা পচে না।

8. "আমিতো মনে করেছিলাম.... ! এরকম বাচ্ছাদের সামনে বলবেন না। এতে অপবাদ ছড়ানো আর মিথ্যা কথার ওপর বিশ্বাস করতে থাকে।

9. অন্যের কোনো দুর্বলতা, রহস্য, ভেদাভেদ অথবা ভিতরের কোনো কথা বাচ্ছাদের সামনে বলবেন না, নিজেও চটকদারীভাবে পাড়াতে সেটা প্রকাশ করবেন না।

> *ঘরের লোকের আচরণ দর্পণের মতো হয়, যাতে প্রত্যেক ব্যক্তি নিজের প্রতিবিম্ব দেখে।*
> *— গেটে*

চুরি করা ও হেরা-ফেরি করা

সন্তানদের মধ্যে চরিত্র সম্বন্ধে স্বাভাবিক প্রবৃত্তি থাকে। পরিবারের আবহাওয়া, প্রবৃত্তি, উৎসাহ অথবা তিরস্কার পেয়ে বিকশিত হয় কিংবা স্তিমিত হয়ে যায়। অভিভাবকদের সমন্বিত ভালোবাসা আর দিক্‌দর্শনের দ্বারা যে প্রবৃত্তিগুলি ভালো চরিত্রের নির্মাণ করে, সেই অত্যধিক ভালোবাসা, কঠোর, ঔদাসীনতা ইত্যাদি বাচ্ছাদের হটকারী, স্বার্থপর, চরিত্রহীন, ভ্রষ্ট, দাম্ভিক, ক্রোধী, চোর, চিটিংবাজ করে তোলে। এধরনের বাচ্ছা যেখানে পরিবার আর সমাজের ওপর বোঝা হয়ে অভিভাবকদের উদ্বিগ্নতার কারণ হতে থাকে, আর নিজেদেরও ভবিষ্যতকে অন্ধকারময় করে তোলে। এটাই চুরি আর হেরা-ফেরীর ফল।

সন্তানদের চুরি করার অভ্যাস মাত্র একজন অভিভাবকের ব্যথা নয়, বরং এমন অনেক অভিভাবক আছেন, যারা বাচ্ছাদের এই অভ্যাসের ফলে সর্বদা উদ্বিগ্ন থাকেন। অনেক সময় হাতে-নাতে ধরে ফেলার পরও বাচ্ছাদের মধ্যে এর কোনো প্রভাব পড়ে না আর সে চুরি করার নতুন নতুন উপায় খুঁজে নেয়। প্রয়োজন এটা যে বাচ্ছাদের চুরি করার মূল কারণকে জানা। তবেই চুরির অভ্যাস দুর করা যায়। কারণ দুর হয়ে গেলে চুরির অভ্যাসও চলে যাবে কিন্তু হয় এর বিপরীত। বাবা-মা সন্তানদের উদ্বিগ্নতা জানার চেষ্টা করে না কিংবা জেনেও তার ওপর লক্ষ্য দেননা। অনেক বাবা-মা ভালোবাসার ফলে বাচ্ছাদের ভুল-ত্রুটি অদেখা করতে থাকে আর এই ভুল অভ্যাসকে বাড়িয়ে তোলে। আবার কোনো বাবা-মা বাচ্ছাদের এতো কঠোরভাবে শাসন করে যে বাবা ঘরে আসলেই সে আতংকিত হয়ে যায়। বাচ্ছারা ভেজা-বেড়ালের মতো চুপচাপ হয়ে যায়। মনোবৈজ্ঞানিকদের মতানুসারে এধরনের

আতংককে লালিত-পালিত হওয়া বাচ্ছা শীঘ্রই বাড়ির লোকের কাছ থেকে লুকিয়ে সেইসব কাজ করতে থাকে যা তার অবচেতন মনে একত্রিত হতে থাকে। অবচেতন মনের এই ইচ্ছা সুযোগ পেয়ে অবশ্যই প্রকট হয়ে ওঠে। তাদের ইচ্ছা-পূরণের জন্য যদি তাদের চুরি, মিথ্যা অথবা একটু-আধটু হেরা-ফেরীও করতে হয় তাও করে। আস্তে আস্তে অভ্যাস হয়ে যাওয়া এই চুরির বৃত্তি তাদের কাছে অতিরিক্ত যোগ্যতা বলে মনে হয়। আর এজন্য তাদের মনে কখনো অপরাধবোধ জন্ম নেয় না।

চুরি আর হেরা-ফেরীর জন্য বাধ্যতা—

বাচ্ছাদের মধ্যে চুরির অভ্যাস হওয়ার অনেক কারণ হতে পারে। এই কারণগুলিকে মোটামুটি দু'ভাগে ভাগ করতে পারি।—

1. শারীরিক কারণ। 2. মানসিক কারণ। এই দুই কারণকেই শারীরিক আবশ্যকতা, পরিবার, সমাজ, পরিস্থিতি আর বংশানুক্রমিকভাবে প্রভাবিত করে।

1. শারীরিক কারণ :

শরীরে কোনো তত্বের ঘাটতি হওয়ার ফলে তা পাওয়ার ইচ্ছা উৎপন্ন হয়। যদি সেই বস্তু না পায়, তবে বাচ্ছা চুরি করে, লুকিয়ে তা পাওয়ার চেস্টা করে। যেমন শরীরে ক্যালসিয়ামের অভাব থেকে বাচ্ছারা মাটি, চক্, খড়ি ইত্যাদি খাওয়ার অভ্যাস করে। ঘরের লোকেরা জানতে পারলে এরকম না করার কথা বলে, বকে, কিংবা মারধোর করে। তবুও তারা লুকিয়ে মাটি, খড়ি ইত্যাদি খেতে থাকে। বাবা-মায়ের কাছ থেকে লুকিয়ে তাদের এই ইচ্ছাপূর্তির অভ্যাস বাচ্ছাদের চালাক আর দুঃসাহসী করে তোলে। আস্তে আস্তে বাচ্ছারা অন্য ইচ্ছার পূরণের জন্যও চুরি করতে শুরু করে। অনেক সময় ঘরের জিনিস চুরি করে বাচ্ছারা বিক্রি করে দেয় এবং নিজের ইচ্ছা পূরণ করতে থাকে। যদি এসময়ে বাচ্ছাদের নিয়ন্ত্রিত না করা যায়, তো সেই অভ্যাস বড়ো হয়ে তাকে গভীর অপরাধের দিকে নিয়ে যেতে থাকে।

2. মানসিক কারণ :

চুরির অভ্যাস হওয়ার পিছনে কয়েকটি মানসিক কারণও আছে। যেমন—সম্মান পাওয়ার ইচ্ছা বাচ্ছাদের খরচী করে তোলে আর খরচের জন্য টাকা-পয়সা চুরি করতে শেখে। ঠিক সেইভাবে সংগ্রহের প্রবৃত্তি, বস্তুর কেড়ে নেওয়ার ভয় ইত্যাদি মানসিক কারণ বাচ্ছাদের চুরির মতো ভুল অন্যায়ের প্রতি উসকে দেয়। এই ধরনের

মানসিকতার কারণ বাচ্ছাদের নিজেদের ব্যক্তিত্ব, পরিবার, বন্ধু, সামাজিক পরিবেশ এবং পরিস্থিতি ইত্যাদি থেকে হতে পারে। বিভিন্ন প্রকারের প্রেরণা বাচ্ছাদের চুরি বা হেরা-ফেরী করতে প্রেরিত করতে পারে।

প্রায়শঃ ছোটো বাচ্ছাদের এই প্রেরণা তার আবশ্যকতার সঙ্গে যুক্ত থাকে। বাচ্ছারা যখন বুঝতে পারে যে আব্যশ্যক জিনিসের জন্য পয়সা প্রয়োজন, তখন চুরির সমস্ত কেন্দ্রবিন্দু পয়সাই হয়ে ওঠে। বাচ্ছাদের এই প্রারম্ভিক অবস্থাতেই তা নিয়ন্ত্রণ করা প্রয়োজন, কারণ কিশোরাবস্থার পরিবর্তনের সময় সে তার ইচ্ছাকে পূরণ করার জন্য চুরির সহায়তা না নেয়।

অতএব বাবা-মায়েদের উচিত বাল্যাবস্থাতেই বাচ্ছাদের আবশ্যকতাকে জানুন, তাকে পূরণ করতে বা সমাপ্ত করতে ধৈর্য্য এবং বুদ্ধি-সুদ্ধির সাহায্য নিন।

বাচ্ছাদের আর্থিক চাহিদা—

সন্তানরা যখনই বাড়ীর বাইরে বের হয় তারা তাদের আশেপাশে রঙীন এবং মনোমোহক বস্তু দেখতে পায়। বাচ্ছারা এইসব বস্তু পেতে চায়। চকোলেট, টফি, পেন, পেনসিল ইত্যাদি বস্তুকে প্রাপ্ত করার জন্য সে একটা উপায়ই দেখতে পায়।

টাকা দাও আর বস্তু প্রাপ্ত করো। অতএব পয়সার প্রতি বাচ্ছার ধ্যান কেন্দ্রিত হয়ে যায়। যখন অভিলষিত বস্তু কেনার জন্য সে টাকা পায় না, তখন তার আবশ্যকতা তাকে সেই বস্তু চুরি করতে বা টাকা চুরি করতে বাধ্য করে। এই অবস্থার থেকে বাচ্ছাদের বাঁচানোর জন্য মাতা-পিতার উচিত, এব্যাপারে লক্ষ্য দেওয়া—

বাচ্ছাদের আর্থিক প্রয়োজনীয়তা—

নিজের সন্তানদের আর্থিক চাহিদা জানুন। তাকে পর্যাপ্ত পকেট-খরচা দিন। পকেট-খরচের টাকার বেশী খোঁজ-খবর করবেন না। বাচ্ছাদের তাদের প্রয়োজনীয় বস্তুকে স্বয়ং কিনতে দিন। এতে তার মানসিক সন্তুষ্টিও হবে আর সে টাকার মর্মও বুঝতে পারবে।

বাচ্ছাদের মধ্যে আমিত্বের ভাবনা—

এটা একটা মনোবৈজ্ঞানিক সত্যতা, যে বাচ্ছারা তাদের টাকা-পয়সার ওপর নিজের অধিকার চায়। আপনি তাকে যত কমই পকেট-খরচ দিন না কেন, আপনার দেওয়া সেই পয়সার ওপর তার এই অধিকারকে সম্মান দিন, অধিকার মেনে নিন। বাচ্ছাদের দ্বারা জমানো টাকাও তাদেরই খরচ করতে দিন। তাদের জমানো টাকাকে নিজে নেবেন না। এতে তার মনে খারাপ প্রভাব পড়ে। কিছু কিছু বাচ্ছা তাদের টাকা লুকিয়ে রাখতে চায়।

অভাবের আশংকা দুর করুন—

সব থেকে ভালো হয় যদি চুরি করতে থাকা বালকদের বিশ্বাস অর্জন করে তাদের নামে ব্যঙ্ক অথবা পোস্ট-অফিসে খাতা খুলে দেওয়া হয়। এই খাতাতে তার নামে আপনার ক্ষমতা অনুযায়ী আর বাচ্ছার আর্থিক চাহিদা অনুসারে টাকা জমা রাখুন। এই খাতার অধিকার তাকে দিন। এর মনোবৈজ্ঞানিক প্রভাব এটা পড়বে যে সে নিজেকে আর্থিকভাবে দুর্বল মনে করবে না আর চুরির অভ্যাসও দমিত হবে। তাকে তার আর্থিক প্রয়োজন মেটানোর জন্য অন্যের পকেট খুঁজতে হবে না। আর্থিক হীনতার সম্মুখীন হতে হবে না। এধরনের খাতাতে একটু নজর অবশ্যই রাখবেন।

বাচ্ছাদের সাথে মেলা-মেশাকে সীমায়িত করুন—

বাচ্ছাদের মধ্যে হওয়া চুরির এই অভ্যাসকে ছাড়ানোর জন্য যদি তার বন্ধুদের

সহায়তা নেওয়া যায় তবে এতে সফলতা প্রাপ্ত হতে পারে। বন্ধুদের কাছ থেকে সহযোগীতা নেবার উদ্দেশ্য তার কাছ থেকে কোনো সহযোগীতা নেবার নয়, কিন্তু এতটাই যথেষ্ট তার অভিভাবকদের বন্ধুদের ওপর নজর রাখা যাতে বাচ্ছার চুরি অথবা হেরা-ফেরী করতে অভ্যাস না হয়। কারণ কখনো কখনো তার বন্ধুরাই তাকে বাধ্য করে ঘর থেকে চুরি করে পয়সা আনতে আর বাচ্ছারা তার বন্ধুদের এই উচিত-অনুচিত ফরমাইশ পূরণ করতে ঘর থেকে পয়সা চুরি করতে থাকে।

একসাথে সীমায়িত করুন—

যেমন দেখা যায় বাচ্ছারা তার 'পজিশন' বজায় রাখার জন্য সঙ্গী-সাথীদের ওপর অনেক খরচ করে। বাস্তবে সেই সঙ্গী-সাথী বন্ধুর ওপর খরচ করে তাদের ওপর নিজের সম্পন্নতা, নিজের আধিপত্য, প্রভাব জমাতে চায়। কিছু চালাক সাথী-বন্ধুরাও বাচ্ছাদের এই দুর্বলতাকে সম্পূর্ণ কাজে লাগায়। আর এধরনের বাচ্ছারা তাদের প্রভাব কাজে লাগিয়ে তার পয়সায় খুব খাওয়া-দাওয়া করে। বাচ্ছাদের খরচ করার মতো পয়সা যতক্ষণ সহজভাবে আসে, ততক্ষণ ঠিকভাবে চলে, কিন্তু যখন অভিভাবকরা জানতে পারে তার অকারণ খরচের টাকা বন্ধ করে দেয়। এভাবে বাচ্ছাদের উপর লাগানো প্রতিবন্ধকতার কোনো প্রভাব পড়ে না। আর তারা এই খরচের পূরণের জন্য চুরি, হেরা-ফেরী করতে থাকে। বাইরের থেকে ধার নেওয়াও শুরু করে দেয়।

ধৈর্য্য আর বুদ্ধিমত্তার সাহায্যে কাজ করুন—

যখন আপনি জানতে পারবেন যে আপনার সন্তান বাইরে থেকে ধার নিয়ে, ঘর থেকে কিংবা বাইরে থেকে চুরি করে নিজের বিরাট হাত খরচের পূরণ করে বা করছে, তাহলে আপনি সেটা আপনার সন্তানকে জানতে না দিয়ে তার বিশ্বাস অর্জন করে, তার ঘাটতির কথা জেনে নিয়ে, তাকে অপমানিত না করে, তাকে শোধরানোর পর্যাপ্ত সুযোগ দিন। হয়ত এর জন্য আপনাকে একটু বেশী খরচ করতে হতে পারে, কিছুটা হীনতা সহ্য করতে হতে পারে। বাচ্ছাদের শোধরানোর জন্য পর্যাপ্ত সময় ও সুযোগ দিন। তাকে ঘরের প্রতি দায়িত্বপূর্ণ করে চিন্তা-ভাবনা বিকশিত করে তাকে শোধরানোর সুযোগ দান করতে পারবেন। এজন্য তার মধ্যে বিশ্বাস উৎপন্ন করা একান্ত প্রয়োজন।

সন্তানদের প্রয়োজনীয়তার প্রতি সম্পূর্ণ লক্ষ্য রাখুন—

বাচ্ছাদের, তাদের রুচি অনুযায়ী বই, নতুন নতুন লেখার সামগ্রী, পত্র-পত্রিকা, ফটো অ্যালবাম ইত্যাদি কেনার জন্য টাকার অভাব হতে দেবেন না। এইসব সামগ্রী

রাখার এবং সাজানোর জন্য তাকে একটা ঘর কিংবা আলমারি অবশ্যই দেবেন। যেখানে বসে সে এই সমস্ত বস্তুর উপভোগ করতে পারে। আর তার নিজের কল্পনাকে সৃজনমূলক কাজে লাগাতে পারে। আজকের যুগে তাদের কম্পিউটারে নিত্য নতুন বিষয় অভ্যাস করে। তাদের এই বস্তুর অভাব হতে দেবেন না।

চুরির অভ্যাসকে প্রচার করবেন না—

বাচ্ছারা চুরি করে, এই সত্যতা জানার পরেও আপনি তা আর কাউকে জানতে দেবেন না। এই কথার প্রচার তার মিত্র-সমাজে করবেন না, কারণ কখনো কখনো বাচ্ছারা এই ব্যবহার রোমাঞ্চ আর দুঃসাহস দেখানোর জন্যও করে থাকে। সে এগুলিকে চুরি করা নয়, হাতসাফাই, চাতুর্য্য ইত্যাদি বলে নিজের বিশেষতা জাহির করতে চায় আর মানসিকভাবে সন্তুষ্ট হতে থাকে।

বেশী রাত পর্যন্ত বাইরে থাকতে দেবেন না—

বাচ্ছাদের তার বন্ধু-বান্ধবদের সঙ্গে বেশী রাত পর্যন্ত বাইরে থাকতে অনুমতি দেবেন না। বাচ্ছাকে বেশী রাত পর্যন্ত বাইরে থাকা তাদের বিগড়ে দেয় আর তার ফলে তাদের মধ্যে অনেক দোষ আসতে থাকে।

ছেলেমেয়েদের মধ্যে পারস্পরিক সম্পর্কের ওপর নজর রাখুন—

আর্থিকভাবে সম্পন্ন বাচ্ছাদের সাথে নিজের ছেলেমেয়েদের বেড়ে ওঠা সম্বন্ধের ওপর নজর রাখুন। এই সম্বন্ধ অবশ্যই অসামান্য ব্যবহারে বদলে যায়, যা বাচ্ছাদের ভবিষ্যতের ওপর প্রভাব ফেলে।

বৈচারিক দৃষ্টি দ্বারা সম্পন্ন করে তুলুন—

চুরির মনোভাব বৈচারিক হীনতা থেকে উৎপন্ন হয়ে থাকে। সেজন্য বাচ্ছাদের বৈচারিক দৃষ্টিতে এতটা সম্পন্ন আর সন্তুষ্ট করে তুলুন যে চুরির মতো কুকাজের চিন্তা তার মনে আসার সুযোগই না পায়। চুরি করার অভ্যাসে গ্রাসিত বাচ্ছাদের ব্যাপারে কিছুটা ধৈর্য্য, বিবেক আর তার প্রতি আপনার চিন্তা-ভাবনা পরিবর্তিত করে দেখুন। সে আপনাকে তার নিজের এই অভ্যাসের কারণ নিজেই দুঃখী, উদাস হয়ে ব্যক্ত করবে। ব্যস্ অভিভাবকরা এই সুযোগেরই অপেক্ষা করতে থাকে আর বাচ্ছাদের মধ্যে জন্ম নেওয়া এই বিবেককে তার উপকারে কাজে লাগান। তাকে নৈতিক কথার মাধ্যমে চুরি না করার শিক্ষা দিন। তাকে আত্মবিশ্বাস আর সম্মানের সাথে বাঁচতে শেখান। এর ফলে তার এই অভ্যাস নষ্ট হয়ে যাবে।

সত্যতা এটাই যে বাচ্ছাদের মধ্যে চুরি কিংবা হেরা-ফেরীর এই অভ্যাস অথবা ব্যবহার তার জীবনের এক এমন সমস্যা, যার সময়মতো সমাধান করা যায়। দৃঢ়তা পেয়ে চুরির এই অভ্যাস ছাড়ানো অসম্ভব নয় তবে কঠিনতো নিশ্চয়।

সমাধান—

1. বাচ্ছাদের আবশ্যকতাকে জানতে চেষ্টা করুন। তাকে সময়মতো পূরণ করুন। বাচ্ছাদের পারিবারিক আর্থিক অবস্থা বুঝতে দিন। তার থেকে কিছু লুকোবার চেয়ে বলে দেওয়াই ভালো।

2. বাচ্ছাদের নিজেদের হাতে কিছু খরচের দায়িত্ব দিন, সেটা ঘরের জিনিস আনাই হোক বা অন্য কিছু। বাচ্ছাদের প্রতি এধরনের বিশ্বাস করা তাদের হেরা-ফেরীর প্রতি নিরুৎসাহিত করবে।

3. বাচ্ছার অবস্থা অনুযায়ী হাত খরচ দিন। এই পকেট-খরচের হিসাব নেবেন না, কিন্তু এই খরচের মূল্যায়ন নিজের অবস্থা অনুযায়ী অবশ্যই করবেন।

4. ঘরের ছোটো-খাটো খরচ বাচ্ছাদের দিয়ে করান। এতে তার মধ্যে উত্তর-দায়িত্বতার ভাবনা বিকশিত হবে এবং সেটা তার আর্থিক অবস্থার প্রতিও জ্ঞান অর্জন করতে সাহায্য করবে। তারা অর্থের মহত্ব বুঝতে পারবে। এতে তার বাজে খরচের অভ্যাস চলে যাবে।

5. বাচ্ছাদের মনে সম্বেগাত্মক অবসাদকে বাড়তে দেবেন না। ক্রোধ, ভয় আর অ-সুরক্ষার ভাবনা চুরি করতে বাধ্য করে।

6. বাচ্ছাদের বন্ধু-বান্ধবদের সমান আর্থিক ও সামাজিক স্তর প্রদান করুন, তাদের মধ্যে ব্যবহারিক সমতাও দিন। এই ধরনের বন্ধু-বান্ধবরা তার মধ্যে চুরির অভ্যাস হতে দেবেনা।

7. বাচ্ছাদের ঘরে আনা জিনিসপত্রের প্রতি নজর রাখুন। এমন যেন না হয় বাচ্ছারা চুরি অথবা হেরা-ফেরী করা জিনিস ঘরে আনছে আর তার সম্পর্ক এমন সব বাচ্ছাদের সাথে হয়ে উঠছে, যারা আপনার বাচ্ছাকে সেগুলিকে বেচতে সাহায্য করে। এটাও হতে পারে যে আপনার সন্তান প্রত্যক্ষভাবে চুরির সাথে জড়িয়ে না থাকলেও অপ্রত্যক্ষভাবেও চুরির সাথে জড়িয়ে থাকা কম অপরাধের নয়।

8. বাচ্ছাদের এতটাই সাহসী আর বিবেকশীল করে তুলুন যে, সে ভুল কাজ করতে না পারে এবং নিজেকে এধরনের কাজ থেকে বিরত রাখে।

9. বাচ্ছাদের অভাবের সময়ও প্রসন্ন থাকতে শেখান।

10. অভিভাবকরা অভাবকে অভিশাপ মনে করবেন না আর যা অসম্ভব তার ইচ্ছাও পোষণ করবেন না।

ধনের ক্ষিদে, সম্পর্কের মধুরতাকে গিলে ফেলে।

—বীরেন্দ্রকুমার জৈন

জিদ্ আর জীবনে তার প্রভাব

বটগাছই হোক বা পিপল গাছ, মূলরূপে সে একটা সামান্য বীজরূপেই থাকে। জিদের এক ছোট্ট বীজ পরিবারের কাছ থেকে উৎসাহ পেয়ে বিরাটরূপে সেটা বাচ্ছার ব্যক্তিত্বকে সম্পূর্ণভাবে দাবিয়ে দেয়। অতএব এব্যাপারে বিশেষ সতর্কতা অত্যন্ত প্রয়োজন। মনে আসা কোনো বস্তু তৎক্ষণাৎ পাওয়ার ইচ্ছা মনে উৎপন্ন হওয়ার ফলে যে বিকার তার শারীরিক ও মানসিকভাবে তাদের মনে উগ্রতা বৃদ্ধি করতে থাকে, তার সাথে সেই উগ্রতা তার জীবনকেও প্রভাবিত করতে থাকে। জিদের জন্য বাচ্ছাদের মধ্যে অবাধ্যতার শুরু। তার উগ্রতা এবং বিস্তার তার জীবনের ওপর প্রভাবের একটা মূল্যাঙ্কন—

জিদের মনোবিজ্ঞান—

কিশোরাবস্থা প্রাপ্ত হওয়া যেকোনো সন্তান কোনো প্রকারের অভাব বা নিরাশা সহ্য করতে চায় না, তারা নিজেদের ইচ্ছা, আবশ্যকতার পূর্তি যেকোনো প্রকারে করতে চায়। ঘরের বাইরে এবং ঘরের ভীতরে তার সাথিদের সাথে সমানতা করে পরিবারে প্রতিষ্ঠা পেতে চায়। সেই সামান্য অসফলতা, নিরাশা আর উপেক্ষাও তারা সহ্য করতে পারে না। ক্রুদ্ধতা তার সব সময় নাকের ডগায় থাকে। সে খুব তাড়াতাড়ি উগ্র হয়ে যায়। মনেবিজ্ঞানীদের মতানুসারে এর কারণ এটা যে জিদের অবস্থায় অন্তঃস্রাবী গ্রন্থির থেকে এমন কিছু উত্তেজক স্রাব নিঃসৃত হয়, যা সম্পূর্ণ শরীরকে এক বিশেষ উত্তেজনা ভরে দেয় আর মনকে ব্যগ্র করে তোলে। উত্তেজনার এই অবস্থাতে শরীর তার গতিবিধির সামঞ্জস্য রাখতে পারে না। পরিণাম—বাচ্ছা

তার জিদে আটকে যায়। জিদের এই ক্ষণে খিদে-পিপাসাও লাগে না। যদি তার জিদের পূরণ না করা যায়, তবে তার বিরূপ প্রভাব বাচ্ছাদের মধ্যে রোগের সৃষ্টি করে। জিদের সরাসরি সম্পর্ক বাচ্ছাদের মনের সাথে হয়। সেজন্য বাচ্ছাদের জিদ যদি বেশীক্ষণ মেনে না নেওয়া হয় তবে রোগও তার মানসিক অবস্থাকে প্রভাবিত করতে থাকে। যেমন যেমনভাবে বাচ্ছা বড়ো হতে থাকে, তার শরীরের ওপর তার মনের প্রভাবও বাড়তে থাকে। কিন্তু মস্তিষ্কের বিকাশ, নিজের নির্ধারিত গতিতেই হয়ে থাকে। এটাই কারণ কি জিদ করার সময় বাচ্ছা বুদ্ধি অথবা তর্কের দ্বারা সেই বস্তুর অথবা ইচ্ছার ব্যাপারে চিন্তা করে না। সে তার ভাবনাতে অভিভূত হয়ে চিন্তা-ভাবনা না করে মনে মনেই ভালো লাগা বস্তুকে পেতে চায়, সে বস্তু তার প্রয়োজনীয় না হলেও।

আর একটা বিশেষ কথা হল বুদ্ধির অবিকশিত অবস্থার কারণেও ভাবনা যতটা তীব্রতার সঙ্গে উৎপন্ন হয়, তত শীঘ্রই তা সমাপ্ত হয়ে যায়। সেজন্য যদি তার ধ্যান সেই বস্তু থেকে সরিয়ে অন্য বস্তুর দিকে কেন্দ্রিত করা যায়, তো শীঘ্রই তার ইচ্ছা বদলে যায়। সেজন্য জিদের মনোবিজ্ঞানকে বুঝেই বাচ্ছাদের এই অভ্যাসকে অথবা ব্যবহারকে স্বীকার করা উচিত।

জিদের প্রধান কারণ—

জিজ্ঞাসা : যখন বাচ্ছারা তার আশপাশে নানা রকমের বস্তুকে দেখে, তাদের সম্বন্ধে জানার স্বাভাবিক ইচ্ছা জিজ্ঞাসারূপে স্মৃতিপটে প্রভাব ফেলতে থাকে। তখন সেই বস্তু তারা যেখানেই দেখে, তার ইচ্ছা সাকার রূপ নিতে থাকে আর সে তার চাহিদা ব্যক্ত করতে থাকে। সে তার এই জিজ্ঞাসু প্রবৃত্তিকে ঘরে রাখা বস্তুকে দেখে, চেখে, ছুঁয়ে এমনকি ভাঙ্গাচুর করেও পূরণ করে নিতে চায়। এমনকি তার জ্বলন্ত মোমবাতি অথবা প্রদীপের তাপকে ধরেও দেখে নিতে চায়। যদি তাকে বারণ করা যায়, তবে সে তার বিরোধীতা কেঁদে অথবা চেঁচাচেঁমি করে করতে থাকে।

সামাজিক ভাবনার সাথে যুক্ত থাকা : যখন একবার বাচ্ছারা বাজার, মেলা, স্কুল, হোটেল, উৎসবের চাকচিক্য দেখে নেয়, তো তার মনে এই স্থানের সম্বন্ধে রঙ-বেরঙের আবহাওয়া দেখার ইচ্ছা সাকার হতে থাকে আর সে বার বার জিদ করতে থাকে। সেই স্থানে যেতে চায়।

মনোরঞ্জন : বাচ্ছারা যখন একবার টি. ভি. দেখতে বসে তো সেখান থেকে সরতেই চায় না। কার্টুন, ফিল্ম দেখার শখ তাকে সেখানেই আটকে রাখে। সেই শখ

তাকে সব রকমের টি. ভি. সিরিয়াল দেখতে উস্‌কে দেয়। ঘোরা-ফেরা, নতুন নতুন জায়গা বেড়ানোর অভ্যাস হয়ে যায় যা পরে জিদের কারণ হয়ে ওঠে।

রসহীনতা, বিরক্ত ও বিতৃষ্ণা : একই কাজ, ব্যবহার করতে করতে বাচ্ছাদের মন বিরক্তপূর্ণ হয়ে যায়। স্কুলে প্রতিদিন তাকে গণিত, বিজ্ঞান আর ইতিহাস বিষয় সম্বন্ধে পড়ানো হয় যে তা শুনে শুনে বিরক্ত হয়ে যায়। সেজন্য স্কুল থেকে পালিয়ে পার্ক, সিনেমা, রেলওয়ে স্টেশন বা অন্য কোনো জায়গায় গিয়ে বসে থাকে, যেখানে ভালো লাগে। এসব স্থানে তাদের এমন সব লোকের সাথে সম্পর্ক স্থাপিত হয়, যেখানে মিথ্যা বলা, চুরি করা, অথবা অন্য প্রকারের কুকার্য শিখে যায়। ছোটো বাচ্ছা দুধ খেতে চায় না, যে সেটা তাদের কাছে একঘেয়ে হয়ে যায়।—আপনি তাকে যতই বোঝান, তার ওপর এর কোনো প্রভাব পড়ে না।

আধুনিক, প্রগতিশীল চিন্তা-ভাবনা আর চাল চলনের প্রভাব : সঙ্গীতা কলেজ যাওয়ার জন্য বাইকের জন্য জিদ করতে থাকে। বাইকের আকর্ষণ তাকে তার নিজের সেই বন্ধুদের দ্বারা হতে থাকে যাদের বাইক আছে। বাজারে বা টি. ভি. তে দেখা বিজ্ঞাপনের প্রভাবও বাচ্ছাদের সেই বস্তু-বিশেষের দিকে আকর্ষিত করে আর তার সেই ইচ্ছা জিদের রূপ ধারণ করতে থাকে। বিজ্ঞাপিত বস্তু তাদের আবশ্যকতা তৈরী করে আর তাকে পাওয়ার জন্য জিদ করতে থাকে।

প্রভুত্ব পাওয়ার ইচ্ছা : যেমন যেমন ভাবে বাচ্ছারা সামাজিক ক্ষেত্রে বাড়তে থাকে, সেই সেই ভাবে তাদের অন্যের ওপর প্রভাব, আধিপত্য ও অধিকার কায়েমের ইচ্ছা প্রবল হতে থাকে আর নিজের সেই ইচ্ছাপূরণের জন্য সে অন্য লোকেদের ওপর নিজের প্রভাব ফেলতে থাকে। যদি তার ইচ্ছায় কোনো বাধা সৃষ্টি হয়, তবে তাকে দূর করার জন্য প্রতিশোধের ইচ্ছা জন্ম নেয়। এধরনের বাচ্ছারা নিজের জিদের কারণে কোনো সঠিক ও ন্যায়সঙ্গত নির্ণয় নিতে পারেই না, সেজন্য অহংকারী, স্বার্থপর আর চোর প্রবৃত্তির হয়ে ওঠে। সমগ্রভাবে বলা যায় যে, যদি জিদের কারণে বাচ্ছারা তাদের প্রভুত্বের ঘাটতি দেখতে পায় তবে তারা মনে মনে দুর্বল হয়ে পড়ে। ঘরের বাইরে যখন বাচ্ছাদের ব্যবহারে অসদৃশ হতে থাকে আর তার নালিশ ঘর পর্যন্ত আসতে থাকে, তখন অভিভাবক তাকে বার বার সাবধান করতে বকতে থাকে, তার ওপর আজ্ঞা, আদর্শ আর উপদেশ চাপিয়ে দিতে থাকে। যখন বাচ্ছাদের ওপর এর কোনো প্রভাব পড়ে না, যেখানে বাচ্ছারা অভিভাবকদের পরোয়াই করে না। বাচ্ছা আর অভিভাবকদের মাঝে এই দূরত্ব তাকে ঘর থেকে দূর করতে থাকে। তাতে অভিভাবকরা তো দুঃখী হয়ই, সন্তানরাও তাদের লক্ষ্য

থেকে দূর হতে থাকে। পারিবারিক অবসাদগ্রস্ততা বাড়তে থাকে আর এই অবসাদের কারণেই অভিভাবকরা নানা ধরনের দুশ্চিন্তাতে ঘিরে থাকে।

দমিত ইচ্ছাগুলি : টাকা-পয়সা অথবা সামর্থ্যের অভাবে বাচ্ছাদের মনে অনেক ইচ্ছা চাপা থেকে যায়। এমন সব ইচ্ছা সুযোগ পেলে প্রকট হতে থাকে। আর বাচ্ছারা একে প্রাপ্ত করার জন্য জিদ করতে থাকে। যখন বাচ্ছাদের মন ভরা থাকে, তখন এই দমিত ইচ্ছা উৎপাদিত হওয়ার কোনো প্রশ্নই ওঠে না।

পরিবেশ : কিছু ইচ্ছা পরিবেশের ওপর নির্ভর করে। মেলাতে বাচ্ছাদের সব ইচ্ছাকে পূরণ করতে পারা প্রত্যেক অভিভাবকদের পক্ষে কঠিন, কারণ মেলার পরিবেশ বাচ্ছাদের মনে অনেক ইচ্ছা উৎপন্ন করে। সেইরকমভাবে চাকচিক্য-ভরা এমন অনেক জিনিস আছে, যা বাচ্ছাদের প্রভাবিত করে।

বাচ্ছাদের দেহে-মনে জিদের দুষ্প্রভাব পড়ে—

জিদ্ বাচ্ছাদের দাম্ভিক এবং অহংকারী করে তোলে : জিদ্, আদর-ভালোবাসা আর আর্থিক সম্পন্নতার ওপর সন্তানদের ভবিষ্যত নির্ভর করে। জিদ্ বাচ্ছাদের অহংকারী আর দাম্ভিক করে তোলে। যোগ্যতা, প্রতিভা আর ক্ষমতার অভাব থাকা সত্বেও এই দম্ভ বাচ্ছাদের যেকোনো জিনিস অথবা সফলতা প্রাপ্ত করতে আগ্রহী করে তোলে। এজন্য অনুচিত সাধ্যের প্রয়োগ করতে কোনো দ্বিধা করে না যদি তারা অভিভাবকদের উৎসাহ পায়। তাহলে বাচ্ছারা অপরাধের অন্ধকারে পৌঁছে যায়, কারণ এই ধরনের বাচ্ছাদের মনে সাধ্যের সম্বন্ধে কোনো পবিত্রতা থাকে না।

অপরাধের রাস্তা খুলে যাওয়া : বাচ্ছারা কখনো কখনো জিদকে পূরণ করার জন্য নিজের অনুচিত ইচ্ছাকে পূর্ণ করার জন্য মমতার সাহায্য নেয়। যদি তার পিতার এই ধরনের ইচ্ছা-পূর্তির ক্ষমতা না থাকে তবে সে মায়ের সাহায্য নেয় আর মায়ের মমতা আর উদারতার অনুচিত সুযোগ নেয়। এই ধরনের বাচ্ছারা নিজের জিদকে প্রতিষ্ঠা করে কিছু সাংঘাতিক কার্য করে যাতে সফলতা খুব কমই পাওয়া যায়। এধরনের বাচ্ছারা আইনের চোখে অপরাধী আর তাকে আইন সাজাও দেয়। এই বাচ্ছাদের পরিণাম অত্যন্ত খারাপ হয়। এইজন্য বলা হয় অপরাধীদের জীবন দীর্ঘ হয় না।

আত্মহীনতা : বাচ্ছারা তার অনুচিত ইচ্ছা, লক্ষ্য, ফরমাইশ জিদ্ করে পূরণ করিয়ে নেয়, সেজন্য তারা সামাজিকভাবে সমন্বয়সাধন করতে অসফল হয়। সেজন্য অভিভাবকদের উচিত তারা তাদের বাচ্ছাদের অনুচিত ইচ্ছাকে পূরণ করতে পারে।

তাদের বাস্তবিকতার সাথে পরিচিত করায়। যদি বাচ্ছারা তাতেও না মানে তবে তার নিজের মত অথবা তর্ককে উচিতভাবে বিচার করতে বলুন। তার সাথে বিচার-বিবেচনার কথা বলে আপনার কথা তার্কিক সঙ্গত রূপ দিন।

এইভাবে পরস্পরের মধ্যে যোগাযোগ স্থাপন করে সর্বসম্মত নির্ণয়ে পৌঁছতে পারবেন। এইরূপ ব্যবহার পেয়ে বাচ্ছা তার জিদ ছেড়ে দেবে এবং তার মধ্যে জিদ্ করার অভ্যাস হবে না। তার সাথে তাকে পরিশ্রমী ও আত্মনির্ভরও করে তুলবে।

জিদ্ রোধ করার কয়েকটি সাধারণ উপায়—

সন্তানদের মধ্যে স্বেচ্ছাচারিতা না বাড়ে, তারজন্য প্রয়োজন আপনি তাকে জিদ্দী হয়ে ওঠা থেকে রক্ষা করুন। এব্যাপারে তাকে সঙ্গে নিয়ে আলাপ-আলোচনার পরিবেশ সৃষ্টি করুন—

1. বাচ্ছা যখনই কোনো জিনিস পাওয়ার জন্য ইচ্ছা অথবা জিদ্ করবে, তাকে কিছুক্ষণ ভাবার ও বোঝার সময় দিন, যাতে সে তার এই ইচ্ছার ওপর পুনর্বিবেচনা করতে পারে। আপনি দেখবেন এধরনের চিন্তা-ভাবনা তার ওপর ভালো প্রভাব ফেলছে। আর সে এই জিদ করা ছেড়ে দেবে।

2. আপনি জানেন যে, জিদের প্রভাব বাচ্ছাদের সম্বেগকে প্রভাবিত করে, সেজন্য তার এধরনের সম্বেগকেও প্রশমিত করার চেষ্টা করুন। জিদের প্রভাব নষ্ট হয়ে যাবে।

3. বাচ্ছাদের ইচ্ছা-পূর্তি হলে তাদের জিদ্ও প্রশমিত হয়। যদি বাচ্ছা এক টাকা চায় তো তাকে পঞ্চাশ পয়সা দিয়েও কিছুক্ষণের জন্য সন্তুষ্ট রাখতে পারেন।

4. বাচ্ছাদের মধ্যে উৎপন্ন হওয়া কোনো ইচ্ছা যদি আপনি পূরণ করতে না পারেন, তবে তার ধ্যান অন্য দিকে ফেরানোর চেষ্টা করুন, যাকে আপনি পূরণ করতে সক্ষম। এতে জিদের প্রভাবও কম হয়ে যাবে আর বাচ্ছাও তার ইচ্ছাকে ভুলে যাবে।

5. বাচ্ছাদের আশ্বাস দেবেন না। যদি আশ্বাস দিয়ে থাকেন, তবে তাকে পূরণ অবশ্যই করুন, না হলে বাচ্ছাদের মনে আপনার প্রতি অবিশ্বাসের ভাবনা আসতে থাকবে আর আপনার জন্য তার মনে ভালো চিন্তা উৎপন্ন হতে পারবে না।

6. বাচ্ছাদের করা বায়না পূরণ করুন। বায়না বুঝে-শুনে পূরণ করবেন, শুধুমাত্র বদলানোর জন্য করবেন না।

7. অনুচিত ইচ্ছাকে পূরণ করবেন না, তাতে যদি আপনাকে তাকে বকতেও হয় তবুও ভালো। তবে হ্যাঁ, আপনার এই বাধা দেওয়ার কারণ যদি আপনি আপনার সন্তানকে বোঝাতে পারেন তবে তার ভালো প্রভাব পড়বে।

8. যদি আপনি বাচ্ছাদের একবার কোনো ব্যাপারে বারণ করে দিয়ে থাকেন, তাহলে অন্যকারও সুপারিশে সেই কাজ করার অনুমতি দেবেন না। এতে বাচ্ছাদের মনে ভালো প্রভাব পড়বে না।

9. নিজের বলা ও করার মধ্যে পার্থক্য রাখবেন না। যদি আপনি চান বাচ্ছা কোন কাজ বা ব্যবহার না করে তবে নিজেও সেটা করবেন না। নিজে ধূমপান করা আর বাচ্ছাদের বারণ করা তাকে আরও তার প্রতি আগ্রহী করে তুলবে আর সে তা অতি অবশ্যই করবে।

10. বাচ্ছাদের সামনে নিজের দুর্বলতা, হীনতার কথা ব্যক্ত করবেন না। আর বাচ্ছাদের সহানুভূতি পাওয়ার ভাবনাও মনে আনবেন না।

জিদের ব্যাপারে এই সত্যতা উদারমনে স্বীকার করুন যে—গরম লোহাকে ঠাণ্ডা লোহা কাটে।

—এক শাশ্বত সত্য

ঈর্ষা আর জ্বলন

অন্যের উন্নতি, সফলতা, উপলব্ধির ওপর প্রসন্ন না হয়ে তাকে বিরূপ দৃষ্টিতে দেখার ভাবনা, আর এমন মানসিক চিন্তা-ভাবনাই ঈর্ষা। এই ভাবনা, ব্যবহার, চিন্তা-র প্রভাব বাচ্ছাদের বর্তমান আর ভবিষ্যতের ওপর পড়ে। ঈর্ষার কারণে বাচ্ছাদের মনে ভয়, হীনতা আর প্রতিশোধের ভাবনা সৃষ্টি হয়, যা তাদের অসফল তো বানিয়েই দেয়, তাদের অবাধ্যও করে তোলে।

ছেলে কিংবা মেয়ে, যে আজ পর্যন্ত পরিবারে সকলের স্নেহ আর আকর্ষণের কেন্দ্র ছিল, ছোট ভাই বা বোন জন্ম নেওয়ার পরে তার প্রতি সহজভাবে সে ঈর্ষান্বিত হয়ে পড়ে।

—সাবিত্রী দেবী বর্মা

ঈর্ষার ব্যাপারে সাবিত্রী দেবী বর্মার এই ব্যাখ্যা এক এমন সর্বজনবিদিত সত্য যে, যা অত্যন্ত সরলতার সাথে সকলে গ্রহণ করতে পারে। সত্য এটাই যে ঈর্ষার কারণেই বাচ্ছা তার সামাজিক পরিবেশে অন্যের সফলতা, প্রগতিকে সহজ ও সরলভাবে স্বীকার করতে পারে না আর সর্বদা তাদের এধরনের সফলতাতে কোথাও কোথাও ঘাটতিই দেখতে পায়। এধরনের চিন্তা-ভাবনা বাচ্ছাদের অন্যের চোখে নীচু করে দেয়, কারণ এধরনের ঈর্ষা, অবসাদ, ক্রোধ আত্মহীনতা ছাড়া আর কিছু নয়।

ছেলেরা বাল্যাবস্থাতে কিংবা কিশোরাবস্থাতে নিজের ব্যক্তিগত কারণে লেখা-পড়া, খেলা-ধূলাতে আশানুরূপ সফলতা প্রাপ্ত করতে পারে না আর দেখতে

দেখতেই তার সাথের অন্য ছেলে-মেয়েরা তাদের যোগ্যতা বা প্রগতিশীল চিন্তার কারণে খুব সহজ উপায়েই সাধনার সাহায্যে তাদের লক্ষ্যে পৌঁছে যায়। তখন অসফল বাচ্ছারা কোন চিন্তা-ভাবনা না করেই অন্য বাচ্ছাদের সফলতা, প্রগতিকে ঈর্ষা করতে থাকে। তাদের প্রতি অনিষ্টের কল্পনা করে। এমনকি কখনো কখনো তাদের সফলতাতে বাধাও সৃষ্টি করতে থাকে।

এই অবস্থাতে অসফল বাচ্ছারা কুণ্ঠিত হয়ে যায় আর সফল সাথী বন্ধুদের প্রতি তাদের ব্যবহার শুষ্ক, নিরস আর প্রতিশোধী হয়ে যায়। এধরনের ব্যবহার অন্যদের ভালো লাগে না। সেজন্য তারা এই ঈর্ষাসম্পন্ন বাচ্ছাদের এড়িয়ে চলে। তাকে একাকী করে তোলে। সাধারণভাবে আমরা বলতে পারি ঈর্ষান্বিত ব্যবহার বাচ্ছাদের একাকী করে তোলে। তার সহনশীলতাকে প্রভাবিত করে। ঝগড়া-মারামারি করা এদের অভ্যাসে দাঁড়িয়ে যায়। এধরনের বাচ্ছারা মারপিট করা, খিটখিটে আর আক্রমণাত্মক হয়ে ওঠে। অন্যকে নীচু দেখানো, অন্যের খারাপ করা, কথা লাগানো-ভাঙ্গানো, দোষারোপ করা, মিথ্যার সাহায্য নেওয়া, অন্যের মধ্যে খারাপ খুঁজে বের করা তার চরিত্রগত হয়ে ওঠে। আত্মসন্তুষ্টি দ্বারা মুড়ে থাকা এই ব্যবহার শীঘ্রই তার কাছে মূল্যহীন মনে হতে থাকে।

ঈর্ষা অভিব্যক্তির মাধ্যম—

ঈর্ষা, ব্যক্তিগত কারণেই হোক আর সামাজিক কারণে, সুযোগ পেলে তার অভিব্যক্তি অবশ্যই হয়। কিছু অভিব্যক্তি এরূপ—

1. প্রতিদ্বন্দ্বীদের প্রতি ক্রোধ, শত্রুতা অথবা ঘৃণার এই ভাব প্রদর্শন করে বা মিথ্যা অপবাদ দিয়ে তাকে বদনাম করে।

2. প্রতিদ্বন্দ্বীর আর্থিক অথবা সামাজিক ক্ষতি-সাধন করে, প্রতিদ্বন্দ্বীতাতে হারিয়ে।

3. ভিতরে ভিতরে প্রতিদ্বন্দ্বীর প্রতি জ্বলনের ভাবনার অভিব্যক্তি করে অথবা তার প্রভাবকে শেষ করে।

4. গালাগালি করে, এমনকি মারপিট করে।

5. প্রতিদ্বন্দ্বীর থেকে নিজেকে শ্রেষ্ঠ প্রদর্শন করে। তাকে সামাজিকভাবে হীন দেখিয়ে, তার সার্বজনীক জীবনে অপমান করে।

ঈর্ষার কিছু সাধারণ কারণ—

যেমন বলা হয়েছে ঈর্ষা এক মানসিক হীনতাপূর্ণ চিন্তা ভাবনা। এর অনেক কারণ হতে পারে, কিন্তু এর সমাধান অনেক বেশী প্রভাবিত হতে পারে। কারণগুলি দেখুন—

1. সমস্ত রকমের হীনতার কারণ প্রায়ই যোগ্যতা, ক্ষমতা, বিবেক, সাহসের ঘাটতি হয়ে থাকে। সেজন্য নিজের বাচ্ছাকে তার অবস্থা অনুসারে যোগ্য করে তুলুন। যাতে তাদের মধ্যে কোনো প্রকারের হীন-ভাবনা জন্ম নিতে পারে না।

2. যতক্ষণ সম্ভব বাচ্ছাদের স্বাস্থ্যের ওপর বিশেষ নজর রাখুন। নিয়মিত দিনপঞ্জি বানান। অসুস্থ্য আর দুর্বল বাচ্ছাদের সম্বেগের প্রভাব তীব্র হয়। ওদের নিজের হীনতার ওপরও অত্যন্ত রাগ হয়।

3. বাচ্ছাদের তার সঙ্গী বন্ধু-বান্ধবদের অপমান করবেন না।

4. বাচ্ছাদের নাকারাত্মক আদেশ দেবেন না।

5. বাচ্ছাদের সামর্থ্যের অনুযায়ী কাজ করতে বলুন।

6. বাচ্ছাদের অকারণ বসে থাকতে দেবেন না। তাদের সর্বদা কোনো না কোনো কাজে লাগিয়ে রাখুন। শুন্য মস্তিষ্ক শয়তানের বাসা হয়, আর সে যেকোনো শয়তানি করতে পারে।

7. ছেলে ও মেয়েদের সাথে সমান ব্যবহার করুন। একজনের সামনে অন্যজনকে খারাপ, হীনভাব, দোষী সাব্যস্ত করবেন না। একে অপরের সাথে তুলনা করে প্রতিদ্বন্দ্বীতার সৃষ্টি করবেন না।

8. যতক্ষণ পর্যন্ত পারা যায়, বাচ্ছাদের কোনো জিদ্ অথবা অকারণ চাহিদাকে স্বীকার করবেন না। এই ধরনের ব্যবহারই বাচ্ছাদের একে অপরের প্রতি ঈর্ষান্বিত করে তোলে।

9. একজন বাচ্ছার জিনিস কেড়ে নিয়ে অন্য বাচ্ছাকে দেবেন না।

10. যখন বাচ্ছারা কোনো ব্যাপারে জিদ্ করতে থাকে, চেঁচামেচি করতে থাকে, তবে সেই ব্যবহারের জন্য তাকে মারপিট করে, অপমানিত করে আরও বেশি উত্তেজিত করবেন না। তাহলে তাদের মনে উৎপাদিত ঈর্ষা হিংসার রূপ ধারণ করতে পারে, আর সেই মুহূর্তে যেকোনো প্রকারের আত্মঘাতী পদক্ষেপ গ্রহণ করতে পারে।

কিছু ঘরোয়া সমাধান—

মনোবিজ্ঞানীদের মতে ঈর্ষা-ভাবকে প্রশমিত করা যায়। অতএব অভিভাবকরা তাদের সন্তানদের মনে এধরনের মনোবিকার দুর করার জন্য নিজের তরফ থেকে

কিছু কার্য প্রতিষ্ঠা করুন। এধরনের ঘরোয়া সমাধান বাচ্ছাদের মনে সৃষ্টি হওয়া বিকারকে প্রশমিত করতে সহায়তা করবে। তাতে তার চিন্তার পরিধিও বাড়বে। অতএব অভিভাবক নিম্নলিখিত ব্যবহারের প্রতি ধ্যান দিন—যাতে সন্তানদের শিক্ষা দেওয়া যায়।

1. আপনি নিজেকে যোগ্য, প্রতিভাশালী, প্রভাবশালী, সম্পন্ন, সুন্দর, বুদ্ধিমান আর অন্যদের থেকে বিশিষ্ট মনে করবেন না, বরং নিজেকে একজন সামান্য ব্যক্তি মনে করে অন্যদের মান-সম্মান দিন।

2. নিজের পরিচিত, শুভচিন্তকরা, প্রতিবেশীরা, সহকর্মীদের, কুটুম্বদের দুঃখ-কষ্টের সামিল হ'ন। তাদের সম্পূর্ণ সহানুভূতি জানান। তাদের আনন্দ-দুঃখের সাথে সম্পূর্ণভাবে ভাগ নিন। তাদের কুশল জিজ্ঞাসা করুন, ফোন ইত্যাদির মাধ্যমে তাদের খোঁজ নিন। যদি প্রয়োজন হয় তাদের সাহায্যও করুন।

3. বাড়ীতে আসা অতিথিদের আন্তরিক অভ্যর্থনা করুন, তাদের সাথে বসে আত্মীয়তা দেখান। আপনার আত্মীয়তাপূর্ণ ব্যবহার অতিথিদের মনে সর্বদার জন্য সম্মান-সূচক স্থান দেবে আর আপনি তাদের প্রতি সমর্পিত থাকবেন। তাদের মনেও আপনার প্রতি সেইভাব প্রকট হয়ে উঠবে।

4. নিজের বন্ধু-পরিচিত, আত্মীয়-কুটুম্বদের সঙ্গে বাচ্ছাদের সামনে নিজের হীনতার কথা বলবেন না, আর অন্যের সমৃদ্ধি, সম্পন্নতার জন্য মনে হীন-ভাব জাগতে দেবেন না বা ঈর্ষা-ভাব পোষণ করবেন না। যা তাদের কারোর সাথে স্বাভাবিকভাবে মিশতে দেবে না। নিজের সমস্যার সমাধান নিজের ক্ষমতার উপর দাঁড়িয়েই করুন।

5. নিজের সামাজিক আর পারিবারিক জীবনে প্রসন্নতা, উৎসাহ, ইচ্ছা-আকাঙ্খা জাগিয়ে তুলুনন আর আনন্দের সাথে মন খুলে হাসুন, প্রসন্ন হয়ে উঠুন, অন্যকে সঙ্গ দিন। অন্যের সাথে করা সহযোগীতা, উদারতা আর সৌজন্যতাকে দয়া মনে করে প্রদর্শিত করবেন না, বরং তাকে আপনার ক্ষমতার ওপর করা মানবীয় কর্তব্য মনে করে করুন।

6. সর্বদা অন্যকে জ্বালা-ধরা কথা শোনানো, ব্যঙ্গ করা অথবা কটূ কথা শোনানোর মতো ব্যবহার করবেন না। ইটের জবাব পাথরে দেবার মানসিকতা মনে আনবেন না। পারিবারিক বিবাদকে নিজের মধ্যেই সীমাবদ্ধ রাখুন।

7. অন্যদের কাছ থেকে বড়ো বড়ো আশা করুন। কিন্তু সেই আশা করার আগে চিন্তা করুন আপনি অন্যের আশা কতটা পূর্ণ করতে পারছেন। আপনি তাদের সাথে কতটা সম্পর্ক রাখতে পারছেন। প্রত্যুত্তরে আপনার মনে তাদের প্রতি কোনো ঈর্ষা-ভাব উৎপন্ন হবে না। অতএব এই ধরনের চিন্তাকে ব্যবহারিক রূপ দিন। আপনার মস্তিষ্ক হালকা হতে বেশী সময় নেবে না।

8. অন্যের আনন্দকে খোলা মনে স্বীকার করুন। অন্যের সফলতার ওপর নিজের দিক থেকে শুভকামনা জানান। নিজের স্নেহ আর মধুর হাসিতে তার মনে জন্মানো ঈর্ষাকে কম করে দেবে। আপনার কোমল ব্যবহার তার চিন্তা-ভাবনাকে পুনরায় বিচার করার জন্য বাধ্য করবে আর তার মনে আপনার প্রতি জন্মানো ঈর্ষার ভাবকে মুছে ফেলতে সাহায্য করবে।

9. অন্যের পরিশ্রমকে যখন সফল হতে দেখেন, নিজের দিক থেকে খোলা মনের পরিচয় দেবেন। তাকে আশীর্বাদ, শুভকামনা জানিয়ে উৎসাহিত করুন। সেই স্থানে নিজে পৌঁছে তাকে আপনার ভাবনার সাথে পরিচিত করুন। এমনকি, যদি সম্ভব হয় তবে কিছু উপহারও দিন।

10. সর্বদা অন্যের গুণ, বৈশিষ্ট্য, সফলতার চর্চা অবশ্যই করুন। এতে আপনার মনে তার জন্য কোনো ঈর্ষার ভাব জন্মই নেবে না।

11. যদি আপনি বড়ো হ'ন, তাহলে নিজের কার্য-ব্যবহার, চিন্তা-ভাবনাতে এই বড়ো হওয়াকে প্রদর্শিত করুন। নিজের সামাজিক সম্মানকে বাড়িয়ে তুলুন।

আমরা এজন্য দুঃখী নয়, যে আমরা অভাবগ্রস্ত, কিন্তু এজন্য দুঃখী যে অন্য লোকেরা এত সুখী কেন। —ড. ডি. সি. চৌধুরী

আলস্য, পড়া থেকে মন উঠে যাওয়া, কাজে ফাঁকি

মনোবিজ্ঞানীদের মতে বাল্যাবস্থা আর কিশোরাবস্থা অন্তর্দ্বন্দ্বের সন্ধি-অবস্থা। এই অবস্থাতে বাচ্ছাদের সামলানো কঠিন হয়। লেখা-পড়ার প্রতি রুচি-অরুচি আর জীবনের প্রতি উৎসাহ-নিরাশা দেখানো তাকে একজন ক্রিয়াশীল ব্যক্তি করে তোলে, সেই তার বিপরীত মনোভাব তাকে বিষাদগ্রস্ত আর দুশ্চিন্তার দিকে বাড়িয়ে দেয়। এই অবস্থায় অভিভাবকদের উপেক্ষা তাদের বিদ্রোহী করে তোলে। সাধারণত এই অবস্থাতে তাদের সম্পর্ক বাইরের জগতের সাথে বাড়তে থাকে। যৌন ভাবনা আর বিচার-বিবেচনাও মনে হিল্লোল তুলতে থাকে। এই অবস্থায় সামান্য, পড়াশোনার প্রতি উৎসাহহীনতা, কাজের প্রতি অনাগ্রহ ইত্যাদি ব্যবহার যা তাকে বিগড়াতে ও অবাধ্যতার রাস্তায় নিয়ে যেতে পারে। এই অবস্থা বাচ্ছাদের কিভাবে শোধরাবেন, সেটা বিবেচনার বিষয়—

আলস্য—

আলস্য ছাত্রজীবনের সবচেয়ে বড়ো শত্রু, যা বাচ্ছাদের সারাজীবনের ক্রিয়াকে প্রভাবিত করে। সাধারণত ছাত্র-জীবন, জীবনেকে গড়ে তোলার অবস্থা হয়, সেজন্য যদি ছাত্রদের জীবনকে আলস্য ঘিরে ধরে তবে তার নির্মাণ অবরুদ্ধ হয়ে যায়। অলস বাচ্ছারা জীবনের কোনো ক্ষেত্রেই উন্নতি করতে পারে না। অলসতার কারণে সে সুযোগ-সুবিধার লাভ নিতে পারে না। তার ফলে ভবিষ্যতে অনুতাপ

আর আত্মগ্লানি ছাড়া আর কোনো উপায় থাকে না। কাজের প্রতি উৎসাহহীনতার কারণে সে সর্বদা সঙ্গী-সাথীদের মুখের দিকে দেখতে থাকে। অন্যের সফলতা, উপলব্ধি আর উন্নতি দেখে দেখে জ্বলতে থাকে আর নিজেকে দোষারোপ করতে থাকে। নিজের ভাগ্যের প্রতি বিরূপ হতে থাকে। তার মধ্যে সাবলম্বীতা, আত্মবিশ্বাস, মনোবলের নিতান্ত অভাব থাকে। এমনকি তার যেকোনো বিষয়ে সিদ্ধান্ত নেওয়ার ক্ষমতাও নষ্ট হয়ে যায়।

প্রসিদ্ধ মনোবৈজ্ঞানিক লেমার্কের মতানুসারে বাচ্ছাদের মধ্যে পাওয়া অলসতার প্রকৃতি তিনটি কারণে প্রভাবিত হয়ে থাকে।

1. পরিবেশ থেকে অর্জিত করা জ্ঞান আর তার থেকে নেওয়া রুচি।

2. অবয়বের উপযোগ অথবা অনুপ্রয়োগ।

3. অর্জিত গুণের সংক্রমণ।

লক্ষ্যের প্রতি আগে থেকে জন্ম নেওয়া নৈরাশ্য-ভাব, ভাগ্যের ওপর নির্ভরতা, প্রেরণার অভাব, উৎসাহহীনতা, অসফলতার ভয় ইত্যাদি এমন অনেক কারণ আছে, যা আলস্যের প্রবৃত্তিকে বাড়িয়ে দেয়।

এর বিপরীত যে ছেলেরা নিজের বর্তমান আর ভবিষ্যত তৈরীতে অলসতা ত্যাগ করে নিরন্তর জাগরুক থাকে সে সফলতার শীর্ষে পৌঁছে যায়। এই দু'রকমের মনোবৃত্তিই তার পরিবেশের উপর নির্ভর করে।

লেমার্কের মতানুসারে বাচ্ছারা তাদের শক্তি অবয়বকে না কাজে লাগায়, তবে আস্তে আস্তে সেই শক্তি ক্ষীণ হতে থাকে। তারপরে আর তারা সেই শক্তিকে কাজে লাগাতে চায় না। অন্তরে প্রেরণার অভাব থাকে, অর্থাৎ তারা স্থবির হয়ে পড়ে।

যদি সঙ্গী-বন্ধুদেরও সেই রকমের পেয়ে যায়, তাহলে সে তার এই প্রকৃতিকে আরও স্বাভাবিক মনে করে তার সাথে পিছনের বেঞ্চে বসেই সময় কাটিয়ে দেয়। এধরনের বাচ্ছারা যদি শিক্ষকদের দ্বারাও উপেক্ষিত হয় তবে তারা আরও অলস ও অকর্মা হয়ে যায়। এরা বাহানা করে নিজের অবস্থাকে ঠিক রাখার চেষ্টা করে। কাজ থেকে পালিয়ে যাওয়া তাদের আর একটা বদঅভ্যাস হয়ে যায়। যদি তাদের কোনো চাপে পড়ে কোনো কাজ করতে হয় তবে তারা তাতেও সফল হয় না।

অলসতা ত্যাগ করতে পারলেই তবে মানুষ তার নিশ্চিত লক্ষ্যে পৌঁছতে পারে। সফলতা মানুষকে সর্বদা উদ্যমী, কর্মশীল আর পরিশ্রমী করে তোলে। সেই

সন্তানরাই জীবনে সফলতা লাভ করতে পারে। জগতে সমস্ত সুখ-সমৃদ্ধি কর্মযোগী মানুষরাই পেয়ে থাকেন। উদ্যমী আর কর্মশীল ব্যক্তিরাই প্রতিকূল পরিস্থিতিতেও ধৈর্য্য, সাহস, আর বিবেকের সাহায্যে কাজ করে আর নিজের ভাগ্যের নির্মাতা স্বয়ংই হ'ন। এধরনের ব্যক্তিরা কেবল সমাজের প্রতিই দায়িত্ব কর্তব্য পালন করেন না, বরঞ্চ নতুন দিশা দেন। ইতিহাস সাক্ষী আছে—দেশে যত ব্যক্তি মহান হয়েছেন, তারা সকলেই নিজেদের প্রচেষ্টা, পরিশ্রম আর কর্মের জন্য হয়েছেন। আলস্যের এদের জীবনে কোনো স্থান নেই। সত্যি কথা বলতে এসমস্তই তাদের মহানতা, তাদের ক্রিয়াশীলতার দান।

বলা হয় যে পণ্ডিত জওহরলাল নেহেরু মাত্র 2-3 ঘন্টা ঘুমোতেন। আলস্য তাঁকে ছুঁতেও পারেনি। যখনই দেখা যেত, তখনই তিনি তৈরী থাকতেন। 'আরাম হারাম'—এধরনের প্রবাদবাক্য তার জন্য সঠিক প্রমাণিত হয়েছিল।

আসল কথা এটাই যে আলস্য বাচ্ছাদের মধ্যে আসা এমন এক দোষ, যার কারণে তারা পারিবারিক আশা-আকাঙ্খা পূরণ করতে পারে না আর নিজের বর্তমান বা ভবিষ্যত তৈরী করতে পারেনা। এধরনের বাচ্ছারা রাষ্ট্রের কি ভালো করবে?

অভিভাবকরা নিজেরা আলস্য থেকে মুক্ত হয়ে, বাচ্ছাদের আলস্য থেকে রক্ষা করতে পারে। বাচ্ছাদের আলস্য থেকে দুরে রাখার মুখ্য উপায় হলো—তাদের মধ্যে কাজের প্রতি অনিহা জন্মাতে না দেওয়া।

পড়াতে অনীহা—

যে কোনো শ্রেণীর পরীক্ষার ফল দেখলে বোঝা যায় এবং এই ধারনায় উপস্থিত হওয়া যায় যে সমস্ত বাচ্ছাদের পড়াতে আগ্রহ একরকমের নয়। কেউ খুব ভালো

তো কেউ খুব সামান্য, আবার কেউ সামান্য থেকেও কম। এই অবস্থাই তাদের ভবিষ্যতকে তৈরী করে। তাদের সফলতার নতুন উচ্চতা পর্যন্ত নিয়ে যায়।

মনোবিজ্ঞানীদের মতানুসারে পড়তে অনীহার কারণই ছেলেরা পড়াতে পিছিয়ে যায়। এই পিছিয়ে যাওয়ায় সে শ্রেণী থেকে, স্কুল থেকে পালাতে থাকে। স্কুলের সময় রাস্তা, স্টেশন, পুকুর, নদী, ঝিল, পার্কে ইত্যাদিতে অতিবাহিত করে। তার লেখা-পড়ার এই অবস্থা তাকে যা তৈরী করে তাতে সে বিগড়াতে থাকে। তার মধ্যে নষ্ট হয়ে যাওয়ার সংস্কার আসতে থাকে।

পড়াতে অনীহা আজ শিক্ষা জগতে সবচেয়ে বড়ো সমস্যা আর এই অনীহার কারণে কোটি টাকা অপব্যয় হচ্ছে, কারণ প্রায় 30 থেকে 40 শতাংশ বাচ্ছারা মাধ্যমিক পর্যন্ত পৌঁছতে পৌঁছতেই লেখাপড়া ছেড়ে দেয়।

লেখাপড়াতে এই অনীহার বিশেষ কারণগুলি হলো—

1. রুচির ঘাটতি, পড়ার পাঠ্যসামগ্রীতে নীরসতা।

2. বিদ্যালয়ের আকর্ষণহীনতা।

3. ব্যাগের বোঝা।

4. মাতৃভাষার মাধ্যমে শিক্ষা না দেওয়া। ইংরাজীর প্রতি বৃদ্ধিপ্রাপ্ত উৎসাহ। যা শীঘ্রই জ্ঞানাবোরোধের সৃষ্টি করে।

5. শিক্ষা থেকে রোজগারের সম্বন্ধ না থাকা। পড়ার প্রতি বাচ্ছাদের মধ্যে আসা অরুচি, অনীহা, নীরসতাকে শেষ করার জন্য অভিভাবক আর শিক্ষকদের একত্রিত প্রচেষ্টা প্রয়োজন। এরজন্য অন্তত বাচ্ছার মানসিকতা বুঝে তাকে প্রথমেই এমন স্কুলে ভর্তি করা আবশ্যক যে, যেখানে বাচ্ছারা অত্যন্ত উৎসাহের সাথে, আকাঙ্খার সাথে আর আনন্দের লেখা-পড়া করবে। বিদ্যালয়ের পরিবেশ দম বন্ধ করা বা অনীচ্ছার যেন না হয়। এব্যাপারে মনোবিজ্ঞানীরা কিছু আন্তরিক ও বাহ্যিক প্রেরণা গ্রহণের পরামর্শ দিয়েছেন।—

সামাজিক প্রতিষ্ঠার প্রাপ্তি, শিক্ষিত লোকেদের সামাজিক অবস্থান, বিচারনীয় উদারতা ইত্যাদি এমন অনেক কথা আছে যা বাচ্ছাদের পড়াশোনা করতে সর্বদা প্রেরণ করে আর বাচ্ছারাও সমাজে সেই প্রতিষ্ঠা পাওয়ার জন্য কঠিন পরিশ্রম করে লেখাপড়া করে।

প্রশংসা, পুরষ্কার, দণ্ড, সামাজিক অবমাননার ভয়, হীনতা, নিজের সমাজে অন্যের থেকে পিছিয়ে পড়ার ভয় ইত্যাদি অনেক কারণ আছে যা বাচ্ছাদের পড়তে বাধ্য করে। সত্যি বলতে এটাই যে এই প্রেরক-তত্বই বাচ্ছাদের শক্তি প্রদান করে আর বাচ্ছারা নতুন-নতুন সফলতার জন্য প্রয়াসী হয়ে থাকে। এই প্রেরণাই ব্যক্তিদের সন্তুষ্টি প্রদান করে আর আগামী সফলতার জন্য তাকে আরও পরিশ্রম করার শক্তি প্রদান করে।

কাজ থেকে মুখ ফিরিয়ে থাকা—

আলস্য, পড়া থেকে পিছিয়ে থাকা, আত্মবিশ্বাসের ঘাটতি, উৎসাহহীনতা ইত্যাদির কারণে কিছু ছেলেমেয়েদের প্রত্যেক কাজ থেকে মুখ ফিরিয়ে থাকার অভ্যাস হয়ে যায়। কাজ থেকে মুখ ফিরিয়ে থাকার মনোবৈজ্ঞানিক কারণ অনুভবের ঘাটতি। যে বাচ্ছার ওপর বাল্যকাল থেকেই ঘর থেকে অনুশাসন চাপিয়ে দিয়ে কিছু করতে না দেওয়া হয়, অথবা অতিরিক্ত আদর-ভালোবাসার কারণে তাকে কিছু করতে সুযোগ দেওয়া হয়না, ফলে তাদের কাজ থেকে মুখ ফিরিয়ে থাকার অভ্যাস হয়ে যায়। পরেও অসফলতার ভয়, উন্নতির কমতি, প্রেরণার অভাব বাচ্ছাদের কোনো কাজ করতে উৎসাহিত করে না। এধরনের বাচ্ছারা নিজেদের অবস্থাতেই সন্তুস্ট থাকার চেস্টা করে আর জীবনে উন্নতির চেস্টা করে না।

এব্যাপারে বলা হয় যে বাচ্ছারা শারীরিক দৃষ্টিতে সুস্থ্য, নিরোগ, হৃষ্ট-পুষ্ট আর সুন্দর হয়, তার মধ্যে বীরত্বের প্রবৃত্তি লক্ষ্য করা যায়। আর তারা সমস্ত কাজকে অত্যন্ত উৎসাহ, একাগ্রতা আর নিষ্ঠার সঙ্গে সম্পন্ন করে, তারা আত্মবিশ্বাসে পূর্ণ হয়ে ওঠে। এধরনের বাচ্ছারা শিক্ষক আর অভিভাবকদের স্নেহের পাত্র হয়ে, আর বিভিন্ন কলা ও খেলাতেও নিজের জায়গা করে নেয়। পরিবার আর সমাজে নিজের পরিচয় তৈরী করে নেয়।

যে বাচ্ছারা খিটখিটে স্বভাবের হয়, কথায় কথায় রেগে যায়, কখনো হাসে না, তাদের মধ্যে সম্বেগের স্থিরতার গুণ দেখা যায়। এধরনের বাচ্ছাদের কোনো ব্যাপারে আগ্রহ থাকে না। এইসব সন্তানরা সম্বেগাত্মক রূপে অসমন্বিত হয়ে নিজের পরিবার, সমাজ আর স্কুলে সমন্বয় সাধনের অভাবে অবাধ্য হতে থাকে। আসল কথা এই যে কাজ থেকে মুখ ফিরিয়ে থাকার অভ্যাস বাচ্ছাদের প্রগতিশীলতার প্রতিযোগীতা থেকে বের করে দেয়। তারা লালায়িত দৃষ্টিতে অন্য বাচ্ছাদের ভবিষ্যতের উন্নতির দিকে এগিয়ে যেতে দেখে কিন্তু নিজেদের হীন-ভাবনাতে মুড়ে থাকাই তাদের অভ্যাস হয়ে যায়।

সমাধান—

1. সন্তানদের নিজের শ্রেষ্ঠতা প্রদর্শন করার যথেষ্ট সময় দিন। তাদের শ্রেষ্ঠতাকে পরিবার, স্কুল আর সমাজে রাষ্ট্র করুন।

2. সন্তানদের বন্ধু হতে এবং তৈরী করতে সহায়তা করুন। তারা বাড়ীতে আসলে তাদের স্বাগত জানান, সম্মান করুন।

3. সন্তানদের পরামর্শ দিন যাতে তারা অবসর সময় কাজে লাগিয়ে তার সুফল গ্রহণ করে।

4. অবসর থেকে সুফল লাভ করা একটা ভালো গুণ। যেখানে অবসর-প্রিয় হওয়া একটা দোষ। অতএব তাদের আপনি এর পার্থক্য অবশ্যই বুঝিয়ে দেবেন।

5. সন্তানদের লেখাপড়ার ব্যাপারে যেকোনো বাধা আপনার যোগ্যতা অনুযায়ী অবশ্যই করবেন। তাকে কোনো ভালো স্কুলে ভর্তি করে দেওয়া পর্যন্তই আপনার কর্তব্য বলে মনে করবেন না। স্কুলের সাথে সর্বদা যোগাযোগ রাখুন।

6. সন্তানদের পড়াশোনার বাধা সংক্রান্ত আলাপ আলোচনার জন্য তার বন্ধু-বান্ধবদের সাথে যুক্তি পরামর্শ করতে দিন। তাতে সবথেকে ভালো সমাধান তার বন্ধুই করতে পারবে।

7. বাচ্ছাদের বেশীর ভাগ সময় অধ্যয়নে ব্যয় হোক সেদিকে লক্ষ্য রাখবেন।

8. কাজ করলে ব্যক্তির পরিচিতি তৈরী হয় আর মহত্ব বৃদ্ধি পায়, সেই সত্যতা বাচ্ছাদের সামনে নিজের আদর্শ দিয়ে তৈরী করুন।

9. অসফলতার ভয় বাচ্ছাদের মনে কখনো আসতে দেবেন না। অসফলতাই সফলতার প্রথম সিঁড়ি।

10. বার বার করা অভ্যাস বাচ্ছাদের ভালো তৈরী করে সফলতার নিকট নিয়ে আসে। সেজন্য পড়াশোনা, বা অন্য কাজ করতে বাচ্ছাদের অভ্যাস করান।

জীবনের সমস্ত আকর্ষণ বিবেকের অভাবে অভিশাপ হয়ে যায়।

—শীলা সলুজা

ভাঙ্-চুর, মারপিট, আক্রমণতা

বয়সের সাথে সাথে বাচ্ছাদের সামাজিক ক্ষেত্র বৃদ্ধি পায়। এই ক্ষেত্রে তার সম্পর্ক বাইরের লোকের সাথে হয়। তারা মান-অপমান বুঝতে পারে। নিজের অস্তিত্ব স্থাপনার ইচ্ছাতে সে ভাঙ্গাচুর করে বন্ধুদের সাথে মারপিট করে। আক্রমণাত্মক হয়ে ওঠে। পুরনো বন্ধুদের ছেড়ে নতুন বন্ধু তৈরী করে। নতুন বন্ধুদের সঙ্গোও যখন মনের মিল না হয় তখন ঝগড়া-মারামারিও হতে থাকা স্বাভাবিক। অত্যন্ত বিপজ্জনক এই ব্যবহারও তার প্রভাব।—

ভাঙ্গাচুর :

ঘর থেকে বেরিয়ে বাচ্ছাদের সম্পর্কে বাইরের জগতের সঙ্গো হয়। নীচু শ্রেণীতেই বাচ্ছারা তাদের সাথীদের বৈশিষ্ট্যের কারণে প্রভাবিত হয়ে তাদের প্রতি আকর্ষিত হয়, যেখানে মনে মনেই তাদের বন্ধু ভেবে নেয়। সম্বন্ধের এই আকর্ষণই সম্পর্ক এবং প্রতি-উৎসাহ পেয়ে মৈত্রী-বন্ধনে পরিবর্তিত হতে থাকে। শ্রেণীতে অথবা সমাজীকরণের এই প্রক্রিয়াতে, যেখানে বাচ্ছারা অসফল অথবা নিরাশ হয়, তখন তার নিজের অস্তিত্বের খোঁজে, ক্রোধের অভিব্যক্তি ভাঙ্গা-চুর করে প্রকাশ করে। সে তার যোগ্যতা অনুযায়ী সেইসব বাচ্ছাদের পছন্দ করে না যারা তার ইচ্ছার অনুরূপ ব্যবহার করেনা। ঈর্ষা-ভাব নিরন্তর বাড়তে থাকে। আর কখনো কখনোতো বাচ্ছারা পূর্ণ পরিপক্কতা পাওয়ার পরও তা বিকশিত হতে থাকে।

প্রসিদ্ধ মনোবৈজ্ঞানিক ক্রেন আর অয়ালমেনের মতানুসারে শ্রেণীর পরিবেশ এবং স্কুলের আকর্ষণ বাচ্ছাদের মধ্যে সমাজীকরণের প্রবৃত্তিকে প্রতি-উৎসাহ দিয়ে

থাকে। আর তাদের মধ্যে অন্য বাচ্ছাদের সাথে সমন্বয়সাধন করার ক্ষমতা বিকশিত হতে থাকে। যে বাচ্ছারা বাড়ী এবং স্কুলের পরিবেশে মিলেমিশে যায় তারা ভাঙ্গাচুরের ব্যাপার থেকে দূরে থাকে। এর বিপরীতধর্মী বাচ্ছাদের ভাঙ্গাচুরের অভ্যাস বাড়তে থাকে। যা তাদের বাড়ী এবং স্কুলের থেকে দূরে নিয়ে যায়। এধরনের বাচ্ছাদের ব্যক্তিত্ব সামাজিক দৃষ্টিতে সমন্বয়সাধন করতে পারে না।

ভাঙ্গাচুরের কারণ—

1. লেখা-পড়ার প্রতি অরুচি, নীরসতা আর বিষয়কে ঠিকমতো বুঝতে না পারা।

2. স্কুলে শিক্ষকের দ্বারা বাচ্ছাদের কোনো লক্ষ্য না দেওয়া, পড়ার নীরস উপায়ের এবং জ্ঞানকে জোরজবরদস্তি চাপিয়ে দেবার চেষ্টা।

3. ব্যাগের বোঝা, ক্লান্ত করে দেবার মতো হোমওয়ার্ক আর শ্রেণীর বিষাদপূর্ণ পরিবেশ।

4. অভিভাবকদের তার বাচ্ছাদের যোগ্যতার থেকে বেশী আশা করা আর এই আশাপূরণ না হওয়ার ফলে তাদের ভালো-মন্দ বলে অপমানিত করা।

5. ব্যবস্থার প্রতি বাচ্ছাদের মনে জন্ম নেওয়ার অসন্তোষ আর এই অসন্তোষকে উসকে দেওয়ার মতো বাইরের তত্বের সহযোগীতা।

6. অপরাধী প্রবৃত্তিযুক্ত লোকেদের মহিমান্বিত হতে দেখে নৈতিক মূল্যে ঘাটতি।

বয়সের সাথে এই প্রবৃত্তি কম হতে থাকে। এখন ছেলেরা গালী-গালাজ করে, ধমকি দিয়ে, অন্যদের ভালো-মন্দ বলে নিজের অহংকে তুষ্টি করে নেয়।

মারপিট—

বাল্যাবস্থা থেকে কিশোরাবস্থা প্রাপ্ত করতে ছেলেরা নিজের শারীরিক, মানসিক আর আবেগাত্মক ক্রিয়ার ওপর চাইলেও নিয়ন্ত্রণ করতে পারে না। নিজের অসফলতাকেও খোলা মনে স্বীকার করতে পারে না। এর জন্য সে নিজেরই বন্ধু, পরিচিত, নিকট সম্বন্ধীরা, এমনকি কখনো কখনো অভিভাবকদের ওপর দোষারোপ করতে থাকে। একটুও বিলম্ব তার সহ্য হয় না আর নিজের এই উপেক্ষা, অসফলতা আর উদাসীনতার জন্য তার সাথে মারপিট করে বসে। মারপিটের এই ব্যবহার সবচেয়ে প্রথমে ঘর থেকেই আরম্ভ হয়। সর্বদা ছেলে-মেয়েরা নিজের ভাই-বোনদের

মধ্যে ঝগড়া-মারপিট করতে থাকে। মারপিটের এই ব্যবহার অত্যন্ত অবোধ হয়। বাচ্ছারা এই মারপিটকে গভীরভাবে গ্রহণ করে না। কিছুক্ষণ আগে ঝগড়া-মারপিট করা বাচ্ছারা আবার কিছুক্ষণ পরেই নিজেদের মধ্যে মিলে-মিশে খেলা করতে থাকে।

আক্রমণতা—

বাচ্ছাদের সামাজিক বিকাশে আক্রমণতা এক স্বাভাবিক ব্যবহার। বাল্যাবস্থা আর কিশোরাবস্থার সন্ধিকালে এই প্রবৃত্তি তার চরম সীমায় থাকে। সত্যতা এই যে, এটা হল ক্রোধের বহিঃপ্রকাশ। যখন বাচ্ছা কোনো বস্তু অথবা ব্যক্তির প্রতি তার রাগ বা অসন্তোষ ব্যক্ত করতে পারে না, তখন এই প্রবৃত্তির সহয়তা নেয়। এই প্রবৃত্তি সেই বাচ্ছাদের মধ্যে থেকেই পাওয়া যায়, যে পরিবার, শ্রেণী অথবা স্কুলে নিজের অস্তিত্ব, প্রভাব স্থাপিত করতে চায়। যে বাচ্ছারা যত বেশী মহতাকাঙ্খী হয়, সে তত বেশী আক্রমক হয়। অতএব একে একটা গুণরূপে নেওয়া হতে পারে, কারণ আক্রমণতার এই ব্যবহার তাকে লক্ষ্য পর্যন্ত পৌঁছে দিতে সর্বদা সংঘর্ষের জন্য প্রেরিত ও উৎসাহিত করবে। খেলাতে লক্ষ্যের জন্য এই আক্রমকতার সুন্দর উদাহরণ। সর্বদা বাচ্ছারা জয়লাভের জন্য এই ভাবনাকে প্রতিষ্ঠিত করবে। আর অবশেষে জয়লাভও করে। নিজের অহম্‌কে তুষ্টি দান করে। আক্রামণতার এই ব্যবহারই বাচ্ছাদের মধ্যে নেতৃত্বের গুণকে বিকশিত করে। আক্রমণতার গুণ ভালো, কিন্তু সেটা যেন হিংস্র বা মারণাত্মক না হয়ে ওঠে।

আক্রমণতার কারণ—

1. বাচ্ছারা নিজেদের অভিভাবক, বন্ধু-বান্ধব, কুটুম্বদের নজর তাদের দিকে সর্বদা আকর্ষণ করতে চায়। তারা এইসব লোকেদের নজরে নিজেদের বিশিস্ট আর শ্রেষ্ঠ প্রদর্শিত করে তাদের প্রশংসা পেতে চায়।

2. সুরক্ষার ভাবনা তাকে আক্রমক করে তোলে। আর সে সর্বদা নিজেকে সবার সামনে প্রতিষ্ঠিত রাখতে চায়। যদি তার মধ্যে চৌকশ হয়ে ওঠার গুণ বিকশিত হয়ে যায়, তবে সে সেই অবসরকে কাজে লাগায়, যা অসফলতাকে কম করে দেয়।

3. প্রতিদ্বন্দ্বীদের সাথে তার ব্যবহার সর্বদা আক্রমক হয়ে থাকে। তার বৃদ্ধিপ্রাপ্ত প্রভাব বা অস্তিত্বকেও প্রতিদ্বন্দ্বী সেইভাবে গ্রহণ করে থাকে।

4. বন্ধুর অভাব, সামাজিক জীবনে সমন্বয়সাধন করতে না পারার কুণ্ঠা, পড়াতে

পিছিয়ে পড়ার ভয় তাকে আক্রমক করে রাখে। এটাই কারণ যেসব বাচ্ছারা লেখা-পড়াতে পিছিয়ে থাকে তারা খেলা-ধূলা বা অন্য গতিবিধিতে এগিয়ে যায়।

5. আক্রমক প্রবৃত্তিযুক্ত বাচ্ছাদের ভাঙ্গাচুর, মারপিট আর হিংসাযুক্ত দৃশ্য ভালো লাগে। এধরনের ফিল্ম, টি. ভি. কার্যক্রম আর শিল্পী তাদের আদর্শ হয়ে যায়।

6. পরিবার অথবা স্কুলে পাওয়া উপেক্ষা, প্রতাড়িত হওয়া এদের সহ্য হয়না। সেজন্য এই বাচ্ছাদের ওপর এই ক্রিয়ার তীব্র প্রতিক্রিয়া হতে থাকে, যা এদের ঘর আর স্কুল থেকে পলায়নবাদী করে তোলে।

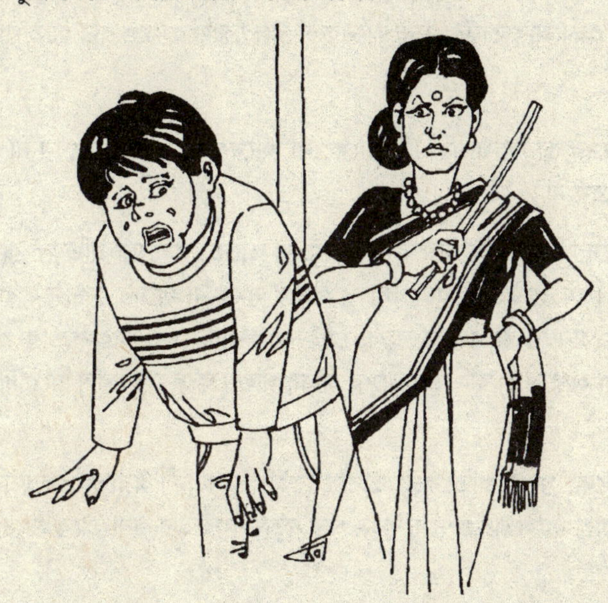

ঘর থেকে পালিয়ে যাওয়া ছেলেদের মধ্যে অধিকাংশ বাচ্ছা কখনো কখনো এমন ধরনের লোকেদের হাতে পৌঁছে যায়, যারা এই ছেলেদের অপরাধী জীবন দিয়ে হিংস্র আর অপরাধী তৈরী করে দিয়ে আইন ব্যবস্থার জন্য প্রশ্ন চিহ্ন করে তোলে।

আক্রমণতার মনোবৈজ্ঞানিক পক্ষ—

আক্রমণতার অভিব্যক্তি মারপিট, হাতা-হাতি, গালি-গালাজ, ধমকি দেওয়া আর ভয় দেখানোর রূপে হয়ে থাকে। সেজন্য সম্বেগের এই প্রদর্শনকে বুঝুন আর বাচ্ছার হিতের জন্য একে কাজে লাগান। ছেলেদের অপেক্ষা মেয়েরা কম আক্রমণাত্মক হয়। এর কারণ যে আক্রণতার এই ব্যবহারে ছেলেরা হাত-পা চালিয়ে আর মেয়েরা

শাব্দিক আক্রণতার সাহায্য নেয়। সামাজিক সমন্বয়তার অভাবে আক্রমণতার এই ব্যবহার শীঘ্রই প্রদর্শিত হতে থাকে।

যে পরিবারে মাতা-পিতার অনুশাসন কঠিন হয়, সেই বাচ্ছাদের মধ্যে আক্রমণতার প্রবৃত্তি বেশী হয়। এই ধরনের বাচ্ছারা সুযোগ পেয়ে নিজের এই বৃত্তির ব্যবহার অভিভাবকদের বিরুদ্ধেই করতে থাকে। এইসব বাচ্ছাদের শোধরানো কঠিন হয়।

যে বাচ্ছারা রাতে কাঁদতে কাঁদতে ঘুমাতে যায়, না খেয়ে শোয়, বাবার প্রতিক্ষা করতে করতে ঘুমায়, জিদ্ করতে করতে শোয়, এধরনের বাচ্ছা অপেক্ষাকৃত বেশী আক্রমণাত্মক হয়। আর তাদের অন্য অনেক সম্বেগ ক্রোধের রূপে বার হতে থাকে।

সমাধান—

1. বাচ্ছাদের তার ক্ষমতার বাইরে কোনো আদেশ বা নির্দেশ দেবেন না আর আশাও করবেন না।

2. বাচ্ছাদের দিয়ে সেই কাজ করবেন না, যা তাদের পছন্দের প্রতিকূল বা ঘৃণা উৎপন্ন করে। যে অভিভাবকরা খেলা বা পড়ার সময় বাচ্ছাদের দোকানে বসতে বলে, অথবা অন্য কাজ করতে বলে, সেইসমস্ত বাচ্ছাদের আক্রমণতার প্রবৃত্তি বাড়তে থাকে আর তারা অভিভাবকদের আজ্ঞা পালন করে না, সর্বদা বিরোধীভাব পোষণ করে।

3. বাচ্ছাদের মধ্যে প্রতিযোগী ভাবনা বিকশিত করুন। ঈর্যাভাব জন্ম নিতে দেবেন না। প্রাপ্ত সফলতার প্রশংসা করুন আর নতুন সফলতার জন্য তাকে উৎসাহিত করুন।

4. প্রতিযোগীতাতেও বাচ্ছাদের অসফলতাকেও উদার মনে স্বীকার করুন ও তাদের পুনরায় উৎসাহিত করুন।

5. বাচ্ছাদের ঘরের বাইরে বেড়ানো, পিকনিক, ভ্রমণ, বিয়ে অথবা পার্টিতে অবশ্যই পাঠান। এতে তাদের আত্মবিশ্বাস বাড়বে আর যে সমন্বয়সাধন করতে সফল হবে।

6. বাচ্ছাদের সাময়িক খেলার জন্য যথেষ্ট সময় দিন। খেলোয়াড় কথার অর্থ খেলার মাধ্যমেই শেখানো উচিত। টিমকে জয় লাভ করানো ব্যক্তিগত প্রতিষ্ঠার পরোয়া না করাই খেলোয়াড়ের ভাবনা, যা সমাজীকরণের এক আদর্শ গুণ।

7. বাচ্ছাদের সকলের মধ্যে থাকার পর্যাপ্ত সুযোগ দিন। সকলের মধ্যে থাকা বাচ্ছাদের মধ্যে লোকতান্ত্রিক ব্যবস্থার প্রতি বিশ্বাস আর সম্মান জাগৃত হবে।

8. বাচ্ছাদের স্কুল-জীবনে স্কাউটস্, এন. সি. সি., বাল-সভা, সমাজসেবা ইত্যাদি সংস্থাতে সক্রিয় সদস্যতা দিন। এই সংস্থা সংক্রান্ত গতিবিধিতে অংশ গ্রহণ করার জন্য উৎসাহিত করুন। সমারোহ, ভোজ ইত্যাদির আয়োজন করুন। বাচ্ছাদের অতিরিক্ত শক্তি, প্রতিভা আর যোগ্যতার সঠিক কাজে লাগান। এরজন্য তাদের শ্রমসাধ্য কার্য, ব্যায়াম, যোগ ইত্যাদি নিয়মিত অভ্যাস করান।

গোলাপকে তার সৌন্দর্য্যের জন্য সহ্য করা হয়, যেখানে তার মধ্যে কর্কশ কাঁটাও থাকে।

—বীরেন্দ্রকুমার জৈন

ফ্যাশন, বেয়াড়াপনা আর বিকৃত মনোরঞ্জন

আধুনিক হয়ে ওঠার হুড়োহুড়িতে ছেলে-মেয়েরা নিত্য নতুন নতুন ফ্যাশনের কাপড় পরে পাশ্চাত্য জীবনশৈলীর মৃগ-তৃষ্ণাতে এমনভাবে হারিয়ে যাচ্ছে যে তারা তাদের লক্ষ্যও ভুলে যাচ্ছে। আওয়ারাগিরি আর উগ্র মনোরঞ্জনের ফলে তারা কোনও জায়গায় স্থান পায় না। অশ্লীল সাহিত্য, গ্ল্যামারের আকর্ষণ আর অশ্লীল কথাবার্তা তাদের এমন বিগড়ে দেয় যে তারা শারীরিক ও মানসিক দু'ই রূপেই পঞ্জু আর কুণ্ঠিত হয়ে যায়।

আধুনিক হয়ে ওঠার তাগিদে স্বচ্ছন্দ নাচ, গান নিয়ম আর কানুনকে ভাঙ্গা, অনৈতিক সম্বন্ধকে বাড়িয়ে তোলা ইত্যাদি এমন ব্যবহার, যাকে ফ্যাশানের নামে অনেক ছেলে-মেয়েরা আপন করে নিচ্ছে। এই ধরনের ব্যবহারের সামাজিক ও পরিবারে না কোনো স্থান আছে,আর না ব্যক্তিগতভাবে ছেলেমেয়েদের চিন্তাভাবনাতে কোনো ভালো পরিবর্তন আসে। বাস্তবে ফ্যাশান-এর নামে ছেলেরা যাই ব্যবহার করে, তাতে তাদের চিন্তা-ভাবনাতে বিকৃতি আসে। এধরনের চিন্তা-ভাবনা ছেলেদের পরিবার থেকে দূরে সরিয়ে দেয়। তারা জুয়াখেলা, সিগারেট খাওয়া আর মদ খাওয়া ইত্যাদি খারাপ অভ্যাস শিখতে থাকে। আর আস্তে আস্তে এই অভ্যাস তাদের জীবনের অঙ্গা হয়ে ওঠে।

ফ্যাশন, আওয়ারাগিরি আর মনোরঞ্জনের নামে পরিবেশিত অশ্লীলতা, উচ্ছৃঙ্খলতাকে সংস্কৃতির যে নাম দেওয়া যাক না কেন, এটা সত্য যে এই ব্যবহারই

সন্তানদের অবাধ্য ও উচ্ছৃঙ্খল করে তুলতে সাহায্য করছে। হোটেল এবং ক্লাবের এই উলঙ্গ নৃত্য এখন ছেলেমেয়েদের কাছ থেকে এইজন্য লুকনো যায় না যে তারা সেটা কোথাও না কোথাও এধরনের কার্য-কলাপ গ্রহণ করছে।

ফ্যাশান আর প্রদর্শনের নাম দেখানো, অন্যকে উস্‌কিয়ে দেওয়ার উপযুক্ত পোশাক-পরিচ্ছদ, ক্ষমতার অতিরিক্ত খরচ, অন্যের দেখাদেখি হাটডিস্ক নেওয়া, ফাস্ট ফুড খাওয়া এবং মনোরঞ্জনের নামে উত্তেজক নাচ-গান ইত্যাদি এমন আচরণ, যা শীঘ্রই ছেলেমেয়েদের আকর্ষণ করতে থাকে। মধ্যবিত্ত ঘরের ছেলেমেয়েরা যখন বড়ো ঘরে গিয়ে এধরনের ঐশ্বর্য্যের আড়ম্বরপূর্ণ জীবন-যাপন দেখে, তখন তারা তাদের অভাবগ্রস্ত জীবনকে শুধু দোষারোপই করে না, তাদের নিজের আত্মহীনতার ওপর রাগও হয়। অবসাদগ্রস্ততাও বাড়ে। ফ্যাশানের এই চাকচিক্য তাকে পথ-ভ্রষ্ট করে দেয়। সাথে এই ব্যবস্থার প্রতি বিদ্রোহী, পলায়ন-মনোভাবাপন্ন আর কুণ্ঠাগ্রস্তও হয়ে ওঠে।

আওয়ারাগিরি—

লক্ষ্যচ্যুত, লেখা-পড়াতে পিছিয়ে পড়া, সাধনহীন অধিকাংশ ছেলেরা রাস্তাতে আওয়ারাগিরি করে ঘুরে বেড়াচ্ছে, এই সময়ের জন্য এটা সবচেয়ে বড়ো সমস্যা। এধরনের ছেলেদের না ঘরে কোনো কাজ থাকে না ঘরের বাইরে। এধরনের আওয়ারাগিরি করা ছেলেদের অবস্থা গাছ থেকে ঝরে পড়া পাতার মতো হয়। নিজের নিজের আর্থিক যোগ্যতা তার মানসিক স্তরের এইসব ছেলেরা অনেক ধরনের ক্রিয়া কলাপে যুক্ত হয়ে নিজেদের সময় নিজেদের হিসাবে ব্যতীত করে। এদের না স্কুলে যাওয়ার চিন্তা না হোমওয়ার্ক করার চিন্তা না সময়ের বাধ্যকতা না অভিভাবকদের শাসনের ভয়। ব্যস্, স্বাধীনতা, শুধুই স্বাধীনতা। উন্মুক্ত জীবন, লক্ষ্যহীন চিন্তা-ভাবনা। এদের অধিকাংশ সময় নিজেদের অন্য সাথীদের সাথে নিরুদ্দেশভাবে ঘুরতে ফিরতেই কেটে যায়। এধরনের ছেলেরা নিজেদের সময় হোটেল, সিনেমা বা ভিডিও গেমস-এর দোকানে, চায়ের দোকানে, ধূমপান, তামাক, গুটখা ইত্যাদি খেয়ে অতিবাহিত করে। এদের সঙ্গী-সাথীদের ভুল-সঙ্গের দ্বারা অন্য অনেক ধরনের খারাপ অভ্যাসও হয়ে যায়।

আওয়ারাগিরি করা বাচ্ছাদের পকেট-খরচও বেড়ে যায়, যার পূরণের জন্য তারা মিথ্যার আশ্রয়ও নিতে শিখে যায়। স্কুলে ফিজ্ জমা না দেওয়া, দোকান থেকে পয়সা চুরি করা, বাড়ীতে বড়োদের পকেট থেকে টাকা চুরি করা, আর পরে

বাইরের লোকেরও পকেট কাটা শিখে যায়। যাদের মদ অথবা ড্রাগের নেশা হয়ে যায় তারা ঘরের জিনিস-পত্রও বিক্রি করে দেয়। যখন এদের হাতে বেশ কিছু টাকা এসে যায় তখন তারা ঘর থেকে পালাতেও সঙ্কোচ করে না। গ্রামের ছেলেরা শহরের দিকে, শহরের ছেলেরা মহানগরীর দিকে পলায়ন করতে থাকে।

যে অভিভাবকরা এইসব বাচ্ছাদের সামান্যতমও সময় দিতে পারেনা, তাদের স্কুলের এবং নিজের প্রয়োজনীয়তার সাথে পরিচিত হওয়ার চেস্টা করেনা। চাকরীজীবী মহিলারা সকাল থেকে সন্ধ্যা পর্যন্ত কাজে এমন ব্যস্ত থাকে যে তার বাচ্ছাদের জন্য, বিশেষ করে কিশোর বাচ্ছাদের জন্য সামান্য সময়ও থাকে না। স্কুল-পালানো এইসব বাচ্ছাদের প্রতি শিক্ষকদেরও কোনো আগ্রহ থাকেনা। এধরনের বাচ্ছারা শীঘ্রই মন্দ-লোকের সাথে সম্পর্ক গড়ে তোলে। এই মন্দ-সম্পর্ক এমন কিছু অসামাজিক ব্যাপারে হতে পারে বা বাচ্ছাদের অপরাধিক কাজ, মাদক পদার্থের বিক্রি বা রাজনৈতিক স্বার্থের পূর্তির জন্য করা হয়। এতে তারা অপরাধের এতই বিজ্ঞতা অর্জন করে ফেলে যে তারা আইন ব্যবস্থার জন্য সমস্যা সৃষ্টি করতে থাকে। তারা নিজের বর্তমান ও ভবিষ্যতকে নষ্ট করে দেয়। আওয়ারাগিরি করা এইসব বাচ্ছারা অভিভাবকদের জন্যও এতই বেশী সমস্যা সৃষ্টি করে দেয় যে অভিভাবকরাও তাদের কাছ থেকে রেহাই পেতে চায়।

উগ্র মনোরঞ্জন—

রাস্তা, গলি আর স্কুল-কলেজের পরিসরের অনেক ছেলেরা নিজেদের সময় শ্রেণীতে লেখা-পড়া করে নয়, বরং ভুল উপায়ে মনোরঞ্জন করে কাটানো নিজের ঐতিহ্য মনে করে। এই চিন্তা আমাদের যুবক সম্প্রদায়কে লক্ষ্য-ভ্রষ্ট করে দিচ্ছে। শুধু এটাই নয়, মনোরঞ্জনের এমন এমন সব উপায় অবলম্বন করছে যা এই ছেলেদের মানসিকতাকে তো কামুক করে তুলছেই সাথে সাথে তাদের শারীরিকভাবেও ক্ষীণ করে দিচ্ছে। ভুল-মনোরঞ্জন আর যৌন ভাবনার এই উগ্র ব্যবহার করে 'সেক্স-অন্-লাইন'-এর সুবিধা, যা পয়সার লোভে কিছু দেশী-বিদেশী কোম্পানি যুবকদের নিজেদের জালে ফেলে চরিত্রহীনতার কুচক্র চালাচ্ছে।

ফোনে সেক্সী কথাবার্তা বলাকে স্কেটোলোবিয়া বলা হয়। উগ্র-মনোরঞ্জনের এই উপায় ছোটো বড়ো সব শহরেই সুলভ। সেই অনুসারে এই কোম্পানিরা বিভিন্ন পত্র-পত্রিকাতে বিজ্ঞাপন দিয়ে যুবকদের আকর্ষিত করে। এই বিজ্ঞাপনে এধরনের কিছু উত্তেজক চিত্র প্রকাশিত হয়, যা দেখে ছেলে-মেয়েরা এই বিজ্ঞাপনের দিকে

আকর্ষিত হয়। বিজ্ঞাপনের সরস ভাষা, বিজ্ঞাপনে ছাপা কোনো রূপসীর ছবি, কথাবলার সময় তার মাদকতাপূর্ণ চোখ, আকর্ষক 'পোস্টার'-এর বসা মেয়ে ইত্যাদি বিজ্ঞাপনের নামে মেয়েদের এই উগ্র-মনোরঞ্জন দেওয়ার এক এমন কুচক্র আছে, যাকে বিষের পুরিয়া বলা যায়। এই বিজ্ঞাপন আর এইসব কথাবার্তাতে ফেসে গিয়ে যেখানে ছেলেমেয়েদের চারিত্রিক পতন ঘটছে, সেখানেই তাদের আর্থিক শোষণও হতে থাকছে। কখনো কখনো এই কুচক্রে জড়িয়ে যাওয়া ছেলেমেয়েদের ব্ল্যাকমেলও করা হয়। এইসব অবস্থায় জড়িয়ে পড়া ছেলেরা নেশাতে অভ্যস্ত হয়ে যায় আর যেমন এই নেশা ছাড়ানো কঠিন হয়ে ওঠে তেমনি উগ্র-মনোরঞ্জনের অভ্যাসও ছাড়ানো কঠিন হয়ে যায়।

যেখানে 'সেক্সী-কন্‌ফসিয়াস', 'ওয়াইল্ড-ফ্যান্টাসি', 'শেয়ার মাই রোমান্টিক ড্রীমস্', 'মাই সিক্রেট এ্যাডভেঞ্চার'-এর ধরনের অশ্লীল এবং উত্তেজক কথা শুনে ছেলেরা অনেক প্রকারের মনোরোগের দ্বারা আক্রান্ত হয়ে পড়ে আর এইসব কথা শোনার জন্য এত আগ্রহী থাকে যেমন নেশার বস্তু না পেলে নেশাখোররা ছটফট করে।

যেখানে এইধরনের সেক্সী কথাবার্তা বলার ব্যবসা সারা দুনিয়াতে ফুলে-ফেঁপে উঠেছে। যেমন—পামেলা, ডায়না, রোজী, হেলেন ইত্যাদি কাল্পনিক নামের মেয়েরা ছেলেদের সাথে অশ্লীল কথা বলে তাকে এত উত্তেজিত করে দেয় যে সেই ছেলেটি যৌন সম্বন্ধী 'অসামান্য' ব্যবহার করতে বাধ্য হয়ে যায়। মনোরোগ সম্বন্ধীয় দিল্লীর একজন ডা. অরুণ গুপ্তার মত হল—এধরনের ছেলেরা শীঘ্রই সেক্স সংক্রান্ত অসুখের দ্বারা পীড়িত হতে থাকে। আর সামান্য হয়ে দেখা দিলেও সেটা অসামান্য রূপ নিতে থাকে।

স্কুলের বাচ্ছাদের মধ্যে মানসিক চিন্তা-ভাবনাতে যৌন-বিকৃতি বৃদ্ধির গ্রাফ আজকের সমাজবিজ্ঞানীদের কাছে সবচেয়ে বড়ো চিন্তার বিষয়। কারণ যৌন-ভাবনা জাগিয়ে তোলার মতো সামগ্রী সমাজে প্রচুর পরিমাণে সহজলভ্য। দ্বিঅর্থী ফিল্মী সংবাদ, ফিল্মী গান, অশ্লীল সাহিত্য, অশ্লীল পত্র-পত্রিকা সমস্ত জায়গাতেই সহজেই পাওয়া যায়। কম্পিউটারে শিক্ষা দিয়ে যে অভিভাবকরা তাদের সন্তানদের বিল গেটস্ করে তুলতে চাইছেন তাদেরও এই সত্যতার জ্ঞান নেই যে, তাদের বাচ্ছারা কম্পিউটারেই তাদের মানসিক বিকৃতিকে আপন করে নিচ্ছে, যা তাদের বিগড়ে দিচ্ছে, অবাধ্য করে তুলছে। কম্পিউটার আধুনিক যুগের তথ্যাবস্থার এক গুরুত্বপূর্ণ যন্ত্র। আজ কম্পিউটার বিজ্ঞানী সারা দুনিয়াতে ছড়িয়ে আছে। অতএব এর সাকারাত্মক প্রয়োগ হোক।

এটা সত্য যে, গ্ল্যামারপূর্ণ জীবনযাত্রা ও চাকচিক্যপূর্ণ জীবনশৈলী ছেলেমেয়েদের এত বেশী প্রভাবিত করেছে যে তারা জীবনের সত্যতাকেই মিথ্যা করে দিয়েছে। পরিণাম স্বরূপ নিজেরাতো ঠকছেই, অন্যদেরও টগাতে পিছিয়ে থাকছে না। এই কাজে তাদের কোনো ভালো-মন্দের খেয়াল থাকে না। সত্য এটা যে শিশুকালের সীমা পার করে যুবক হওয়ার আগ্রহ ও শীঘ্রতাই বাচ্ছাদের বিগড়ে যাওয়ার, অবাধ্য হওয়ার কারণ।

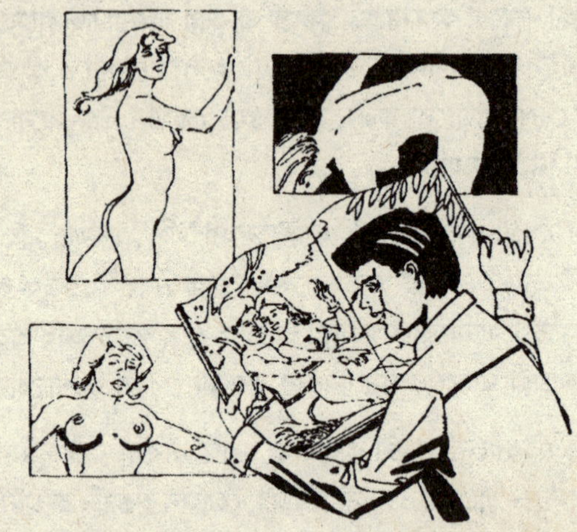

আওয়াগিরি, উগ্র-মনোরঞ্জনের সম্বন্ধে অভিভাবকদের জাগ্রত থাকা আবশ্যক। সেটা সন্তানদের যেমন বিগড়ানো থেকে বাঁচাবে, আবার সেই সন্তানরা তাদের ভবিষ্যত সম্বন্ধেও জাগরুক হবে।

সমাধান—

1. ফ্যাশানের নামে বাচ্ছাদের উত্তেজক পোশাক পরতে দেবেন না। শরীর দেখানো, গায়ে আঁটসাঁট বস্ত্র যৌনভাবনাকে উস্‌কে দেয়।

2. ব্যবহারিক জীবনে সামান্য শিষ্টাচার পালন করান। বাচ্ছাদের উঠতে, বসতে, খেলতে, কথা বলতে, পরিচয় দিতে—ইত্যাদিতে শিষ্টাচার আর শালীনতার দিকে লক্ষ্য রাখুন।

3. আধুনিকতার নামে মদ, জুয়া, ধূমপান ইত্যাদির ব্যবহার অভ্যাস করাবেন না। বাচ্ছাদের সামনে এধরনের আচরণ করে তাদের এগুলি করার জন্য স্বীকৃতি দেবেন না।

4. নিজের সময়কে সর্বোত্তম কাজে ব্যবহার করুন এবং বাচ্ছাদেরকেও তাদের সময়কে সঠিক কাজে লাগাতে বলুন।

5. নিজের ঘর, নিজের বৈঠকখানাতে, নিজের জিনিসপত্র এমন সুন্দরভাবে রাখা অভ্যাস করুন যার বৈশিষ্ট্যতা দেখা যায় আর বাচ্ছাদের অভিরুচি গৃহ-সজ্জাতে বিকশিত হয় এবং এই সজ্জাতে তার মৌলিক সত্তাকে দেখতে পায়।

6. অশ্লীল সাহিত্য, কথাবার্তা, কামুক দৃশ্য থেকে দুরে রাখার জন্য বাচ্ছাদের প্রাকৃতিক দৃশ্য আর সুন্দর চিত্র দেখতে, তাকে আঁকার ইচ্ছা জাগিয়ে তুলুন।

7. এই সত্যতাকে জানুন যে গ্ল্যামারপূর্ণ জীবন-যাপনের ইচ্ছা যদি নিজের শিক্ষার পবিত্রতার সঙ্গো না যুক্ত করেন, তো সেই জীবন ছেলেদের নরকপূর্ণ জীবন ছাড়া আর কিছুই দিতে পারে না। সেজন্য শিক্ষার পবিত্রতাকে জীবনের অনিবার্য অঙ্গা করে তুলুন।

8. ফ্যাশান আর গ্ল্যামারের আকর্ষণ মানসিক সংকীর্ণতার চিন্তা-ভাবনা, সেজন্য এর পিছনে দৌড়বেন না। এটা আপনাকে কখনো না বদলানোর এক ফ্যাশান। সেজন্য এই সত্যকে স্বীকার করুন আর সর্বদা সাদাসিধে, সরল জীবন আর উচ্চ চিন্তা-ভাবনাকে গ্রহণ করুন।

9. মনোরঞ্জনের জন্য খেলাধূলা, ব্যায়াম, খবরের কাগজ পড়া, ধার্মিক পুস্তক পাঠ আর খোঁজ-খবর একত্রিত করা ইত্যাদি অভ্যাসকে গ্রহণ করুন। যাকে গ্রহণ করে আপনি আপনার সময়কে সদ্‌ব্যবহার করতে পারেন। জ্ঞান-বিজ্ঞানের নতুন নতুন কথা জানতে পারবেন।

10. যে চিন্তা-ভাবনা, ব্যবহার আর অভ্যাস ভুল, তার পরিণতি কীভাবে ভালো হতে পারে? অতএব মনোরঞ্জনের নামে এধরনের ব্যবহারকে গ্রহণ করবেন না, যা আপনি সবার সামনে তুলে ধরতে লজ্জিত হবেন, মুখ লুকোবেন।

> ***নতুন প্রজন্মও নিজেদের ভবিষ্যত প্রজন্মকে উপহারে সেই সব কিছুই দেবে, যা তার নিজের পূর্ববর্তীদের কাছ থেকে প্রাপ্ত হবে।***
>
> **—দীপক পুরোহিত**

যৌনাকর্ষণ অন্তঃস্রাবী গ্রন্থিতে পরিবর্তন

বাল্যকাল ও কিশোরাবস্থার সন্ধিকালই যৌনাকর্ষণের কাল হয়। এই অবস্থাতে অন্তঃস্রাবী গ্রন্থিরা সক্রিয় হয়ে কিশোর মনের ভাবনাকে কেবল উত্তেজিতই করে না আনন্দিতও করতে থাকে এবং নিজের মধ্যে থাকা শারীরিক আর মানসিক পরিবর্তনের প্রতি জিজ্ঞাসাও তাদের উৎসুক করে তোলে। অন্তঃস্রাবী গ্রন্থির প্রভাবের কারণে যুবক মনে নিজের যৌন অঙ্গের স্পর্শ করার চাহিদা উৎপন্ন হয়, আর স্পর্শ সুখ থেকে পাওয়া আনন্দানুভূতি তাকে সর্বদা তার দিকে আকর্ষিত করতে থাকে। অন্তঃস্রাবী গ্রন্থিদের এই প্রভাব আর যৌন বিকার কিশোরদের মধ্যে যৌন সমস্যার সৃষ্টি করে।

নির্জনতার বিপদ—

মনোবিজ্ঞানী, মনোচিকিৎসকদের মতে নির্জনতার মুহূর্তে অন্তঃস্রাবী গ্রন্থিরা সক্রিয় হয়ে ওঠে। আর ছেলেমেয়েদের মনে রোমাঞ্চকারী, অদ্ভূত, অনাস্বাদিত অতি উৎসাহজনক কাজ করার ইচ্ছা জেগে ওঠে। সেই মুহূর্তে তার মনে বিপরীত সেক্সের প্রতি কল্পনা সাকার হতে থাকে। আর সে তার মনে চেপে রাখা ইচ্ছাকে পূরণ করার জন্য চিন্তা করে। যদি সেই মুহূর্তে সে নির্জনতা পায় এবং বন্ধু ইত্যাদির কাছ থেকে কোনো প্রকারের উৎসাহ পায় তো তার মধ্যে সামাজিকতার নৈতিক দায়বদ্ধতা আলগা হতে থাকে। সেজন্য যৌন সংক্রান্ত অধিকাংশ সাধারণ, অসাধারণ ঘটনা এই নির্জনতার ক্ষণে ঘটে থাকে।

সেজন্য ছেলেদের বেশী সময় পর্যন্ত নির্জনে থাকতে দেবেন না। নির্জনে থাকা, শোওয়া, বসা, পড়ার অর্থ এই যে—তার মস্তিষ্কে অন্তঃস্রাবী গ্রন্থিরা সোজাসুজি প্রভাব ফেলে, আর এই নির্জনতা পেয়েই তারা কিছু না কিছু অসাধারণ ব্যবহার নিশ্চয়ই করবে।

হস্তমৈথুন—

উগ্র মনোরঞ্জনের, অশ্লীল সাহিত্যের অধ্যয়ন, উত্তেজক ফিল্মী দৃশ্য, দ্বিঅর্থী সংবাদ শোনা, বোঝার ফলে কিশোরদের যৌন-ভাবনাকে উত্তেজক করার কারণে তারা তাদের যৌনঅঙ্গাকে স্পর্শ করতে থাকে। এই ক্রিয়াকে ইংরাজীতে মাস্টরবেসন (Masterbation) বলা হয়। উত্তেজক যৌন অঙ্গাকে নিজের হাতে-নাড়ানো ও ঘর্ষণ সৃষ্টি করে বীর্যপাত করাকে হস্তমৈথুন বলা হয়। সাধারণত কিশোরাবস্থার শুরু হওয়ার সাথে সাথেই অন্তঃস্রাবী গ্রন্থিরা সক্রিয় হয়ে শুক্রাশয়ে স্রাব ভরার প্রক্রিয়া আরম্ভ করে দেয়, পুরুষ হরমোন বিকশিত হতে থাকে, সেজন্য স্বাভাবিকভাবেই যৌনাঙ্গাতে উত্তেজনা আসতে শুরু হয়। তারা উত্তেজক কথা বলে, বিপরীত সেক্সের অঙ্গোর কল্পনা করে বা যৌন ক্রীড়া করতে এগিয়ে যায়। সেজন্য বাচ্ছারা নিজেদের মধ্যে এব্যাপারে আনন্দলাভ করতে থাকে। হস্তমৈথুনের দ্বারা কিছুক্ষণের জন্য রোমাঞ্চ, উত্তেজনা আর মাদকতা অনুভব প্রাপ্ত করে, সেই আনন্দময় অনুভব থেকে ছেলেরা পরে নিজেকে হালকা অনুভব করে। এই প্রাকৃতিক নিয়মে আমাদের মনে যে বিচার-বিবেচনা বা ভাব একবার এসে যায়, তার বার বার পুনরাবৃত্তি করার ফলে মনে সন্তুষ্টি অনুভব করে আর এই ক্রিয়া ভবিষ্যতে অভ্যাস হয়ে যায়। অভ্যাস যতই হানিকর অথবা ভুল হোক না কেন সহজে তা ত্যাগ করা যায় না।

হস্তমৈথুনের ব্যাপারে অনেক প্রকারের ভুল ধারনা লোকের মাধ্যমে এমনভাবে প্রচার করা উচিত যাতে ছেলেদের মধ্যে এধরনের অভ্যাস গড়ে না ওঠে অথবা তারা এধরনের আচরণ না করে। একটা ভুল ধারনা এটাও যে এক বিন্দু বীর্য নির্মাণ হতে 100 ফোঁটা রক্তের সমান শক্তির প্রয়োগ করতে হয়। যদি এক বিন্দু বীর্য নষ্ট হয় তো 100 বিন্দু রক্তেরও ক্ষতি হয়। বীর্য শরীরের রাজা। সেজন্য তাকে সাবধানে রাখা উচিত। হস্তমৈথুন করার ফলে অনেক রোগ সৃষ্টি হয়ে যায়। এরকমও বলা হয় যে এসবের পিছনে একটাই উদ্দেশ্য যে ছেলেরা এধরনের ক্রিয়ার প্রতি হতোৎসাহিত হোক। যেখানে বৈজ্ঞানিকদের মতে হস্তমৈথুন একটা সাধারণ ব্যাপার। আর এতে কোনো ভয়ানক পরিণাম কিছু হয় না, যতটা সমাজে প্রতিফলিত আছে।

এটা আলাদা কথা যে যদি কেউ অসামান্য কাজ দীর্ঘকাল ধরে করতে থাকে তাহলে তার দুষ্প্রভাব স্বাভাবিকভাবেই হবে। আর যৌনাঙ্গ তো শরীরের অত্যন্ত সংবেদনশীল অঙ্গ। সেজন্য এই ধরনের ক্রিয়া করার ফলে তাতে শিথিলতা, শীঘ্রপতনের অবস্থার সৃষ্টি হয়। সেজন্য কিশোরাবস্থা প্রাপ্ত ছেলেমেয়েদের এই হানিকর ক্রিয়ার প্রতি সাবধানতা-তো গ্রহণ করা উচিত।

সাবধানতা—

ভুল-সঙ্গ অথবা ক্ষণিকের আনন্দের জন্য কোন ছেলেমেয়েরা যদি এধরনের কাজ করতে থাকে, আর দৃঢ় ইচ্ছাশক্তি, নিয়ম-সংযমের মাধ্যমে এই অভ্যাস ত্যাগ করতে পারে, তাহলে তার জীবন সহজ হয়ে যাবে। সেজন্য এব্যাপারে বাচ্ছাদের খাওয়া-দাওয়া, আর নৈতিকতার ওপর বিশেষ নজর দিতে হবে। তৈলাক্ত ও ভারী খাবার না দিয়ে তাকে পুষ্টিকর খাদ্য দিন। সারাদিনের তালিকা তৈরী করুন। এব্যাপারে দুশ্চিন্তাগ্রস্ত হওয়ার কোনো কারণ নেই, আর কোন হাকিম-বৈদ্য থেকে ওষুধপত্র খাওয়ারও প্রয়োজন নেই।

হস্তমৈথুন থেকে বাঁচার জন্য কামুক দৃশ্য, কামুক ভাব-ভঙ্গিমা, হাসি-মজাক, হুটোপুটি, লুকিয়ে এমন কোনো দৃশ্য না দেখা যাতে কামোত্তোজনা উৎপন্ন হয়। দ্বিঅর্থী কথাবার্তা, অশ্লীল ছবি তৈরী করা ও দেখা, যুবতিদের অর্ধ-উলঙ্গ ছবি দেখা বা স্পর্শ করা ইত্যাদি ব্যবহার থেকে দূরে থাকুন। বাস অথবা ট্রেনে কিছু যুবক বা ছেলে জেনে-শুনে এমন কিছু ক্রিয়া-কলাপ করার চেস্টা করে যাতে অশ্লীলতা প্রকট হয়ে ওঠে আর যৌন-ভাবনা জেগে ওঠে।

যদি ছেলেমেয়েদের এধরনের কাজ থেকে দূরে রাখা যায়, তাহলে হস্তমৈথুনের চিন্তা মনে আসেই না। সেজন্য এ বিষয়ে অন্য সব উপায়ের অপেক্ষা সাবধানতাই বেশী সফল উপায়।

মেয়েদেরও এই সত্যকে জানা উচিত যে যৌন-সন্তুষ্টির এই উপায় অস্বাভাবিক, অপ্রাকৃতিক আর আত্মহীনতা প্রদান করে। এই উপায় গ্রহণ করে নিজের পায়ে নিজে কুড়ুল মারার মতো। সময় থাকতে থাকতে নিজের চিন্তা-ভাবনাকে সুস্থ্য আর চিন্তাশীল করে তুলুন।

সমলিঙ্গা-মৈথুন—

ছেলেমেয়েদের মধ্যে নিজেদের যৌন-ভাবনা অথবা যৌন উত্তেজনাতে শান্ত করার জন্য সমলিঙ্গাও এক অপ্রাকৃতিক উপায়। এই উপায় অনুচিত, অন্যায়,

আধারহীন। এটা কখনোই সমাজ মেনে নেয় না। এটা বিবাহের বয়স পার হয়ে গেলে অথবা অতৃপ্ত যৌন-ভাবনার অভিব্যক্তির জন্য ছেলেমেয়েরা নিজেদের সমান লিঙ্গের সাথে করে। এই ব্যবাহারের কোনো বৈজ্ঞানিক অথবা শারীরিক আধার নেই। অতএব যতক্ষণ পারা যায় ছেলেমেয়েদের এর থেকে বাঁচা উচিত। হোস্টেলে থাকা ছেলেমেয়েদের বিশেষ করে এব্যাপারে বেশী সাবধানতা গ্রহণ করা উচিত। কারণ বেশীরভাগ বড় ছেলেমেয়েরা তাদের থেকে ছোটো ছেলেমেয়েদের সাথে এধরনের সম্পর্ক তাদের ধমকিয়ে বা ভয় দেখিয়ে করতে থাকে। যখন কেউ এধরনের ব্যবহার করতে থাকে তখন আর একজনের সেটা ভালো লাগতে থাকে আর সে অভ্যস্থ হয়ে পড়ে। অতএব সদাচারণের শিক্ষা দিয়ে বাচ্ছাদের এই কুকার্য থেকে রক্ষা করুন।

গার্লফ্রেন্ড আর বয়ফ্রেন্ডের মানসিকতা—

স্বাধীনতা আর সমান অধিকারের হাওয়া ছেলেমেয়েদের এমনভাবে লেগেছে যে আধুনিকতার অর্থ মানেই গার্লফ্রেন্ড আর বয়ফ্রেন্ড থাকা। এমনকি ছেলেমেয়েরা নিজেদের ততটাই বেশী আধুনিক মনে করে যাদের যত বেশী গার্লফ্রেন্ড আর বয়ফ্রেন্ড আছে সেই হিসাবে।

কাঁচা বয়সের এই সম্বন্ধ না জানে বন্ধুত্বের অর্থ না বোঝে এই সম্বন্ধের গভীরতা। শুধু ছেলেমেয়েদের বন্ধু হওয়া, তার সাথে কথা বলা, তার ভাবনাতে ভাসিয়ে দিয়ে তার চিন্তা-ভাবনার লাভ গ্রহণ করা আর সুযোগ বুঝে তার সাথে শারীরিক সম্পর্ক তৈরী করা এক সাধারণ উপায়। আর্থিক-সম্পন্ন পরিবারে ছেলেমেয়েরা তো নিজের গার্ল-ফ্রেন্ড আর তার বয়ফ্রেন্ডকে ব্যবহার করে একটা বস্তুর মতো, যে তারা যখন খুশি সেটা কিনতে পারে আর যখন খুশি তার ব্যবহার ছাড়তে পারে।

আধুনিক প্রগতিশীল সমাজের এটা এক কঠিন সত্য। সেজন্য অভিভাবকদের, এমনকি ছেলেমেয়েদেরও এই সত্যকে স্বীকার করতে হবে যে--এই ধরনের সম্বন্ধের প্রতি সাবধান থাকুন আর সন্দিগ্ধ চরিত্রের ছেলেমেয়েদের থেকে দূরে থাকুন। যারা সুযোগ পেলেই নিজেদের গার্লফ্রেন্ডকে পার্কে কিংবা নির্জন জায়গায় নিয়ে যেতে চায় আর তখন কথায় কথায় 'কিস' করতে বাধ্য করে।

সাবধান—

1. হস্তমৈথুনের ব্যবহারকে সহজ, সরল, সামান্য আর স্বাভাবিক ক্রিয়া মনে করুন এবং এরজন্য ছেলেদের অপমানিত করবেন না।

2. ছেলেমেয়েদের বন্ধুত্বের সম্বন্ধকে কখনোই সাধারণ মনে করবেন না। অমর্যাদার ব্যবহারকে হতোৎসাহিত অবশ্যই করুন।

3. সম-লিঙ্গ সম্পর্ককে মনোরোগ মনে করে তার ব্যবহারিক উপায় করুন। ছেলেমেয়েদের উপযুক্ত সময়ে তাদের বিবাহ দিন।

4. ছেলেদের আওয়ারাগিরি থেকে বাঁচানোর জন্য কোনো কাজে লাগিয়ে দিন। তাদের প্রতিভা আর অতিরিক্ত শক্তির প্রয়োগ কোনো গঠনমূলক কাজে করুন। এধরনের কাজ যতই শ্রমসাধ্য হোক না কেন সন্তানদের শক্তির সদ্‌প্রয়োগ হয়ে থাকে।

5. বাচ্ছাদের বোঝান তারা যেন এধরনের গার্লফ্রেন্ড বা বয়-ফ্রেন্ডের থেকে দূরে থাকে। যারা একে অপরের থেকে শারীরিক সম্পর্কের আশা করে। এই ধরনের বন্ধু একে অপরকে পাওয়া হয়ে গেলেই তার থেকে মুখ ফিরিয়ে নেয়।

6. কিশোরাবস্থা ক্যারিয়ার নির্মাণ আর চরিত্র-নির্মাণের হয়ে থাকে। সেজন্য প্রেম-সংক্রান্ত এধরনের ভাবনা-চিন্তা বাড়তে দেবেন না যা বাচ্ছাদের নিরাশার অন্ধকারে ঠেলে দেয়। বাচ্ছাদের বদলা নেওয়ার ভাবনা থেকেও বাঁচান, কারণ প্রতিশোধের এই ভাবনা কাউকে সুখী করতে পারে না।

7. গার্লফ্রেন্ড অথবা বয়ফ্রেন্ডের প্রতি দূষিত ও প্রতিশোধী বাচ্ছাদের বোঝান যে এই চিন্তা মনে না আনে। একে অপরের কাজে যেন বড়ো-বড়ো আশা না করে। বদলা নেওয়ার হিংস্র অথবা ক্রুর ভাবনা বাচ্ছাদের অবাধ্য করে তোলে, বিগড়ে দেয়, সেজন্য একে কোনোভাবেই উৎসাহিত করবেন না।

8. যদি কোনো দুর্বলতা বা ভ্রমের কারণে ছেলেমেয়েরা একে অপরের কাছ থেকে কোনো অপ্রিয় বোঝাপড়া করে নেয়, তবে সময় মতো সত্যতাকে স্বীকার করে নিজের অবস্থাকে সামলানো আর অনুচিত বোঝাপড়া থেকে মুক্ত হতে চেষ্টা করুন।

9. যৌন-ভাবনার ওপর নিয়ন্ত্রণ রাখার জন্য বাচ্ছাদের সর্বদা অশ্লীল সাহিত্য, অশ্লীল বিচার-বিবেচনা, দৃশ্য আর কামুক ছবি থেকে দূরে রাখুন। সর্বদা নিজের চিন্তা-ভাবনাকে ধর্ম এবং আদর্শের সাথে যুক্ত করুন।

10. কারোর দুর্বলতা থেকে সুবিধা নেওয়ার মানসিকতা ত্যাগ করুন। এটা খুবই নীচু প্রবৃত্তি যা ধীরে ধীরে অপরাধের দিকে নিয়ে যায়।

> *অনেক বড়ো বড়ো অপরাধীরাও মনে করে তাদের সন্তানরা সমাজে একজন ভদ্র, সুস্থ্য আর সাত্যিক ব্যক্তি হিসাবে প্রতিষ্ঠা পান।*
>
> *—নীতি বচন*

বিপজ্জনক নেশাদ্রব্যের আকর্ষণ

জানিনা কেন ছেলেমেয়েদের মধ্যে এই ভ্রম সৃষ্টি হয় যে নেশার দ্বারা দুঃখকে ভোলা যায়। আর এটাই কারণ যে প্রেমে অথবা পরীক্ষাতে অসফল, ঈর্ষার জন্য প্রতিরোধী ভাবনাতে গুটিয়ে থাকা, পারিবারিক অবসাদগ্রস্ততা থেকে মুক্তি আর অন্য আরও এমন সমস্যার সমাধান ছেলেমেয়েরা মদের মধ্যেই খুঁজতে থাকে। সিগারেটের একটানে সমস্ত ভুলে যেতে চায়। যেখানে এটা সত্যি কথা যে নেশা করা ব্যক্তিরা নেশাতেই হারিয়ে যায়, না দুঃখ দূর হয়, আর না সমস্যা। তবে হ্যাঁ, যখন যুবক সম্প্রদায় মদ আর ড্রাগের অন্ধকারে ফেঁসে যায়, তো তাদের স্বাস্থ্য, সম্মান, সম্পত্তি আর সুখ সমস্ত কিছু হারিয়েও এর থেকে বেরোতে পারেনা আর সারাজীবন ছটফট করতে থাকে।

মহানগরী-জীবনশৈলীতে প্রভাবিত তথাকথিত সম্পন্ন ঘরের ছেলেমেয়েরা গ্ল্যামার ভরা জীবন দ্বারা এত বেশী প্রভাবিত হতে থাকে যে তারা একরাতেই ধন-দৌলত, ঐশ্বর্য, সম্মান, নাম এবং আধুনিক জীবনের সুখ-সুবিধা পেয়ে আকাশের উচ্চতাকে ছুঁতে পারবে। গ্ল্যামার ভরা জীবন-যাপন করা আর সমস্ত সুখ-সুবিধা ভোগ করার ইচ্ছার জন্য যুবক-সম্প্রদায় সমস্ত কিছু করতে পারে। তাদের এই চাহিদার সফলতা এজন্য পায়না, কারণ একে প্রাপ্ত করার জন্য ব্যক্তির আশ্চর্য-প্রদীপ চায়, যা এই আধুনিক বৈজ্ঞানিক যুগে সম্ভব নয়। পরিণাম এই হচ্ছে যে যুবকসম্প্রদায় তাদের এই অসফলতাকে লুকোবার জন্য নেশার সাহায্য নেয়, যা যুবক সম্প্রদায়ের জন্য সবথেকে বড়ো অভিশাপ।

ফিল্ম আর ফিল্মী জীবনে প্রভাবিত হওয়া এই যুবকদের এটা ভুল ধারনা যে বড়লোক বা সিনেমা জগতের লোকেদের জীবন এত গ্ল্যামারাস, কারণ তারা নিজেদের তরতাজা রাখার জন্য প্রতিদিন মদ্যপান করে। তাহলে স্কুল-কলেজে পড়া যুবকরা কেন নিজেদের তরতাজা রাখার জন্য তাদের থেকে পিছিয়ে থাকবে?

পরিবার থেকে পাওয়া সংস্কার—

নেশার প্রতি আকর্ষণ বৃদ্ধি হওয়ার এটাই একটা কারণ যে অধিকাংশ মাতা-পিতা বা বন্ধুদের পরিবারের এই মানসিকতা বুঝতে পারেনা। আমি আগে বলেছি যে যুবাবস্থাতে ছেলেমেয়েদের শরীর আর মস্তিষ্ক অত্যন্ত অস্থির অবস্থায় থাকে। জিজ্ঞাসা, উত্তেজনা, উৎসাহ, অনুকরণ ইত্যাদির দ্বারা তারা সকলের দৃষ্টি তার দিকে আকর্ষণ করতে চায়। অতএব অত্যন্ত কল্পনাশীলতার কারণে সে সেইসব কাজকে বেশী করতে চায় যাতে সমাজে তার সম্মান, প্রতিষ্ঠা বাড়ে বা নিজের মধ্যে সেই বড়ো হওয়ার অনুভূতি আসে। অতএব যুবকরা যখন বাড়ীতেই অনেক রাত পর্যন্ত পার্টি হতে দেখে, বড়োদের মদ্য পান করতে দেখে, তো তাদেরও মনে বন্ধু-বান্ধবদের সাথে এধরনের পার্টি করতে চায়, কারণ যুবকমন নিজেদেরকে বড়োদের মতো সম্মানিত আর খুশী দেখতে চায়। সাথে সাথে নিজেকে তরতাজা, স্মার্ট, হি-ম্যান আর সর্বদা জোয়ান বানিয়ে রাখার জন্য যেকোনো কাজ, সেভাবেই হোক না কেন করার জন্য তৈরী থাকে।

বারো-পনেরো বছরের বাচ্ছারা বিড়ি-সিগারেট, তামাক পাউচ ইত্যাদি পর্যন্তই সীমিত থাকে। কিন্তু বয়স বাড়ার সাথে সাথে তাদের সামাজিক সম্পর্কও বাড়তে থাকে আর কল্পনার পাখাও মেলতে থাকে। যদি বাড়ী কিংবা বন্ধু-বান্ধবদের কেউ নেশার দিকে আকৃষ্ট করে, তো সরলতার সঙ্গে সে সেদিকে আকৃষ্ট হতে থাকে। গ্রাম থেকে শহরে আসা ছেলেরা যখন সিগারেট খেতে থাকে, পাউচ খেতে থাকে তখন সে নিজেকে অন্য ছেলেদের থেকে কিছু আলাদা আর বিশিষ্ট মনে করতে থাকে। যেখানেই দু'চার জন বন্ধু একত্রিত হয় তো সে এই বিশিষ্টতার জন্য সে তার 'ঘরে' নিয়ে যায় বা হোস্টেলে নিজের কামরাতে এধরনের পার্টির 'আড্ডা' তৈরী করে। যেমন-যেমন ভাবে ছেলেদের মধ্যে এই ধরনের নেশার জ্ঞান বাড়তে থাকে, তারা নতুন-নতুন অনুভবের 'স্বাদ' নিতে চায়, যা এদের গাঁজা, আফিম, চরস, হেরোইন, কোকেনের মতো সর্বনাশা মাদক পদার্থের দিকে আকৃষ্ট করে আর অবশেষে ড্রাগের নেশাতে ডুবে গিয়ে এই ছেলেরা নিজেদের জীবন সমাপ্ত করে মৃত্যুর দিকে এগিয়ে যায়।

সন্তানদের ওপর নেশার প্রভাব—

জীবনের বাস্তবিকতাকে মিথ্যা করে দেওয়ার মতো আনন্দের অনুভূতি নেশার দ্বারাই হয়ে থাকে। সেজন্য একবার নেশার দিকে আকৃষ্ট হয়ে যাওয়া বাচ্ছা তার দিকেই বার বার আকৃষ্ট হতে থাকে। যে-সমস্ত ছেলেমেয়েরা ভুলবশতঃ ড্রাগের নেশা ধরে ফেলে, তাদের কল্পনা রঙিন হতে থাকে। কল্পনার এই তরঙ্গের কারণে তারা আকাশে উড়তে চায়। এই কল্পনার তরঙ্গ তাদের মস্তিষ্কে এমন চমক ভরে দেয় যে তারা ছাদ থেকে লাফ মেরে হাওয়ায় উড়তে চায়। কিন্তু যখনই নেশার প্রভাব কেটে যায় তখন তার তীব্র আত্মগ্লানি হতে থাকে। তার মৃত্যুর কল্পনা আর অসহনীয় স্নায়ু পীড়া, জীবনের প্রতি ঘৃণা, জীবনে কিছু না করতে পারার গ্লানি ইত্যাদি থেকে তাদের নিজেদের ওপর ঘৃণা হতে থাকে। যেখানে নেশাগ্রস্ত ছেলেমেয়েরা নিজের পায়ে প্রতিষ্ঠিতও হতে পারেনা। কাজেই এই ধরনের বংশের প্রদীপরা কীভাবে বুড়ো বাবা-মায়েদের নির্ভরতা দেবে, তাদের প্রতি দায়িত্ব পালন করবে?

নেশার সবথেকে বেশী প্রভাব ছেলেদের মস্তিষ্কের ওপর পড়ে, মস্তিষ্কের শিরা অত্যন্ত শিথিল হয়ে যায়। তাদের বোঝা-শোনার শক্তিও নষ্ট হয়ে যায়। ব্যক্তির নিজেদের ভালো-মন্দের জ্ঞানও থাকে না। মস্তিষ্কে নেশার গুলি, সাপের বিষ, ইঞ্জেকশান ইত্যাদির দুষ্প্রভাব এমনভাবে ঘিরে ধরে যে, নেশা কম হওয়ার সাথে সাথেই আবার নেশার জোগাড় করতেই তাদের দিন-রাত কেটে যায়। আসল বক্তব্য এটাই যে—নেশা যাই হোক না কেন, মদ অথবা ট্যাবলেট। বিষ বিষই হয়। আর তার প্রভাব ধীরে ধীরে শরীরকে ক্ষীণ করে মৃত্যুর দিকে ঠেলে দেয়।

লক্ষণ—

আপনার সন্তান যদি নেশার দিকে অগ্রসর হতে থাকে, তবে তার উপর সর্বপ্রথমে নিয়ন্ত্রণ আনুন। যদি আপনি বাচ্ছাদের ওপর নিম্নলিখিত পরিবর্তন বা অস্বাভাবিক পরিবর্তন দেখেন তবে বুঝে নেবেন যে সে নেশার দিকে আকৃষ্ট হচ্ছে—

1. যখন বাচ্ছারা আপনার চোখে চোখ রেখে কথা বলতে পারবে না। পরিবারের নিয়ম-কানুনের প্রতি মনোযোগ না দেয়। পকেট-খরচ কীভাবে খরচ করছে সেটা বলতে ইতস্তত করে।

2. যখন সন্তানরা বেশী রাতে বাড়ী ফেরে কিংবা বেশীক্ষণ নিজের বন্ধুদের সাথে থাকে, এমনকি খাওয়ার সময়ও সে বাড়ী আসার ব্যাপারে উদাসীন থাকে।

3. তার খিদে না পায়। তার ঠোঁট মোটা, কালো আর চোখ নিস্তেজ মনে হয়।

4. সন্তানরা বেশীবেলা পর্যন্ত ঘুমিয়ে থাকে। ওঠার পরও সে খিটখিটে থাকে। তার ফ্রেশ হতে সময় লাগে, স্নান, সাজ-গোজে তার কোনো ইচ্ছা না থাকে।

5. ঘরের প্রতি নিজের দায়িত্ব পালনে নিরত থাকে। আর নিজের কাজ করতে সবসময় উদাসীনতা দেখায়।

6. সারাদিন চুপ করে থাকে আর নেশাগ্রস্ত অবস্থায় বেশী কথা বলতে থাকে। তার এই রকমের কথাবার্তাতে সখের কথাবার্তাই বেশী থাকে। এই অবস্থায় সে অতি উৎসাহী হয়ে পড়ে। আর নিজেকে বিশিষ্ট্য ব্যক্তি মনে করতে থাকে।

7. পরিবারে সকলের কাছেই টাকা-পয়সা পাওয়ার আশা করে। ধার চাওয়া বা বাজার থেকে নেওয়া তার অভ্যাস হয়ে যায়।

8. চুলের প্রতি উদাসীন হয়ে যায় আর কাপড়-জামাও ময়লা পরতে থাকে। তার চুলে উকুনও হতে থাকে।

এটা জেনে একদম উত্তেজিত হবেন না, যে আপনার সন্তান ড্রাগ নিতে শুরু করেছে। কারণ আপনি তাকে ড্রাগ নেওয়া থেকে বিরত করতে পারবেন না। এতে সন্দেহ নেই যে নেশা করা বা নেশার ট্যাবলেট খাওয়া বাচ্ছারা পরিবার এবং সমাজের দৃষ্টিতে অবাধ্য ও বিগড়ে যাওয়া হয়ে থাকে আর এধরনের বাচ্ছাদের কাছে অভিভাবকরা কিছুই আশা করতে পারেন না কিন্তু তাদের শোধরানোর চেষ্টা অবশ্যই করতে পারেন। তাদের সামলানো আর শোধরানোর মানসিকতাই এই সমস্যার একমাত্র সহজ, সরল উপায়।

পরিবার এবং সমাজের ওপর বোঝা—

নেশাগ্রস্ত এই ধরনের ছেলেমেয়েরা সমাজ আর পরিবারে একটা বোঝা ছাড়া আর কিছুই নয়। সন্তানদের এই সমস্ত অভ্যাসের কারণে অভিভাবকদের সামাজিক হীনতা সহ্য করতে হয়, কিন্তু পরস্পরের স্নেহ, সহযোগীতা, বিশ্বাস আর আত্মীয়তার দ্বারা আপনি এধরনের বিগড়ানো, অবাধ্য সন্তানদের সঠিক রাস্তায় নিয়ে আসতে পারেন। সাধারণত এধরনের বাচ্ছারা নিজের সমাজ ও পরিবার থেকে উপেক্ষা-ই পেয়ে থাকে। সেজন্য এদের মনে বাঁচার ইচ্ছা সমাপ্ত হয়ে যায়। অতএব এদের পরিবার আর সমাজের বোঝা মনে না করে এদের সহায়তা করুন। নিজের লোকেদের সহায়তা পেয়ে এরা আবার সাধারণ জীবন-যাপনে সমর্থ হয়ে উঠতে পারবে।

দেশে এমন অনেক সংস্থা আছে যারা এধরনের বাচ্ছাদের পুনর্বাসন ও চিকিৎসার জন্য সংকল্পিত। এব্যাপারে যখন আমি সমাজসেবী কে. এল. বল্লার সঙ্গো সাক্ষাৎ করি তখন তিনি অত্যন্ত উৎসাহের সঙ্গো বলেন—নেশাতে আকৃষ্ট হওয়া সন্তানদের অভিভাবক আর সমাজের সহযোগীতাই তাদের নষ্ট হয়ে যাওয়া ও শেষ হয়ে যাওয়া থেকে বাঁচাতে পারে।

অভিভাবকদের চিন্তা-ভাবনা—

কখনো কখনো সন্তানদের অসফলতা তাদের এতবেশী হতাশ, নিরাশ আর দুর্বল করে দেয় যে তারা তাদের এই অসফলতাকে সহজভাবে হজম করতে পারে না। তার ওপর যদি অভিভাবকরাও বাচ্ছাদের এধরনের অসফলতার জন্য দায়ী ভাবতে শুরু করে, তাহলে বাচ্ছাদের চিন্তা ও প্রচেষ্টাতে 'ধাক্কা' লাগে। নিরাশাবাদী চিন্তাই তাকে এই অন্ধকার গলিতে ঘুরে বেড়াতে একা ছেড়ে দিতে থাকে। সেজন্য অভিভাবকদের উচিত যে তারা স্কুল-কলেজে পড়তে থাকা সন্তানদের, যারা তাদের ক্যারিয়ারের খোঁজে রাত-দিন ঘুরে বেড়াচ্ছে, তাদের কখনো হতাশ বা নিরাশার কথা শোনাবেন না।

যদি কোনো কারণে আপনার সন্তান নেশা করতে শুরু করে, তবে সাংঘাতিক অপরাধ বলে মনে করবেন না। বাস্তবে তার সামাজিক স্তরে বন্ধু-বান্ধব আর সম্পর্ক এমন কিছু লোকের সাথে হয়ে গেছে অথবা এমন পরিস্থিতি তৈরী হয়েছে যা তাকে এই অবস্থায় নিয়ে এসেছে। সেজন্য এ বিষয়ে বেশী হায়-হায় না করে, তাকে কোনো যোগ্য চিকিৎসককে দেখিয়ে অথবা সেন্টারে প্রবেশ করিয়ে দেওয়া উচিত, যেখানে এধরনের ছেলেমেয়েদের চিকিৎসা হয়ে থাকে।

অনেক বেশী পকেট-খরচ পাওয়া ও বড়লোকের ছেলের বন্ধুত্ব তাকে নেশার দিকে আকৃষ্ট করে। নেশার দিকে বাড়ানো হাতই তাকে কোকেন, হেরোইন, স্নেক আর এল. এস. ডি ইত্যাদির দিকে নিয়ে যায়। সাধারণত এই মাদক-পদার্থ নেশার শেষ পর্যায় পর্যন্ত যাওয়ার বস্তু আর শরীরের স্নায়ুকেও চরম সীমা পর্যন্ত উত্তেজনা প্রদান করতে থাকে। সেজন্য এধরনের নেশার পর মানব-শরীর অত্যন্ত শিথিল হয়ে যায় আর নেশার পরেও মানুষ কোনো কাজ করতে পারে না। নেশার বস্তু না পেলে সে এমন অস্থির হয়, ছট্‌ফট্ করতে থাকে যে বাড়ীর লোক সেই দুর্গতি দেখতেও পারে না, সেজন্য তাকে আবার নেশা করতে দেয়, যে অন্তত এভাবে ছট্‌ফট্ করে না মরে যায়।

সরকার এই ধরনের মাদক পদার্থকে রোধ করা, বিক্রি করা, ব্যবহার করার ওপর আইনমতো প্রতিবন্ধকতা সৃষ্টি করছে কিন্তু তবুও নেশার এই বস্তুর গ্ল্যামার আর ফ্যাশানের চকচকে রঙীন পদার্থের কেনা-বেচার কোনো সীমা পরিসীমা নেই।

নেশার ব্যাপারে আরও একটা সত্য যে বাবা-মায়েরা ঈশ্বরের কাছে সন্তান প্রার্থনা করে এজন্য যে তারা তাদের বৃদ্ধাবস্থার অবলম্বন হবে। পরিবারের দায়দায়িত্ব পালনে বাবা-মায়ের সাহায্য করবে, কিন্তু যখন সন্তানরা ড্রাগ ইত্যাদির নেশাক্রান্ত হয়ে যায়, তখন বাবা-মায়ের বৃদ্ধাবস্থা দুঃখের হয়ে যায়। সন্তানের জীবনও নষ্ট হয়ে যায়।

ফ্যাশান, সখ, গ্ল্যামার আর নিজেদের প্রগতিশীল, আধুনিক বলার কত বড়ো সাজা এই বাচ্ছাদের ভুগতে হয়। তার অনুমান ভুক্তভোগীরা বুঝতে পারে। সেজন্য ছেলেমেয়েদের উচিত তাদের জীবনে প্রাপ্ত এই অসফলতা, নিরাশাই শুধুমাত্র জীবনের একমাত্র সমাপ্তি মনে না করে। ভালোবাসা আর প্রচেষ্টা তো এক ভাবনা, সংযোগমাত্র। এর অসফলতাকে যেন সহজভাবে গ্রহণ করে। নিজের জীবনকে নতুন আদর্শের দিকে নিয়ে যায়। জীবন নেশাতে ডুবে থাকার জন্য নয় বরং অনের প্রেরণা হওয়ার জন্য। সেইভাবে অন্যকেও নিজের প্রেরণা হিসাবে গ্রহণ করা উচিত।

সমাধান—

1. মদ্যপান করা বা পান করানোর কাজ সন্তানদের সামনে করবেন না।

2. বন্ধুদের বাড়ীতে ডেকে বেশীর রাত পর্যন্ত তাদের সাথে গল্প করা, আজকে রাত 'অমুক' -এর নামে বলা বাচ্ছাদের প্রভাবিত করে। আর সেটা অবশ্যই আপনার থেকে দু'পা এগিয়ে থাকবে।

3. বাচ্ছাদের মনে এই ভাবনা উৎপন্ন করুন যে—সমাজে যারা মদ্যপান করে তাদের থেকে যারা মদ্যপান করেনা, তাদের সম্মান বেশী হয়। তারা শ্রেষ্ঠ হয়, যারা মদ্যপান করেনা।

4. মদ শরীর, মন, আত্মা আর ঘর-সংসার ধ্বংস করে দেয়।

5. মদ্যপান করা লোকেদের অপরাধী মনে করবেন না। তার বিশ্বাস অর্জন করে সঠিক রাস্তাতে আনার চেষ্টা করুন।

6. যদি বাচ্ছাদের মদ খাওয়ার অভ্যাস হয়ে গিয়ে থাকে, তাকে পাশের কোনো এমন সেন্টারে নিয়ে গিয়ে তার চিকিৎসা করার ব্যবস্থা করতে হবে। নিজের এইরকম সন্তানদের সাথে সহানুভূতিশীল হ'ন।

7. এরকম বন্ধুদের কাছ থেকে সন্তানদের দূরে রাখুন যারা বাচ্ছাদের ড্রাগ এবং নেশার জিনিসের প্রতি উৎসাহিত করে।

8. যদি সম্ভব হয় নিজের পাড়া বা বাড়ী পাল্টান।

9. সন্তানদের এমন কোনো গঠনমূলক কাজে লাগান যাতে তারা ব্যস্ত থাকে। এধরনের ব্যস্ততা তাদের নেশার প্রতি নিরুৎসাহিত করবে।

10. সন্তানদের পকেট-খরচের দিকে নজর রাখবেন। প্রয়োজনের বেশী দেওয়া পকেট-খরচ বাচ্ছাদের অপ্রয়োজনীয় খরচ, আওয়ারাগিরি আর নেশা ইত্যাদির জন্য প্রেরণ করে।

মানুষের আচরণই বলে দেয় তারা কুলীন, না অকুলীন। বীর না ভীতু। পবিত্র না অপবিত্র।

—বাল্মিকী

অনুশাসনহীনতা আর উচ্ছৃঙ্খলতা থেকে কীভাবে রক্ষা করা যায়

স্কুল, কলেজ, বাড়ী আর সমাজের সাথে সাথে সমন্বয় সাধন করতে না পারার কারণে ছাত্র-ছাত্রীরা এমন খিটখিটে ব্যবহার করতে থাকে, যা অনুশাসনহীনতার শ্রেণীতে এসে যায়। প্রশাসনিক আর সামাজিক নিয়মকে ভঙ্গ করা, উচ্ছৃঙ্খলভাব দেখানো এর লক্ষণ, যা আধুনিক সমাজের কঠিন সমস্যা। এধরনের অনুশাসনহীন নতুন ধনপতির বল্গাহীন ছেলেরা আইন আর সমাজ ব্যবস্থার উপর এক প্রশ্নচিহ্ন। এইসমস্ত অনুশাসনহীন ছেলেরা, যেখানে আইন নিজের হাতে নিতে কোনোরকম সংকোচ করে না, তারাই নিজেদের উচ্ছৃঙ্খলতার কারণে বাবা-মাকে চিন্তিত আর দুঃখী করতে থাকে।

রাজস্থানের আজমীর শহরের স্কুলের ছাত্রের যৌন শোষনের ঘটনা বা জয়পুরের জে. সি. বোস ছাত্রাবাসের তথাকথিত বড়ো লোকদের ছেলের করা বলাৎকার, পাঞ্জাবে ফ্রান্সের মেয়ে কাতিয়ার অপহরণের মামলা বা মধ্যপ্রদেশের অম্বিকাপুর কলেজের ছাত্র প্রিয়া শ্রীবাস্তবকে জেনেশুনে জীপে চাপা দিয়ে মেরে ফেলা, দিল্লীতে জেসিকা-হত্যার মামলা বা উজ্জয়িনীর গুজরাটের স্কুলের 20 বছরের অজয়ের, যে নিজের 58 বছরের প্রফেসর নবীনচন্দ্র শুক্লার পেটে চাকু মেরে হত্যা করেছিল, কারণ সেই প্রফেসর তাকে পরীক্ষা হলে দেরীতে ঢোকার জন্য বারণ করেছিলেন। দিল্লীর উত্তমনগর থানার নিবাসী রাকেশ তার মায়ের হত্যা করেছিল যে মা তাকে

শাসন করেছিল। আর সাকেতনগরের একটি মেয়ে তার বাবা সুরেশ চন্দ্রকে হত্যা এজন্য করেছিল যে পিতা তার অবৈধ সম্পর্ক মেনে নিতে পারেননি।

উদাহরণের এই লম্বা সূচী একথা প্রমাণ করে যে অনুশাসনহীনতা আর উচ্ছৃঙ্খলতা ছেলেদেরই বিগড়াতে থাকে। যদি এই ঘটনা সম্বন্ধে মেয়েদের 'কেস হিস্ট্রী' দেখা যায়, তাদের পারিবারিক ব্যাকগ্রাউন্ড দেখে তার সুক্ষ্ম মনোবৈজ্ঞানিক অধ্যয়ন করা যায় তবে এই প্রসঙ্গে অবশ্য কিছু চমকানোর মতো তথ্য উঠে আসবে।

যুবক সম্প্রদায়ের উপর পাশ্চাত্য সভ্যতার প্রভাব—

যেসব সন্তানদের ওপর পাশ্চাত্য সভ্যতার প্রভাব সোজাসুজিভাবে পড়ে তাদের অধিকাংশদেরই সম্বন্ধ তথাকথিত বড়লোকদের ছেলেদের সাথে হয়ে থাকে। আইনের পরোয়া না করা এইসব ছেলেমেয়েদের সম্পর্ক সর্বদা বড়লোকদের ছেলেদের সাথেই হয়ে থাকে আর তাদেরই ছত্রছায়া এরা পেতে থাকে। মোটামুটি সব বাচ্ছাদেরই কোনো না কোনোভাবে নেশা ইত্যাদি থেকে হতে থাকে আর অবাধ্যতার আরম্ভ লেখাপড়া থেকে পিছিয়ে পড়া থেকে হতে থাকে। এইসব বাচ্ছাদের কেসহিস্ট্রী এ-কথাকে আরও স্পষ্ট করে দেয় যে—এরা কোনো না কোনোভাবে অভিভাবক বা রাজনৈতিক নেতাদের সংরক্ষণ পেয়ে থাকে।

সামন্তবাদী পারিবারিক পৃষ্ঠভূমি (Background)—

এধরনের সন্তানদের চিন্তা-ভাবনা কোনো না কোনোভাবে সামন্তবাদী চিন্তা-ধারার সাথে যুক্ত। বড়লোক বাবার এই সন্তানরা গ্রাম-গ্রামাঞ্চল থেকে শহরে পড়াশোনা করতে বা কিছু হওয়ার জন্য আসে, কিন্তু খুব শীঘ্রই এরা এমন লোকেদের কাছে পৌঁছে যায়, যারা লেখা-পড়া থেকে অনেক দূরে থাকে। গ্রামে যেখানে এদের হুকুম ছাড়া একটা পাতাও নড়ে না, শহরে তাদের সেই আর্থিক প্রতিপত্তির জোরে নিজের জায়গা খুব শীঘ্রই তৈরী করে নেয় আর এদের দাদাগিরি গলি থেকে পাড়া, কলেজ কম্পাউন্ড, হোস্টেল ইত্যাদি জায়গা থেকে শুরু করে রাজনৈতিক স্থান পর্যন্ত পৌঁছে যায়।

ভোগবাদী চাকচিক্যের মৃগতৃষ্ণা—

অবাধ্য হওয়া অধিকাংশ সন্তানই সেই পরিবার থেকে আসে যাদের ঘরে ঘুষ, চুরি, বেইমানী, হেরা-ফেরীর টাকা আসে অথবা যে বাড়ীতে ভোগের সুখ-সুবিধার জন্য টাকা জলের মতো খরচ করা হয়। ভালো কাপড়, দামী খাবার, হোটেল, ক্লাবে যাওয়া, পার্টি দেওয়া আর পার্টিতে যাওয়া ভোগবাদী সংস্কৃতিতে লিপ্ত হওয়া এধরনের

বাচ্ছাদের জীবনাদর্শ হয়ে থাকে। খাও-দাও আর মজা করো—এদের জীবনের কাহিনী একই রঙে রাঙিয়ে যায়। সেজন্য তাদের জন্য এধরনের ব্যাপার কোনো বিশেষ গুরুত্ব রাখে না, আর না এধরনের কথার জন্য কোনো প্রকারের হীনতা অথবা আত্মগ্লানি থাকে। এধরনের পরিবারে বড়ো এবং বাচ্ছারা অবশ্যই উপেক্ষার শিকার হয়ে থাকে। এদের মধ্যে বা এদের পরিবারে অর্থোপার্জনের হিড়িক লেগে থাকে। আর এই হিড়িকে নৈতিকতার সমস্ত বন্ধন নষ্ট হয়ে যায়। রাতারাতি লাখোপতি কোটিপতি হওয়ার জন্য এরা সব কিছু করতে তৈরী থাকে। ভৌতিকতার এই চাকচিক্যতে এদের এটা ধ্যানে থাকে না যে তাদের উপার্জন অথবা খরচ তাদের সন্তানদের ওপর কি প্রভাব ফেলছে। অনৈতিক উপায়ে উপার্জিত ধন বাচ্ছাদের অবশ্যই অনৈতিক লক্ষ্যের দিকে নিয়ে যাবে।

অভিভাবকদের উপর নির্ভরতা—

অতিরিক্ত আদর-ভালোবাসা, আর্থিক ক্ষমতার আধিক্য, জীবনের ব্যবহারিক কাঠিণ্যের প্রতি অনভিজ্ঞতা ইত্যাদি অনেক এমন কারণ আছে যা, বাচ্ছাদের ব্যবহারকে বিগড়াতে থাকে। অভাবের সাথে যেসব বাচ্ছা কোনোদিন যুদ্ধই করেনি, সেজন্য সে কোনো সমস্যার সাথে সংঘর্ষও করতে শেখেনি। নম্রতা, সদাচার, শিষ্টাচার, শালীনতা, অন্যের জন্য কিছু করার চিন্তা আর তার থেকে প্রাপ্ত সুখ আর সন্তুষ্টতাকে বাচ্ছারা বুঝতেও পারে না আর না তাদের মনে এধরনের ভাবনা জন্ম নিতে পারে। অভিভাবকদের ওপর এই নির্ভরতা সন্তানদের জন্য অভিশাপ হয়ে যায়। এধরনের বাচ্ছারা হয়ত অত্যন্ত বিশিষ্ট হয়ে নিজের উন্নতির ওপর গর্ব করতে থাকে নয়ত দাম্ভিক, সুপিরিয়র, ভীতু হয়ে অসামান্য হয়ে ওঠে। কঠিন আর অবিকশিত মানসিকতার কারণেও তারা বিদ্রোহী, দুরাচারী, অপরাধী আর সংস্কারবিহীন হয়ে ওঠে।

আত্মঘাতী চিন্তা-ভাবনা—

অবাধ্য সন্তানদের মানসিকতা এতো বিকৃত হয়ে যায় যে তারা স্বদেশ, রাষ্ট্রবাদ, মাতৃভাষার সম্মান, সহিষ্ণুতা, বড়োদের সম্মান, মানসিক উদারতা, পূর্বজনের সংস্কার, নিষ্ঠা, ধর্মের মতো ব্যাপারকেও বুঝতেই চায় না। ধারাবাহিকতা থেকে সরে যাওয়া এইসব সন্তানদের রুচি কেবল ফ্যাশান, মাদক পদার্থ আর মেয়েদের দিকেই থাকে। এমন কথা আর মেয়েদের দিকেই থাকে। এমন কথা নয় যে শুধু ছেলেরাই অবাধ্য হয়ে থাকে। অবাধ্য মেয়েদের সংখ্যাও কম নয়। কনভেন্ট স্কুলে পড়া মেয়েরাও অত্যন্ত উচ্ছৃঙ্খল হয়ে যায়। আর্থিক সম্পন্নতার চাকচিক্য বড়লোকদের ছেলেমেয়েদের

চিন্তা-ভাবনাকে অত্যন্ত আত্মঘাতী আর ক্ষুরধার করে তুলেছে যে এরা অন্যা কাজ করতেও গর্ব অনুভব করে। আইনকে অবজ্ঞা করতে এদের আনন্দ লাগে। পৃথিবীর সমস্ত সুখ-সুবিধাকে প্রাপ্ত করা এদের অধিকার মনে করে। এধরনের বাচ্ছাদের পক্ষে কিছুই অসম্ভব নয়। ছেলেমেয়েদের মধ্যেকার সমস্ত মর্যাদা, দূরত্ব, লাজ-লজ্জা এদের কাছে কোনো অর্থ রাখে না। সমস্ত রকমের প্রয়োজনীয় বস্তু, সেটাও 'ইউজ এন্ড থ্রো' ধরনের যা তার দৈনিক জীবনে গ্রহণ করতে পারে। সবচেয়ে বড়ো বিড়ম্বনা এটা যে তাদের এই ধরনের ক্রিয়া-কলাপ দেখেও সবাই চুপ থাকে।

মদ এবং মেয়েদের অভ্যাস হওয়া এই সমস্ত বড়লোক বাবাদের বিগড়ানো আর অবাধ্য সন্তানরা দেশের এমন এক সমস্যা হয়ে দাঁড়িয়েছে যে, যদি সময় থাকতে সমাধান না করা যায় তবে দেশের ভবিষ্যত একেবারে ধূলিসাৎ হয়ে যাবে। সাথে সাথে এই দেশে জঙ্গালবাদও স্থাপিত হয়ে যাবে। গ্রাম, গঞ্জ থেকে শহরে পড়তে আসা এই সমস্ত ছেলেমেয়েরা মনে করে যে স্কুল, কলেজে যতক্ষণ না ভাঙচুর করা হয়, হরতাল করা হয়, ততক্ষণ পর্যন্ত কলেজ জীবনের মজাই কিছু হয় না। শ্রেণীতে বসা, পড়া, অধ্যাপক-উপাচার্যদের মান-সম্মান করা এরা নিজেদের অপমান মনে করে। পরিণাম এটাই হয় যে সন্তানরা অবাধ্যতার সমস্ত সীমা লঙ্ঘন করে অপরাধের দিকে বাড়তে থাকে।

মনোবৈজ্ঞানিক ল্যান্ডগ্রেনের মতানুসারে যে সন্তানরা অনুশাসনে থাকে, তারা সর্বদা উন্নতি করে। এর বাইরে যারা পরিবার, ঘর অথবা স্কুলে উচ্ছৃঙ্খতা প্রদর্শন করে তারা নিজের বর্তমান, ভবিষ্যত নষ্ট করতে থাকে। অর্থাৎ পরিবার ও সমাজের ওপর বোঝা হয়ে যায়।

সমাধান—

1. সন্তানদের ছোটো ছোটো উচ্ছৃঙ্খলতাও অদেখা করবেন না। যদি আপনি বাচ্ছাদের এই প্রকারের অনুচিত কার্য-কলাপকে প্রথম দিন থেকেই না বন্ধ করেন, তো বাচ্ছারা দ্বিতীয় বার ঐ ধরনের উচ্ছৃঙ্খলতা করার সাহস সঞ্চয় করতে পারবে।

2. কোনো প্রকারের অনুশাসনহীনতা বা উচ্ছৃঙ্খলতার জন্য বাচ্ছাদের পক্ষ নেবেন না।

3. অনুচিত সঙ্গ পেয়েই বাচ্ছাদের অসভ্যতা বাড়তে থাকে। আর তারা উগ্র হতে থাকে।

4. বাচ্ছাদের অনুচিত কার্য-কলাপকে নিজের প্রভাব খাটিয়ে বাঁচাবেন না, তাকে সংরক্ষণ দেবেন না।

5. বাচ্ছাদের করা ভাঙ-চুর, অনুশাসনহীনতা তার সাথে হওয়া অন্যায় শোষণ অথবা ক্রুরতম ব্যবহারের অভিব্যক্তি, সেজন্য জেনেশুনে তার সাথে কঠিন ব্যবহার করবেন না। বাচ্ছাদের ততটাই টানুন, যতটা সে নিতে পারে। অতিরিক্ত টানলে তো রাবারও ছিঁড়ে যায়।

6. বাচ্ছাদের ব্যবহারিক জীবনে শালীনতা ও শিষ্টাচার অবশ্যই শেখান। সম্বোধনে আপনি, আজ্ঞে করতে শেখান।

7. ভিড়ের জায়গায় নিজের লাইনে দাঁড়িয়ে, অত্যন্ত ধৈর্য্যের সাথে নিজের সময় আসার অপেক্ষা করুন।

8. রেল, বাস, পার্ক, অফিস, স্কুল ইত্যাদি সার্বজনিক স্থানে নোংরা করবেন না। এব্যাপারে তার চিন্তা-ভাবনা একজন জাগরুক নাগরিক, একজন সজাগ প্রহরীর মতো হোক, যে সমাজের রক্ষক হবে, যেমন হওয়া উচিত।

9. সার্বজনিক সম্পত্তির হানি করার চিন্তা-ভাবনা তার মস্তিষ্কে না আসতে পারে।

10. বাড়ী এবং বাড়ীর বাইরে মহিলাদের, বাচ্ছাদের আর বড়োদের মান-সম্মান করবে। এব্যাপারে তার ঘর থেকেই প্রেরণা পাওয়া উচিত। ঘরই তার সামনে আদর্শ তুলে ধরবে।

অভিভাবকদের ব্যবহার এমন দর্পণ, যাতে বাচ্ছারা নিজেকে দেখতে চায়।

—শ্রীমতি সন্ধ্যা সলুজা

অপরাধী আর হিংস্র প্রবৃত্তি, দূষিত অন্তঃকরণ

বাচ্ছাদের শয়তানি যখন সাংঘাতিকরূপে প্রকট হয়ে ওঠে তখন পরিবারের প্রতিষ্ঠা নিলামে উঠে যায়। বাচ্ছাদের আচরণ তাদের অপরাধী তো করে তোলেই, সাথে সাথে তাদের হিংস্র প্রবৃত্তিকেও জাগিয়ে তোলে। অভিভাবকদের দ্বারা এই বাচ্ছাদের শোধরানোর সমস্ত প্রচেষ্টাই বেকার হয়ে যায়। যেখানে সমস্ত বাচ্ছাদের কুকীর্তি আইনের চোখেও আসতে থাকে। অবাধ্য সন্তানদের সম্বন্ধে এই যথার্থতার ওপর একবার নজর দিন—

মারামারিতে পূর্ণ ফিল্ম দেখা ছাড়া, বাজারে পাওয়া পিস্তল, বন্দুক, এ. কে. 47, স্টেনগান আকারের খেলনার প্রভাব সোজাসুজি বাচ্ছাদের মস্তিষ্কে পড়ে। আর তার এর প্রয়োগ করতে করতে এতই আক্রমণাত্মক হয়ে যায় যে তাদের এইরূপে দেখে অনেকেই ভয় পেতে থাকে। বাচ্চারা তাদের ছোটো ভাইবোনদের সাথে ঝগড়া-মারপিট করে। কখনো কখনো নিজেদের মধ্যে মারপিট করতে করতে এতই হিংস্র হয়ে ওঠে যে একে অপরকে কেটেও ফেলে, সে পরিবারের সদস্যই হোক না কেন। এই ধরনের আক্রমণতা আর হিংস্র মনোভাব বাচ্ছাদের ব্যক্তিত্ব আর স্বভাবকে কখনো কখনো এতই প্রভাবিত করে অভিভাবকরাও তা দেখে ভয় পেতে থাকে। এধরনের বাচ্ছারা যখন বিগড়ে যায় তো তাকে আয়ত্তে আনা কেবল কঠিন নয়, কখনো কখনো অসম্ভবও হয়ে যায়।

এব্যাপারে মনোবৈজ্ঞানিক সত্যতা এটাই, যে—বাচ্ছারা নিজের সুরক্ষার প্রতি সর্বদা চিন্তিত থাকে। সেজন্য তারা অন্যকে মারপিট করে, পরাজিত করে নিজের

সুরক্ষাকে সুনিশ্চিত করতে চায়। সুরক্ষাহীনতার সামান্য পদধ্বনিও সে সহ্য করতে পারে না। নিজের কোনো অসফলতা, নিরাশা, প্রতিশোধের ওপর তার অত্যন্ত ক্রোধ হয়। আর সেই ক্রোধকে সে নিজের সুরক্ষার জন্য ব্যবহার করে।

বয়স বাড়ার সাথে সাথে তার বিরোধের উপায়ও বদলাতে থাকে। যদি ছোটোবেলায় সে তার বিরুদ্ধতা কান্নাকাটি করে অথবা রেগে গিয়ে বা ধাক্কা দিয়ে প্রকট করে, তো কিশোরাবস্থাতে তার বৃত্তি আরও হিংস্র হয়ে ওঠে। তারা পাথর মেরে বা তার থেকেও বেশী ঘাতক-অস্ত্রের সাহায্যে করে থাকে। যুবাবস্থাতে সেই হিংস্র প্রবৃত্তি কখনো কখনো ঘরে রাখা ঘাতক হাতিয়ার বন্দুক, তলোয়ার ইত্যাদির ব্যবহার করতে থাকে। সর্বদা কুলীন পরিবারে এই ঘাতক হাতিয়ারের ব্যবহার ভাবনাত্মক উত্তেজনার মুহূর্তে হয়ে যায়। সাধারণত বাচ্ছাদের মধ্যে হিংস্র প্রবৃত্তি স্বাভাবিকভাবেই থাকে, অতএব আপনি এই প্রবৃত্তিকে কখনো বাড়তে দেবেন না, বরং তাকে ঠাণ্ডা করার জন্য সর্বদা বাচ্ছাদের ভালো-মন্দের তফাৎ করতে শেখান। বাচ্ছাদের হিংসা আর অপরাধী প্রবৃত্তিকে স্তিমিত করার জন্য অভিভাবকদের নিজেদের চিন্তা-ভাবনাকে ব্যবহারিক করে তোলা প্রয়োজন।

পরিবারে বাচ্ছাদের সংখ্যা বেশী বাড়তে দেবেন না—

'আমরা দুই, আমাদের দুই'—এর সিদ্ধান্তকে ব্যবহারিক আর মনোবৈজ্ঞানিক অর্থ হল, যে—পরিবারে বেশী বাচ্ছা হওয়া ক্লেশের কারণ হয়ে যায়। সেজন্য পরিবারে বাচ্ছার সংখ্যার ওপর লক্ষ্য দিন। যে পরিবারে সন্তানের সংখ্যা বেশী হয়, সেই পরিবারে বাচ্ছাদের সমুচিত দেখা-শোনা হতে পারে না। আর আর্থিক অভাবের জন্য তাকে ভালো শিক্ষাও দেওয়া যায় না আর তাকে ভালো সংস্কার দেওয়া যায় না। এধরনের বাচ্ছারা আর্থিক আর ভাবনাত্মক স্নেহের অভাবের জন্য অবাধ্য হয়ে ওঠে।

দুজন বাচ্ছার মধ্যে বয়সের পার্থক্য থাকা উচিত—

যমজ বাচ্ছা বা কাছা-কাছি বয়সের বাচ্ছাদের মধ্যে ঈর্ষা সৃষ্টি হতে থাকে আর তারা একে অপরকে প্রতিদ্বন্দ্বী মনে করে। লেখা-পড়াতে, বিয়ে-শাদী, আর রোজগারের ব্যাপারেও একে অপরের থেকে এগিয়ে যেতে চায়। ঈর্ষার এই ভাব বেড়ে যাওয়ার পর বাচ্ছাদের কুণ্ঠিত বা উচ্ছৃঙ্খল করে তোলে। পরিবারে যখন কখনো কখনো বড়ো মেয়েকে বাদ দিয়ে ছোটো মেয়ের বিয়ে হয়ে যায় অথবা বড়োর থেকে ছোটো মেয়ে লেখা-পড়াতে এগিয়ে যায়, তখন বড়োর মনে ছোটোর

প্রতি এই প্রকারের হিংস্র ভাবনা বৃদ্ধি পেতে থাকে আর সেটা সুযোগ পেয়ে যেকোনো সময়েই প্রকট হতে পারে। এরকম কোনো পরিস্থিতিতে অভিভাবকদের ধৈর্য্য, সংযম আর বিবেকের সাহায্যে কাজ করতে হবে। অভিভাবকদের দ্বারা বাচ্ছাদের ক্ষেত্রে নেওয়া ব্যবস্থাতে সাকারাত্মক প্রভাব ফেলে আর বাচ্ছারা নিজেরাই শোধরানোর চেষ্টা করে। বন্ধু মহলেও এধরনের বাচ্ছাদের বুদ্ধিমান বাচ্ছা বলে গণ্য করা হয়।

অন্য বাচ্ছাদের সাথে তুলনা করবেন না—

সর্বদা অভিভাবকরা নিজের ছেলেমেয়েদের তুলনা এমন বাচ্ছাদের সাথে করে, যারা যেকোনো ক্ষেত্রে এই বাচ্ছাদের থেকে এগিয়ে থাকে, সুন্দর অথবা প্রতিভাশালী হয়, বুদ্ধিমান, যোগ্য অথবা সফল হয়। এই ধরনের তুলনা থেকে কমজোর, বাচ্ছারা নিজেদের হীন, অযোগ্য আর অন্য সমস্ত ক্ষেত্রে নিজেকে বন্ধ্যা মনে করতে থাকে। এতে তারা সেইসব বাচ্ছাদের ঘৃণা করতে থাকে। যাদের সাথে তার তুলনা করা হয়। এমনকি তাদের প্রতি বাচ্ছার মনে হিংস্র-ভাব, চিন্তা উৎপন্ন হয়—সেই বাচ্ছা তাদের ভাইবোনই হোক না কেন। এধরনের বাচ্ছাদের সামনে আসতেই তাদের হীনভাবনা গ্রাস করতে থাকে। তার চোখ জ্বলতে থাকে আর ক্রোধে লাল হতে থাকে। মুঠো বন্ধ হয়ে যায়। তারা অকারণেই এইসব বাচ্ছাদের সাথে ঝগড়া করতে থাকে।

বাচ্ছাদের চিন্তা-ভাবনাকে সাকারাত্মক রূপ দিন—

ক্রুদ্ধ স্বভাবের বাচ্ছাদের চিন্তাকে গঠনমূলক করে তুলুন। তাতে নিরাশাবাদী বিচার আসতেই দেবে না। তাকে খেলার পর্যাপ্ত সময় দিন। পার্কে ঘুরতে যেতে দিন। ভোরবেলায় বেড়াতে নিয়ে যান। প্রকৃতির শান্ত পরিবেশ বাচ্ছাদের শান্ত স্বভাবের করবে। তার মধ্যে সহনশীলতা আসবে।

হিংস্র প্রবৃত্তিকে স্থিমিত করুন—

বাচ্ছাদের হিংস্র প্রবৃত্তিকে রোধ করার সব থেকে সোজা সরল উপায় হলো—তাকে কোনো গঠনমূলক কাজে যুক্ত করা। গাছ-পালার দেখাশোনা, গাছে জল দেওয়া, ঘর-দোর পরিষ্কার-পরিচ্ছন্ন রাখা, জামা-কাপড় বা কম্পিউটারে ডিজাইন করা, ছোটো ভাইবোনদের পড়ানো, কাপড় সেলাই করা, বাদ্য-যন্ত্রের অভ্যাস করা, রান্না-বান্নাতে সহযোগীতা করা, অসুস্থ্য বাবা-মাকে দেখা-শোনা অথবা দাদা-ঠাকুমার দেখা-শোনা ইত্যাদি এধরনের অনেক কাজ আছে, যাতে সংযুক্ত থাকলে বাচ্ছার

এনার্জির সদোপযোগ করা যায়। সেজন্য বাচ্ছাদের তাদের বয়স অনুযায়ী, ক্ষমতা অনুসারে, রুচির অনুসারে এধরনের কাজে সক্রিয়ভাবে যুক্ত রাখুন। এসমস্ত কাজে সফল হলে তাকে প্রশংসা করুন। প্রশংসা করার কোনো সুযোগই হাতছাড়া করবেন না।

যেসব বাড়ীতে উঠতি বয়সের ছেলে-মেয়ে আছে সেই বাড়ীতে কোনো হাতিয়ার, যেমন—বন্দুক, পিস্তল, স্টেনগান ইত্যাদি রাখবেন না, কারণ এইসব অস্ত্রশস্ত্র দেখে বাচ্ছাদের মনে হিংস্র প্রবৃত্তি জেগে ওঠে আর সেই চিন্তা-ভাবনাই তারা মারণাস্ত্রের প্রয়োগ করতে থাকে। বাচ্ছার হাতে এই ধরনের মারণাস্ত্রের থাকার অর্থই তাদের পরিবারে দুঃখজনক পরিণতি লাভ করা।

বাচ্ছাদের খাওয়া-দাওয়া আর জামা-কাপড়ের দিকেও নজর রাখুন। অর্ধনগ্ন বস্ত্র বাচ্ছাদের যৌন-ভাবনাকে উত্তেজিত করে। সেইভাবে তামসিক খাদ্য, মশলাদার খাদ্যও বাচ্ছাদের প্রবৃত্তিকে হিংস্র করে দেয়। নিরামিষ খাদ্য বাচ্ছাদের শান্ত রাখে।

সমগ্রভাবে সৃজনমূলক চিন্তা-ভাবনা সন্তানদের হিংসাত্মক প্রবৃত্তিকে হতোৎসাহিত করে। সেজন্য আপনি বাচ্ছাদের আসল আর নকল বন্দুক আর পিস্তলের সম্বন্ধে তথ্য অবশ্যই জানাবেন আর তার আত্মঘাতী পরিণাম সম্বন্ধেও অবগত করাবেন।

সন্তানদের মধ্যে হিংস্র প্রবৃত্তিকে স্থিতি দেবার জন্য খুবই প্রয়োজন যে অভিভাবকরা এধরনের বাচ্ছাদের সঙ্গো সহানুভুতিপূর্ণ ব্যবহার করা। তাদের দণ্ড দেওয়ার পরিবর্তে স্নেহ, সংরক্ষণ আর সহায়তা দিন। যে বাচ্ছারা কোনো বিশেষ পরিস্থিতির কারণে অপরাধী হয়ে যায়, তাদের গঠনমূলক কাজে লাগিয়ে তার অপরাধবৃত্তিকে সঠিক লক্ষ্যের দিকে পরিবর্তিত করুন। অপরাধীদের নিজেদের শোধরানোর সুযোগ দিয়ে তাদের ভালো মানুষ তৈরী করা যায়।

এইভাবে অবাধ্য সন্তানদের সাথে সম্বন্ধ স্থাপিত রাখুন, তাদের লেখা, নৃত্য, গান-বাজনা, অভিনয় ইত্যাদির সাথে যুক্ত রেখে তাদের অপরাধ প্রবৃত্তিকে স্তিমিত রাখতে পারা যায়। এই সমস্ত শিল্পের সাহায্যে বালকদের অপরাধকে দমিত করে তাদের পুনরায় সাধারণ জীবনে ফিরিয়ে এনে পরিবারের সাথে সংযুক্ত করা যায়।

এব্যাপারে অভিভাবকদের দৃঢ় প্রতিজ্ঞা ও ইচ্ছাশক্তির পরিচয় দিতে হবে আর নিম্নলিখিত উপায়গুলিকে অপরাধ বিরোধের জন্য গ্রহণ করতে হবে।—

সমাধান—

1. সন্তানদের মনে পরিবারের কোনো সদস্য, বন্ধু-বান্ধব আর প্রতিবেশীদের প্রতি কোনো ঈর্ষা-ভাব উৎপন্ন হতে দেবেন না।

2. সন্তানদের কোনো দুর্বলতা, হীনতা, দোষ অথবা অভ্যাসকে তার বন্ধু-মহলের সামনে বিস্তারিত করবেন না। বাচ্ছাদের বদমাশ, চোর, বেইমান, অকর্মা ইত্যাদি শব্দ ব্যবহার করবেন না।

3. কিছু অপরাধের পিছনে মনে লুকানো অতৃপ্ত ইচ্ছা থাকে। এব্যাপারে লক্ষ্য রাখুন বাচ্ছাদের সামান্য অপরাধে কঠিন, অপমানযুক্ত সাজা দেবেন না।

4. বাচ্ছাদের কোনো শারীরিক দুস্টতাকে বার বার মনে করাবেন না। এতে তাদের মনে হিংস্রতা বৃদ্ধি পায়।

5. বাচ্ছাদের শোধরানোর যথেস্ট সুযোগ দিন। বাচ্ছা নিজেই শোধরাতে চায়, কিন্তু ভাবনার আবেশে তারা কখনো কখনো এমন আচরণ করে ফেলে যা তাদের সম্বেগের দ্বারা প্রভাবিত হয়ে পড়ে।

6. কিছু অপরাধে বাচ্ছারা পরিবারের বড়োদের বলাতে বা তাদের আশ্বাস পেয়ে করে থাকে থাকে। এধরনের অপরাধই ভবিষ্যতে বাচ্ছাদের অভ্যাস হয়ে যায়। আর বাচ্ছারা কৃতকর্মের জন্য আত্মগ্লানিতে ভুগতে থাকে।

7. বাচ্ছাদের অনুচিত কাজ-কর্ম, ব্যবহার-ই বাচ্ছাদের মনে অপরাধীভাব উৎপন্ন করে।

8. বাচ্ছাদের সামনে গালাগালি দেবেন না। আর বাচ্ছার সামনে তার মা-বোনকে অপমানিত করবেন না।

9. বাচ্ছাদের নিজের পায়ে দাঁড়াবার যথেষ্ট সময় দিন। তার মধ্যে আত্মবিশ্বাস জাগিয়ে তুলুন—যে তার মধ্যে যথেষ্ট ক্ষমতা আছে।

10. কঠিন সময় বা অসফলতার সময় বাচ্ছাদের ছেড়ে দেবেন না।

সন্তানদের যত বাজে-বাজে গালাগালি সহ্য করতে হয়, তার এক ভাগও যদি সে ব্যক্ত করে, তো তার ওপর অত্যাচার দু'শো ভাগ বেড়ে যায়।

—ড. ভি. সি. চৌধুরী।

লক্ষ্যহীনতা—এক অভিশাপ

কাটা-ঘুড়ির অবস্থা স্থিতিহীন হয়ে থাকে। তার পরিনাম কী হয়? সেটা কারোর কাছে লুকানো নেই। যে কেউ তাকে ছিনিয়ে নিতে চায়। লক্ষ্যহীনতার অবস্থা সন্তানদের বর্তমান আর ভবিষ্যতকে কাটা ঘুড়ির মতো করে দেয়, সম্পূর্ণ অনুচিত আর দুর্বল। লক্ষ্যহীন সন্তানরা ঝড়ে পড়ে যাওয়া বাচ্ছাদের মতো হয়, অপরিপক্ক, উপেক্ষিত আর বেওয়ারিশ, যেন অবাধ্যতাই তাদের জীবন।

স্কুল-কলেজের ভীড়ের বাচ্ছাদের মধ্যে যদি জিজ্ঞাসা করা হয়—তাদের লক্ষ্য কী? সে লেখা-পড়া শিখে কি হতে চায়? সে কেন পড়াশোনা করছে? তা হলে অধিকাংশ ছাত্রের কাছে তাদের লক্ষ্যের সঠিক যুক্তি-সঙ্গত কোনো উত্তর থাকে না। লক্ষ্যের প্রতি এধরনের উদাসীনতা, উপেক্ষা, স্কুল-কলেজের আবহাওয়াকেই নষ্ট করে দিচ্ছে। স্কুল-কলেজে লেখা পড়ার, কিছু শেখা-শেখানোর স্থানের বদলে সময় কাটানোর কেন্দ্র হয়ে উঠেছে। ছেলে-মেয়েরা এখানে সময় কাটাতে আসে। ক্যান্টিনে বসে আড্ডা দেয়, কিংবা ছাত্রসংগঠনের মাধ্যমে নিজেদের দূষিত মনোবৃত্তিকে মূর্ত-রূপ দিতে ব্যস্ত থাকে। ছাত্র-সংঘের ভোটের জন্য স্কুল-কলেজে ঘুরে বেড়ানো, লক্ষ্যহীন এইসব ছেলে-মেয়েদের নিজেদের দিকে আকর্ষিত করে আর তারা এইভাবে আলাদা আলাদা দল, জাতিতে বন্টন হতে থাকে। স্কুল-কলেজে যেখানে বুদ্ধি আর বিবেকের ব্যবহার হওয়া উচিত সেখানে লক্ষ্যহীন সন্তানরা গুণ্ডাবাজীর শিকার হয়ে যায়।

এই সমস্ত লক্ষ্যহীন ছাত্র-ছাত্রীরা নিজেদের ভবিষ্যত আর বর্তমানকে সাজানো-গোছানো ছাড়া আর সবই করে চলেছে। লক্ষ্যহীনতার কারণে এরা পিছনের বেঞ্চে বসে হয় নিজেদের সময় অকারণ নষ্ট করে, নয়ত থার্ড ডিভিশনে পাশ করে বেকারের সংখ্যা বাড়াতে থাকে। এভাবে পরিবারে অসন্তোষের কারণ সৃষ্টি হচ্ছে। বোঝা বাড়ার কারণে না তারা অভিভাবকদের স্নেহ-ভালোবাসা, সহযোগীতা পায়, আর না তারা পরিবারে আশা-আকাঙ্খার অনুযায়ী হতে পারে।

লক্ষ্যহীন সন্তানরা শুধু লেখাপড়া শিখতে পারে না, তা নয়, তারা যোগ্যও হয়ে উঠতে পারে না। এই সমস্ত ছেলেমেয়েদের ব্যাপারে সমস্ত শিক্ষা-শাস্ত্র আর বিচারক লিঙ্কস্টনের মত—“অর্ধশিক্ষিত অশিক্ষিতের থেকেও বেশী বিপজ্জনক হয়। স্কুল-কলেজের এই অর্ধশিক্ষিত ছেলেরাই দূষিত মনোবৃত্তি আর অপরাধীক গতিবিধিতে লিপ্ত হয়ে যায়। এধরনের ছেলেরা ঘরে বাইরে সব জায়গাতেই উপেক্ষার পাত্র হয়ে যায়। কারণ এরা শিক্ষিত হয়ে নিজেদের সাধারণ কাজে নিজেদের খাপ খাওয়াতে পারে না। এরা তাদের কল্পনাকে সাকার করার জন্য অপরাধের দিকে ঘুরে যায়। আর খুব শীঘ্রই তাদের নিজেদের প্রতি গ্লানি হতে থাকে। কারণ এরা সব জায়গাতেই উপেক্ষা প্রাপ্ত হয়।

জ্বলন্ত আগুনে ঘি-এর কাজ করে ছাত্র-সংগঠনের নোংরা রাজনীতি—

ছাত্র-সংগঠনের নির্বাচনে ছেলে-মেয়েদের অধিকাংশ সময় ছাত্র-ছাত্রীদের সাথে সর্বদা সম্পর্ক তৈরী, তাদের প্রভাবিত করা, তাদের সাথে সম্বন্ধ বাড়ানো ইত্যাদিতে ব্যয় হয়। সম্পর্ক সাধনের এই ব্যবহারে সাধারণত মেয়েদের সাথে কথাবার্তা বলার সুযোগ হয়ে থাকে। ফলে ছেলেরা অত্যন্ত খুশীমনে এই কার্যক্রমে যোগদান করে আর সম্মুখ-সমরে আসার চেষ্টা করে। তারা টাকা-পয়সা জলের মতো খরচ করতে থাকে। রাতের পর রাত হোস্টেলের ঘরে শলা-পরামর্শ হতে থাকে। তার সাথে চা আর বিয়ারও চলতে থাকে। আসল কথা এটাই যে ছাত্ররা এই নির্বাচনের মাধ্যমে সেইসব অকাজ-কুকাজ শিখে যায়, যার ফলে তারা লেখা-পড়া থেকে বঞ্চিত থেকে যায়। কখনো কখনো কিছু ছাত্র-ছাত্রীরা এই নির্বাচনের কারণে কোনো ভ্রান্ত ধারনার শিকার হয়ে যায় আর এই ভুল ধারনার ফলে অপরের চোখে শুধু উপেক্ষাই ভরে দেয়, যা তাদের লক্ষ্য থেকে অনেক দূর করে দেয়।

অনেক সময় এই নির্বাচন প্রতিষ্ঠার ক্ষেত্রেও লোভ হয়ে দেখা দেয়। আর ছাত্ররা একে যেকোনোভাবে জিততে চায়। তারজন্য তাকে বাইরের কোনো রাজনৈতিক

সংগঠনের সাহায্য নিতে হয় তাতেও কোনো আপত্তি থাকে না। এই চিন্তা-ভাবনাই ছাত্রদের রাজনৈতিক স্মরণে পৌঁছে দেয়, যারা অপরাধিক মনোভাবাপন্ন হয়, অথবা যাদের সম্পর্ক মাফিয়া, চোরের মতো লোকেদের সাথে থাকে। এইসব লোকেদের সংরক্ষণ আর আশ্বাস পেয়েই ছাত্ররা এত বিগড়ে যায় যে শীঘ্র এদের কুকীর্তি খবরের কাগজের শিরোনামে ছাপা হতে থাকে।

এধরনের ছাত্ররা পরবর্তী প্রজন্মের 'দাদা' হয়ে তাদেরও এই রাস্তা অবলম্বন করতে উৎসাহিত করে। এরাই তাদের আর্থিক প্রয়োজনীয়তাকে পূরণের জন্য ধনী ছাত্রদের আতঙ্কিত করে তাদের শারীরিক ও মানসিক শোষণ করতে থাকে।

আসল কথা এটা যে একটা বড় মাছই পুকুরের জলকে নোংরা করে দেয়। সেইভাবে ছাত্র সংঘের নোংরা রাজনীতি করে ছাত্ররা তাদের ভবিষ্যতকে অন্ধকারের পথে ঠেলে দেয়।

লক্ষ্যহীন ছেলেদের অবস্থা রাস্তায় পড়ে থাকা পাথরের মতো হয়, যাকে যে কেউ ঠোক্কর মেরে চলে যায়। সত্যতা এটাই যে এই পৃথিবীতে মানুষ একজন চেতনশীল প্রাণী, যারা বুদ্ধি, বিবেচনা আর যুক্তি-তর্কের আধারে নিজেদের এমনভাবে তৈরী করতে পারে যাতে তারা বর্তমান আর ভবিষ্যত শুধু সুরক্ষিত আর সুনিশ্চিত রাখায় নয়, বরং বিপরীত পরিস্থিতিতেও যেকোনো প্রকারের হীনতা তাকে সহ্য

করতে হয়। এই বিচারকে অভিভাবকরা তাদের সন্তানদের সংস্কাররূপে প্রদান করে তাদের জীবনের লক্ষ্য নির্ধারিত করে থাকেন। লক্ষ্যহীন-ব্যক্তিদের প্রতি পদে পদে অসফলতার সম্মুখীন হতে হয়।

পিপাসা পাওয়ার পর কুয়ো খোঁড়া হয় না। তৃষ্ণা মানুষের শাশ্বত আবশ্যকতা আর তাকে নিবারণ করার ব্যবস্থা পিপাসা পাওয়ার আগেই করা বুদ্ধিমত্তার পরিচয়। বুদ্ধিমানরা চিন্তা-ভাবনা করে ভবিষ্যতের লক্ষ্য নির্ধারণ করে। এই লক্ষ্য-প্রাপ্তির জন্য সর্বদা সংঘর্ষও করতে থাকে। জীবিকার্জনের ব্যবস্থা এমন এক চিন্তা যার জন্য নিরন্তর পরিশ্রমের আবশ্যকতা হয়। এটাই জীবন-চক্র। সেজন্য লক্ষ্য কর্ম, যা কর্মশীল ব্যক্তি, আশা, বিশ্বাস, পরিশ্রম আর মনোবলের দ্বারা অর্জন করে। তাতে সন্তুষ্ট থাকে। সন্তুষ্টির এই অনুভব ছেলেদের সর্বদা পরিশ্রম করতে প্রেরণ করে। যে ব্যক্তি যত বেশী পরিশ্রমী হয়, লক্ষ্য ততই তার কাছে এগিয়ে আসে। সেইজন্য অভিভাবকদের প্রথম থেকেই বাচ্ছাদের সামনে জীবনের লক্ষ্য নির্বাচন করা উচিত। এই লক্ষ্য-প্রাপ্তির জন্য তাকে সহযোগীতা, সমর্থন, মানবীয় সাহায্য ইত্যাদি দেওয়া উচিত। এরজন্য অত্যন্ত প্রয়োজন নিজের সন্তানের ক্ষমতা জানার। তাকে সেই অনুরূপ শিক্ষ্শ-প্রশিক্ষ্শ দেওয়া উচিত। এব্যাপারে মাঝে মাঝে ক্যারিয়ার কাউন্সিলারের পরামর্শ নিন, যাতে বাচ্ছারা তাদের নির্ধারিত লক্ষ্য-প্রাপ্ত করে সফলতার উচ্চ-শিখরে পৌঁছতে পারে।

সমাধান—

1. সন্তানদের ভবিষ্যত তাদের বর্তমানের ওপরই নির্মিত হয়, অতএব তাকে সুসজ্জিত করুন।

2. হায়ারসেকেন্ডারী পরীক্ষায় পাশ করার পর তার ভবিষ্যতের লক্ষ্য তৈরী করুন। সেই সময় তার ক্যারিয়ার সম্বন্ধে তার অভিরুচি তৈরী হয়ে যায়, সেজন্য তার ইচ্ছাকেও মান্য করুন। প্রতিষ্ঠা আর সহযোগীতা দিন।

3. বংশ-পরম্পরা থেকে সরে গিয়ে নতুন কিছু করার সুযোগ দিন। অবিশ্বাস ব্যক্ত করবেন না। পর্যটন, এম. বি. এ., হোটেল ম্যানেজমেন্ট, মার্কেটিং, সি. এ., জনসম্পর্ক, সাংবাদিকতা, বিজ্ঞাপন, মডেলিং, বাদ্য-যন্ত্রের শিক্ষা ইত্যাদি এমন ব্যবসা, যাকে জীবনের লক্ষ্য করে তোলা যায়।

4. লক্ষ্য নির্ধারণে বিকল্পের দরোজা সর্বদা খোলা থাকে।

5. সন্তানদের ভবিষ্যৎ নির্মাণ বা লক্ষ্য প্রাপ্তিতে সবচেয়ে বড়ো বাধা 'হোম-সিকনেস্'। অতএব সন্তানদের লক্ষ্য নির্ধারণে বাধা হবেন না। তাকে ভবিষ্যৎ নির্মাণের জন্য বাইরে যেতে দিন।

6. অধিকাংশ ক্ষেত্রে সন্তানরা বংশ-পরম্পরাভাবে ব্যবসা অথবা চাকরিতে আগ্রহী হয়ে থাকে। কারণ অভিভাবকরা এটাই আশা করে যে, তার সন্তান তার ব্যবসা অথবা চাকরি করুক। এব্যাপারে বাধ্যবাধকতা বাচ্ছাদের তাদের কাজের প্রতি নীরস করে তোলে।

7. যে ছাত্র অংক, ভৌতিকশাস্ত্রের মতো বিষয়ে পারদর্শী, তাকে আই. আই. টি.-র বিভিন্ন পাঠক্রমে ভর্তি করুন। তার লক্ষ্য প্রাপ্তিতে সফলতা আসবে।

8. চিকিৎসা ক্ষেত্রতে যদি আপনি ডাক্তার হতে পারেন নি, তবে নিরাশ হবেন না। চিকিৎসা-সংক্রান্ত অন্য অনেক কাজ আছে। তার সাথে নিজেকে যুক্ত করুন। এতে নাম প্রতিষ্ঠা আর সফলতার পর্যাপ্ত সম্ভাবনা আছে।

9. সন্তানদের ওপর নিজের ইচ্ছা, আকাঙ্খা, আশা চাপিয়ে দেবেন না।

10. সংকল্পিতভাবে লক্ষ্য-প্রাপ্তির প্রচেষ্টা করুন। সন্তানদের ইচ্ছাশক্তি বাড়ান। সংকল্পের সামনে কোনো বিকল্প হয় না।

অন্ধকার যতই গভীর হোক, আলোর কিরণ তাকে ধুয়ে দেয়।

—অজ্ঞাত

পলায়ন-বাদী মনোভাব তৈরী হতে দেবেন না

পলায়ন-বাদী প্রবৃত্তি বাচ্ছাদের ব্যক্তিত্বের এমন একটা দোষ যা তাদের জীবনকে নীরস, ভারাক্রান্ত, দিশাহীন করে পরিবার আর ঘরের প্রতি বিদ্রোহী করে তোলে। যখন এইসব সন্তানরা নিজেরই তৈরী করা সমস্যার জালে এতবেশী জড়িয়ে পড়ে যে তার কোনো সমাধান তারা খুঁজে পায় না, তখন তারা ঘর থেকে, এমনকি কখনো কখনো জীবন থেকেও পালাতে চিন্তা করে। কিন্তু এই পলায়নবাদী চিন্তা আর প্রবৃত্তি তার কোনো সমস্যার সমাধান, না কোনো উপায়। এব্যাপারে একটা চিন্তা...........

প্রতিদিন দেশ-বিদেশের সংবাদপত্রে অনেক বিজ্ঞাপন প্রকাশিত হয়, যাতে ঘর থেকে পালিয়ে যাওয়া ছেলেদের খোঁজ দেওয়ার জন্য থাকে। অপরদিকে ঘর থেকে পালানো ছেলেদের পকেট থেকে যে চিঠি পাওয়া যায় তাতে, তাদের জবানবন্দী পড়ে মন কেঁপে ওঠে, দুঃখে ভরে যায়। কী এমন কারণ থাকে এই যুবকদের সামনে, এমন কী পরিস্থিতি হয় যে ছেলেমেয়েরা ঘর থেকে পালাতে বাধ্য হয়! এই জেনেও যে পলায়নের এই মনোবৃত্তি ভবিষ্যতের সমস্ত আশা-আকাঙ্খাকে সম্পূর্ণভাবে নষ্ট করে দেয়, যেখানে পরিবারের লোকজন, বন্ধু-বান্ধব আর পরিচিতদের বিশ্বাস হারিয়ে ফেলে, সে নিজেই তার ভবিষ্যতকে অন্ধকারময় করে তোলে। অনেক সময় এইসমস্ত বাচ্ছারা খারাপ সঙ্গের জন্য এমন দুঃসাহসী হয়ে যায় যে—তাদের যেকোনো কাজ করতেও কোনো ভয় হয় না। মান-মর্যাদার সমস্ত সীমা তার কাছে বন্ধ হয়ে যায়।

এটা দেখা গেছে যে বাচ্ছাদের মধ্যে পলায়নী প্রবৃত্তির জন্য তাদের আত্মহীনতা, ভয়, আর বাইরের দুনিয়ার চাকচিক্যের প্রতি আকর্ষণই দায়ী। অতএব তাদের মধ্যে পলায়নবাদী চিন্তা-ভাবনা সৃষ্টি হতেই দেবেন না, তারজন্য প্রয়োজন অভিভাবকরা পরিবারের সমস্ত সন্তানদের সমানভাবে দেখা আর তাদের চাপিয়ে দেওয়া বোঝা না মনে করেন। বাস্তবে যখন বাচ্ছারা নিজেদের লোকেদের কাছ থেকেই উপেক্ষিত হতে থাকে, তো তাদের ঘরের প্রতি আকর্ষণ কম হতে থাকে। আর বাইরের দুনিয়ার আকর্ষণ বাড়তে থাকে।

অভিভাবকদের উচিত বাচ্ছাদের শারীরিক, মানসিক, সাংস্কৃতিক, সামাজিক, ব্যবহারিক আর আর্থিক বিকাশে যত্ন নেওয়া, তার ক্যারিয়ারের দিকে লক্ষ্য দেওয়া। তার ভবিষ্যত নির্মাণে সক্রিয় সহযোগীতা করা।

কিছু অভিভাবক নিজেদের অত্যধিক ব্যস্ততার জন্য বাচ্ছাদের ততটা সময় দিতে পারে না, যতটা তার সংরক্ষণের জন্য প্রয়োজন। যে পরিবারে বাবা-মা দু'জনেই কর্মরত হ'ন অথবা যে অভিভাবক সকাল থেকে নিজের নিজের কাজে চলে যায়, তাদের সন্তানদের দিকে দেখার জন্য সময়ই থাকেনা। এই ধরনের পরিবেশে বাচ্ছারা শীঘ্রই খারাপ সঙ্গোর কারণে বিগড়ে যায়, অবাধ্য হয়ে ওঠে। অবশেষে এই অবাধ্যতার কারণ তাদের ঘর থেকে পালিয়ে যেতে বাধ্য করে। অভিভাবকদের চোখ তখন খোলে যখন মাথার ওপর বিপদ এসে যায়।

বাচ্ছাদের সর্বদা গঠনমূলক কাজে লাগিয়ে রাখা উচিত। এতে তাদের যেমন মানসিক সন্তুষ্টির ভাব আসবে, তেমনি সে এই কাজের মধ্যেই নিজের ভবিষ্যত খুঁজে নেবে। এধরনের গঠনমূলক কাজ তাদের দিক্ নির্ণয়ে সহায়তা করে আর বাচ্ছাদের প্রবৃত্তিও সামাজিক হয়ে ওঠে।

বাচ্ছাদের অপমানিত, বিতাড়িত করার চেয়ে তাদের দুর্বলতা, ঘাটতি, দোষকে দূর করুন। অসফলতার মুহূর্তে তাকে অপমানিত করা আর এটা বলা—"নির্লজ্জ কোথাকার, অকর্মা কোথাকার........দুর হয়ে যা আমার সামনে থেকে.........থুতু ফেলে ডুবে মর..........বংশের কুলাঙ্গার........." -ইত্যাদি বাচ্ছাদের পলায়নবাদী করে তোলে। ঘর কিংবা জীবন থেকে পালিয়ে যাওয়াই একমাত্র উপায় বলে মনে করে এরা।

সন্তানদের চিন্তা-ভাবনা, ইচ্ছা, বিচারকে সম্মান করুন। তাদের ছোটো ছোটো সফলতাকেও স্বীকার করুন। তাদের বন্ধুদের সামনে তার সফলতা, গুণের চর্চা করুন। তার ঘাটতি, অভাব বা দোষকে বিদ্রুপ করবেন না।

সন্তানদের মানসিকভাবে এতটাই বিকশিত করে দিন যে তারা অন্যের সহযোগীতা নিতে সংকোচ না করে। অন্যের সহযোগীতা ছাড়া কোনো ব্যক্তি ততটা উন্নতি করতে পারেনা যতটা সে অন্যের সহযোগীতা নিয়ে করতে পারে। বাচ্ছাদের মধ্যে এই ভাবনা জাগ্রত হওয়া দরকার যে অন্যের সহযোগীতা নিলে কোনো ব্যক্তি ছোটো হয়ে যায় না, আর তার মান-সম্মান বা প্রতিষ্ঠা কমে যায় না। এভাবে সহযোগীতার প্রতি কৃতজ্ঞতা স্থাপন করাও একটা শিষ্টাচার। অতএব তাদের শিষ্টাচারও গ্রহণ করতে দিন।

বয়স-বৃদ্ধিপ্রাপ্ত বাচ্ছাদের প্রতি অভিভাবকদের চিন্তা যেখানে পলায়নবাদী প্রবৃত্তি থেকে বাঁচাবে, সেই বাচ্ছা নিজেদের ভবিষ্যতের প্রতিও স্বয়ং চিন্তাশীল হয়ে তাকে সাজাবে-গোছাবে। এধরনের বাচ্ছাদের সফলতা সুনিশ্চিত হবে।

সমাধান—

1. সন্তানদের কোনো অসফলতার জন্য তাদের বিতাড়িত বা অপমানিত করবেন না। বিতাড়ন তাদের ভিতর থেকে এমনভাবে দুর্বল করে দেয় যে, তারা কখনো কখনো বিবেকহীন হয়ে পড়ে। বিবেকহীনতার এই মুহূর্তে তারা যেকোনো ধরনের পদক্ষেপ গ্রহণ করতে পারে।

2. যখন আপনি ক্রুদ্ধ অবস্থায় থাকবেন, তখন আবেগের বশে কোনো কটূ কথা বলবেন না, গালাগালি অথবা বাজে কথা বলবেন না। এই শব্দের অত্যন্ত গভীর প্রভাব পড়ে আর বাচ্ছারা এই ধরনের শব্দকে কোনোদিন ভুলতে পারে না। 'দূর হয়ে যা, আমাকে তোর অপয়া মুখ দেখাবি না'—এধরনের কথা শুনে বাচ্ছারা আত্মহত্যা পর্যন্ত করতে পারে।

3. বাচ্ছাদের ঘর আর আপনজনদের সাথে সম্পর্ক সর্বদা অক্ষুণ্ণ রাখুন। তাকে ঘরের উপযোগী ব্যক্তি মনে করুন, তার কথার গুরুত্ব দিন।

4. যদি বাচ্ছাদের দ্বারা জ্ঞানে-অজ্ঞানে কোনো ভুল হয়ে যায়, অন্যায় বা ক্ষতি হয়ে থাকে, তো সেটা তাকে বুঝিয়ে দিন, কিন্তু তার জন্য তাকে কঠোর সাজা দেবেন না। অন্তত দু'এক বার তাকে মাফ করে দিন, যাতে সে নিজের ভুল বুঝতে পেরে আফশোষ করে, তাকে শোধরাতে পারে।

5. চুরি, মিথ্যা, বাহানাবাজি, চুকলি করা ইত্যাদি ব্যবহার পলায়নবাদী চিন্তাকে বাড়িয়ে দেয়। সেজন্য বাচ্ছাদের এই সমস্ত অভ্যাসের থেকে মুক্তি দেওয়ার চিন্তা করুন।

6. বাচ্ছাদের এই সত্যের সাথে পরিচিত করান—যে গ্ল্যামারের চাকচিক্য তারা সিনেমার পর্দায় দেখে, সেটা জীবনের সত্য নয়, বরং সেটা আলেয়া। সিনেমার জীবন বাস্তবের সাথে মিল খায় না। সেজন্য জীবনের বাস্তবিকতাকে স্বীকার করুন।

7. বাচ্ছাদের এই সত্যতার সাথেও পরিচিত করান যে—দুনিয়াতে এমন লোকের কোনো অভাব নেই যারা নিজেদের মিষ্টি মধুর কথা দিয়ে অন্যের দুর্বলতা আর তার খামতিকে কাজে লাগায়। তার সাথে কপটতা করে। এধরনের লোকেদের কাছ থেকে সাবধান থাকা আবশ্যক। তাদের কথায় বিশ্বাস করে ঘর থেকে পালানোর মূর্খতা কখনো করবে না।

8. যেভাবে উন্নতি করে সন্তানরা তাদের বাবা-মায়ের নাম উজ্জ্বল করতে পারে, ঠিক সেইভাবে জীবন থেকে বা ঘর থেকে পালিয়ে গিয়ে বাচ্ছারা নিজেদের বাবা-মায়ের নাম বদনামও করতে পারে। অতএব তার মধ্যে প্রগতির আশা জাগান।

9. অসফলতা কোনো অভিশাপ নয়। এটা একটা কষ্টিপাথর, যাতে পরখ করা যায়। অতএব জীবনে যখন অসফলতার মোকাবিলা করতে হয়, তো তাকেও খোলা মনে স্বীকার করুন। এই কারণে মনে হীনতা অথবা আত্মগ্লানি আনবেন না।

10. নিজের সন্তানদের সর্বদা সামনে এগিয়ে যেতে সাহস জোগান। কুমোরের ন্যায় তাকে ভিতর থেকে সহায়তা দিন, কিন্তু তার দোষকে ঠিক করার জন্য হাল্কা হাতের স্নেহ ভরা প্রহারও করুন।

সংকল্পের সামনে কোনো বিকল্প হয় না। সেজন্য সংকল্পের সামনে কোনো দুরাগ্রহী চিন্তা দাঁড়াতে পারে না। *—বন্দনা অরোরা*

কুণ্ঠা-ভাবকে স্থায়ী হতে দেবেন না

পরিবার, নিকট আত্মীয়-স্বজন, আর শিক্ষকদের কাছ থেকে আশা আর ইচ্ছাপূরণ না হওয়া, বকা-ঝকা শুনে নিজের ইচ্ছাকে চেপে রাখার কারণে বাচ্ছাদের মনে সৃষ্টি হওয়া আক্রোশ, অসন্তোষ, ক্রোধ ও বিদ্রোহের অবস্থাই সেই কুণ্ঠার সৃষ্টিকর্তা, যা তাদের জীবনে গ্রন্থি হয়ে উঠেছে আর মনকে ফাঁসে জড়িয়ে ফেলছে। কেন অভিভাবকরা বাচ্ছাদের মনে ফাঁস হয়ে থাকা এই ইচ্ছাকে বুঝতে পারেনা? বাচ্ছাদের মনে সৃষ্টি হওয়া এই আক্রোশ অবশ্যই কখনো না কখনো কোথাও না কোথাও প্রকট হবেই হবে।

"আমি এই ছেলের ভবিষ্যতের জন্য কী কী না করেছি। ওকে সমস্ত রকমের সুখ-সুবিধা দিয়েছি। সব থেকে ভালো স্কুলে পড়িয়েছি, ভালো খাবার-কাপড়, যথেষ্ট পকেট খরচ, ঘরে পড়ানোর জন্য তিন-তিন জন প্রাইভেট টিউটরও রেখেছি, কিন্তু আজ অবস্থা এমন যে ও স্কুল ফাইনালও পাশ করতে পারেনি। ছেলে অশিক্ষিত হয়ে থাকার ফলে সমাজ আর আত্মীয়-স্বজনের কাছে মাথা হেঁট হয়ে যায়। এখনও কি কিছু হতে পারে? আমি ওর লেখা-পড়া আর সমস্ত রকমের উন্নতির জন্য যত খুশি টাকা খরচ করতে রাজি আছি।"

ক্যারিয়ার কাউন্সিলারের কাছে যুবকদের সমস্যার সম্বন্ধে এধরনের অনেক চিঠি-পত্র প্রতিদিন আসে, যাতে সন্তানদের কুণ্ঠা, নিরাশা, খারাপ অভ্যাস, বৃদ্ধিপ্রাপ্ত উচ্ছৃঙ্খলতা, অনুশাসনহীনতা, স্বেচ্ছাচারিতা, পড়ার প্রতি উদাসীনতা ইত্যাদির উল্লেখ থাকে, সঙ্গে কিছু অভিভাবকদেরও দুঃখ প্রকাশ থাকে। শুধু গ্রাম নয়, শহরের

ছেলেদের সম্বন্ধেও এমন অনেক অভিযোগ থাকে যাদের কাছে জিনিস-পত্রের কোনো অভাব থাকে না, তবুও তারা লেখা-পড়াতে শূন্যই থেকে যায়। লেখা-পড়ার বয়স পেরিয়ে যাবার পর এই সমস্ত বাচ্ছারা এমন কুণ্ঠাগ্রস্ত হয়ে যায়, যে তাদের কাছে এই সমস্যার কোনো সমাধান থাকে না। এধরনের বাচ্ছাদের এই দুর্বলতার দাম অভিভাবকদের দিতে হয়।

আসলে বাচ্ছারা নিজেদের ইচ্ছা আর আবশ্যকতাকে সময়মতো পূরণ করতে না পারে তো তারা অবসাদগ্রস্ত হয়ে আত্মহীনতা, নিরাশা আর কুণ্ঠাতে ভরে যায়। তার এই পরিস্থিতি সমাজ আর পরিবারের প্রতি বিদ্রোহী করে তোলে। এধরনের বাচ্ছাদের কিছু মনোবিকার দেখা দিতে থাকে। এই মনোবিকারই বাচ্ছাদের ক্রোধী, ঝগড়াটে, অসামাজিক, অপরাধী আর অনিষ্টকারী করে তোলে।

মনোরোগগ্রস্ত বাচ্ছাদের ঘর এবং বাইরে সমন্বয় সাধনে অনেক সমস্যা তৈরী হয়, যাদের অভিভাবকরা চাইলেও সমাধান করতে পারেন না। সমন্বয় সাধনের অভাবে তাদের বর্তমান আর ভবিষ্যত ঘড়ির পেন্ডুলামের মতো এদিক-ওদিক ঝুলতে থাকে। এধরনের অসন্তুস্ট আর কুণ্ঠাগ্রস্ত বালকদের মনো-স্থিতি, তাকে মানসিকভাবে রোগগ্রস্ত করে তোলে।

বাস্তবে অবস্থা অনুযায়ী প্রত্যেক বালকের কিছু ইচ্ছা, কামনা আর আবশ্যকতা থাকে। সেটাই তাকে ক্রিয়াশীল, সন্তুস্ট আর উৎসাহী করে তোলে। বাচ্ছারা তাদের এই ইচ্ছার পূর্তির জন্য নিজেদের লক্ষ্য নির্ধারিত করে। লক্ষ্য-প্রাপ্তির পথে আসা বাধা হয় তাকে সাহসী করে তোলে, নয়ত সে নিরাশ হয়ে অবসাদগ্রস্ত হয়ে পড়ে। অভিভাবক অথবা পরিবারের লোকজনের সহযোগীতা, স্নেহ আর প্রেরণাই তাকে উৎসাহী করে তোলে। ইচ্ছার বিপরীত অবস্থা কুণ্ঠা সৃষ্টি করে। এই কুণ্ঠাই তাকে নিরাশ অথবা উচ্ছৃঙ্খল তৈরী করে দেয়।

সন্তানদের মধ্যে কুণ্ঠার স্থায়ী হওয়ার কারণগুলি হলো—

1. প্রতিযোগীতার ভাবনা : আজকাল বাচ্ছারা উচ্চপদে পদস্থ থাকতে চায়। তারা তাদের ক্যারিয়ারের প্রতি এত সচেতন থাকে যে তারা দিনরাত পরিশ্রম করে নিজেদের লক্ষ্য-প্রাপ্ত করতে চায়। কিন্তু যখন লক্ষ্য পর্যন্ত পৌঁছতে পারে না, তখন নিজের অসফলতা থেকে কুণ্ঠিত হয়ে যায়।

2. মহতাঙ্খী চিন্তা-ভাবনা : ফিল্মী সংস্কৃতির প্রভাবের কারণে সব ব্যক্তির চিন্তা-ভাবনা গ্ল্যামার আর জাঁক-জমকপূর্ণ জীবন হয়ে গেছে। তারা ভালো

খাওয়া-দাওয়া, পরা, বিশাল বাড়ী-বাংলোতে থাকতে চায়। যেখানে সত্যতা এই যে—ফিল্মী জীবন বাস্তবিক জীবন নয়। তাতে কৃত্রিমতা অনেক বেশী থাকে। জীবনের সকলের প্রত্যাশিত মনোবাঞ্ছা পূর্ণও হয় না। এই ধরনের অবস্থাও অনেক সময় কুণ্ঠিত করে দেয়।

3. জন্মগত অযোগ্যতা : শারীরিক আর মানসিক অযোগ্যতার কারণেও সন্তানরা চাইলেও সফলতা লাভ করতে পারে না, যা পেতে চায়। এধরনের বাচ্ছারা অন্যদের সামনে নিজেকে হীন, দুর্বল, ভাগ্যহীন মনে করে কুণ্ঠাগ্রস্ত হয়ে যায়।

অনেক বাইরের কারণও বাচ্ছাদের চিন্তা-ভাবনাকে প্রভাবিত করে। আসল কথা এই যে বাচ্ছাদের মনে জন্ম নেওয়া এই প্রকারের কুণ্ঠাকে স্থায়ীরূপে মনে থাকতে দেবেন না।

সমাধান—

1. সময় থাকতে থাকতে বাচ্ছাদের সাথে যোগাযোগ স্থাপন করে তার মনোবৈজ্ঞানিক ইচ্ছা, আবশ্যকতা, ব্যবহারকে সন্তুষ্টি দান করুন। বাচ্ছাদের পরিবার আর নিজের সাথে যুক্ত রাখুন।

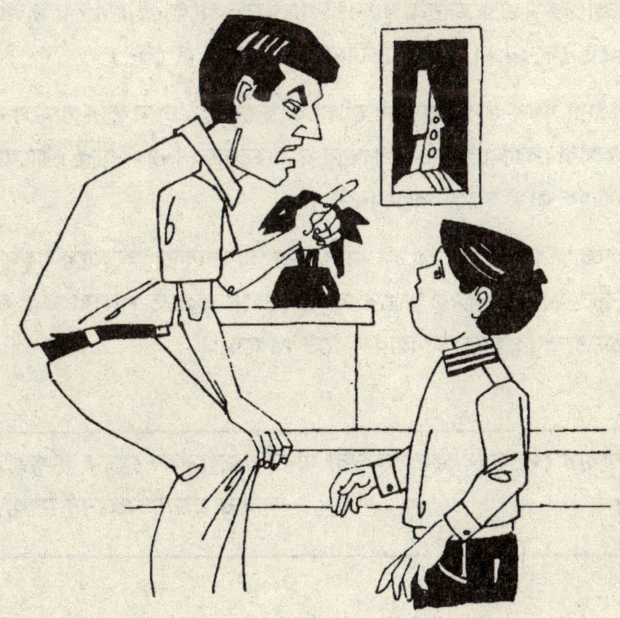

2. বাচ্ছার ওপর সর্বক্ষণ আদেশ, আজ্ঞা করবেন না। এধরনের কথা-বার্তা শুনে তারা খিটখিটে হয়ে যায়। তার মধ্যে ক্রোধ আর আক্রোশ সৃষ্টি হয়।

3. বাচ্ছাদের তীক্ষ্ণ দৃষ্টি থেকে অভিভাবকদের ব্যবহার লুকানো যায় না। অতএব তাদের সামনে এরকম ব্যবহার করবেন না, যা তাদের মানসিকভাবে বোঝা-প্রাপ্ত, কুণ্ঠা-গ্রস্ত করে তোলে—সেটা স্বামী-স্ত্রীর সম্পর্কই হোক না কেন। বালক কখনো চায় না যে তার বাবার সাথে মায়ের সম্পর্ক তিক্ত হোক।

4. বাচ্ছাদের তাদের নিজের কাজ নিজে করতে দিন। এরকম করলে তাদের বেশী সুখানুভূতি হয়, তারা সন্তুস্ট থাকে।

5. বাচ্ছাদের অতিথি, পরিচিত আর বাড়ীতে আসা প্রতিবেশী, বন্ধু-বান্ধবদের সাথে পরিচিত করান। তার গুণের কথা অবশ্যই বলবেন।

6. বাচ্ছাদের কোনো দুর্বলতা বা হীনতার জন্য তাকে ব্যাঙ্গ বা বিদ্রুপ করবেন না। কোনো ঘাটতির জন্য দোষ দেবেন না।

7. অনাবশ্যকভাবে টোকা, বকা, তার ভাবনাকে আহত করে। এতে বাচ্ছা অভিভাবকদের প্রতি উপেক্ষা প্রকট করতে থাকে। অতএব এর থেকে বাঁচুন।

8. বাচ্ছাদের মুডকে জানুন, বুঝুন। বিনা মুডে তাকে কোনো কাজে লাগাবেন না বা করতে দেবেন না, সেটা যতটা জরুরীই হোক না কেন।

9. বাচ্ছারা যখন স্কুল থেকে বা খেলা করে ফেরে, তখন তার সামনে নালিশ, উদ্বিগ্নতা অথবা কোনো আশা-আকাঙ্খার কথা জানাবেন না। তাকে কোনো কঠিন অথবা কষ্টকর কাজ করতে বলবেন না।

10. বাচ্ছাদের চিন্তাকে তাদের বয়স আর আবশ্যকতা অনুসারে বুঝুন। এতে আপনার চিন্তাকে বাচ্ছাদের চিন্তার অনুরূপ করে তুলতে সাহায্য করবে। আর আপনি তাতে বন্ধুর মতো ব্যবহার করতে পারবেন।

পরিবার থেকে বিচ্ছিন্ন সন্তানরা মানবীয় সংবেদন থেকে বঞ্চিত হতে থাকে। *—বালক মনোবিজ্ঞানের সিদ্ধান্ত*

আর্থিক সম্পন্নতা—এক অভিশাপ

স্কুলে পড়া সম্পন্ন পরিবারের বাচ্ছারা যখন গাড়ি থেকে নামার সময় আশা করে ড্রাইভার তার দরজা খুলে দেবে, তার ব্যাগ নিয়ে সঙ্গে যাবে, তো মনে করে নিন সম্পন্নতা তার মাথার ওপর চড়ে বসেছে। আর এই আর্থিক সম্পন্নতার দুষ্পরিণাম থেকে বাচ্ছারা বেঁচে থাকতে পারে না। কি প্রভাব পড়ে আর্থিক সম্পন্নতা বাচ্ছাদের ব্যক্তিত্বের ওপরে—এটা একটা বিবেচ্য বিষয়।—

স্কুল আর কলেজে পড়া ধনী পরিবারের সন্তানদের ধনের আধিক্যের জন্য কয়েকটি বিশেষ ব্যবহার দেখা যায়। শুধু এটাই নয়, এইসব বড়লোকের ছেলেদের বাড়ী থেকেই শিখিয়ে দেওয়া হয় যে, ছোট ঘরের ছেলেদের সাথে যেন মেলামেশা না করে।

সমাজবৈজ্ঞানিকদের মতে—সমাজে দ্রুতগতিতে আর্থিক সম্পন্নতা বাড়ার কারণে লোকেদের চিন্তা-ভাবনাতে ব্যবধান সৃষ্টি হয়েছে। আর্থিক দৃষ্টিতে সম্পন্নতা নিজেদের সম্পূর্ণ আলাদা মনে করে আর তারা ছোটো লোকেদের সাথে কোনোভাবেই সমন্বয়সাধন করতে প্রস্তুত নয়। আর্থিক সম্পন্নতার কারণে অভিভাবকরা তাদের সন্তানদের দামী পাবলিক ইংরাজি মাধ্যম স্কুলে পড়াতে চায়।

তথাকথিত আধুনিকতা আর স্টেটাস দেখানোর কারণে নিজেদের আলাদা পরিচয় তৈরীর ব্যস্ততায় সম্পন্ন ঘরের ছেলেরা স্কুলে লেখাপড়াতে আগ্রহী হওয়ার পরিবর্তে

প্রায়শঃই অন্য ধরনের ব্যবহারে বেশী আগ্রহ থাকে। তার পরিণাম এই হয় যে তারা বিদ্যালয়ের সংস্কার ছাড়া আর সবই শিখে যায়, যা এদের বিগড়াতে, অবাধ্য করে তুলতে সাহায্য করে।

আজ আমাদের সমাজে বিশেষভাবে সম্পন্ন পরিবারে (যা আজ অত্যন্ত বেশী) বাচ্ছাদের শুরু থেকেই সমস্ত প্রকারের সুখ-সুবিধা দেওয়া হয়ে থাকে। শুধু তাই নয়, বাড়ীতে তাদের জলও নিজের হাতে নিয়ে খেতে হয় না। স্কুলে যাওয়ার জন্য দামী গাড়ী, ব্যাগ তোলার জন্য চাকর, খাওয়া-দাওয়ার জন্য নানা রকমের খাদ্য বা অনেক ধরনের সুবিধাযুক্ত হোস্টেল তারা পায়। তারা এটা বুঝতেই পারে না খিদে কি জিনিস? টাকা কীভাবে রোজগার করতে হয়? বাক্যের কি মহত্ব? বিপদের সময় কে কার কাজে লাগে? বন্ধুত্বের গুরুত্ব কী? পরিবার তার কাছে কি আশা করে? সমাজের প্রতি তার কি দায়িত্ব? যেখানে সন্তানদের ব্যক্তিত্ব আর ভবিষ্যত গঠনের জন্য এসমস্ত কিছুর গুরুত্ব অত্যন্ত বেশী।

সম্পন্নতার প্রদর্শন : দোষের মূল—

যখন অভিভাবকদের নিজেদের সম্পন্নতা বাচ্ছাদের মাধ্যমে প্রকট করতে থাকে, তো বাচ্ছাদের ব্যক্তিত্বতেও তার অনেক প্রকারের দোষ এসে যায়। স্কুলের ব্যাপারকেও কিছুক্ষণের জন্য অগ্রাহ্য করে দেওয়া যায়, তো দেখা যায় বাচ্ছারা বাড়ীতেই নানা রকমের বাহানাবাজী করতে থাকে। ছোটো ছোটো ব্যাপারেই না বলতে থাকে, ভ্রু কোঁচকাতে থাকে, ‘এটা ভালো নয়, ওটা ভালো নয়, এটা অপরিষ্কার, ওটা খারাপ, আমি এটা খায়না, ওটা খায়না, এরকম করো, ওরকম করো’—এধরনের সামান্য ব্যাপার নিয়ে জিদ করতে থাকা, রাগ প্রকাশ করা তার অভ্যাস হয়ে যায়। অহংকারভাব তার মধ্যে জন্ম নেয়। নিজেকে সে অন্যের থেকে শ্রেষ্ঠ, উত্তম, বুদ্ধিমান, বোঝদার আর বিশিষ্ট ব্যক্তি মনে করতে থাকে। অন্যদের হেয় দৃষ্টিতে দেখা, নিজেকে চালাক মনে করা তার অভ্যাস হয়ে যায়। এমন কি যে এই অভ্যাসের জন্য নিজেদের থেকে বড়োদেরও অপমান করে ফেলে। সত্যতা এটাই যে তাদের এধরনের চিন্তা তাদের কিছুই শিখতে দেয় না। এই চিন্তা আর ব্যবহারের কারণে অন্য সঙ্গী-সাথীরা তার থেকে দূরত্ব রেখে চলে। তারা এদের অহংকারী বলে মনে করে। এই সমস্ত সম্পন্ন ঘরের ছেলেরা সঙ্গীদের থেকে বিচ্ছিন্ন হয়ে যায় আর সেই সম্পন্নতাই তাদের জন্য অভিশাপ হয়ে দাঁড়ায়।

তথাকথিত পার্টি ও সন্তানদের ওপর তার প্রভাব—

আর্থিক দৃষ্টিতে সম্পন্ন, বরিষ্ঠ আধিকারিক, ব্যবসায়ী, রাজনৈতিক সত্তার সাথে যুক্ত লোকেদের জীবন শৈলীতে অনেক পরিবর্তনকেও অত্যন্ত সোজাভাবে দেখা হয়। হোটেল আর ক্লাব সংস্কৃতির সাথে যুক্ত এই ব্যবহার তাদের স্কুল থেকে সর্বদা দূরে থাকতে বাধ্য করে। এধরনের পরিবারে সোশ্যাল ফ্যান্টাসের প্রদর্শন করতে বড়ো বড়ো জাঁক-জমকপূর্ণ পার্টির আয়োজন প্রায়ই হয়ে থাকে কিংবা পার্টিতে সামিল হয়ে থাকে। রাতে দেরীতে বাড়ী আসে-যায়। এধরনের পার্টির স্বাদ বাচ্ছারা পেয়ে থাকে। কখনো কখনো মেয়েরাও এই পার্টিতে অত্যন্ত উৎসাহের সাথে যোগদান করে থাকে।

বাচ্ছারা যখন এটা দেখে যে বাড়ীতে কে কে আসছে, কেন আসছে, ঘরে আসা খাম বা ডিব্বাতে কি আছে, তখন সেও এই ধরনের জীবনশৈলীর সত্যতা বুঝতে পারে। এধরনের বাচ্ছারা দু'চারশো টাকা তার বন্ধু-বান্ধবদের জন্য খরচ করতে কোনো সংকোচ করে না। এই বন্ধুদের মধ্যে কিছু চালাক ধরনের ছেলেও থাকে, যারা এই ধনীবর্গের ছেলেদের নিজেদের বস্ বলে তার খোশামোদ করতে থাকে আর নিজের কাজ গোছাতে থাকে। আস্তে আস্তে এই বস্ নিজের গুণ্ডাবাজির জন্য প্রসিদ্ধ হয়ে যায়। যা তাদের এক অপরাধী জীবন দান করে। লুকিয়ে লুকিয়ে দামী সিগারেট খাওয়া, জুয়া খেলা বা ড্রাগ নেওয়া এদের অভ্যাস হয়ে যায়। বাড়ীতে বাবা-মায়েরা তখন জানতে পারে যখন তারা নিজেরা দেরীতে বাড়ী ফেরে আর জানতে পারে তাদের ছেলে এখনও বাড়ী ফেরেনি।

বিপরীত সেক্সের প্রতি আকর্ষণ—

এই বয়সে বিপরীত সেক্সের প্রতি আকর্ষণ জন্ম নিতে থাকে। সহ-শিক্ষার কারণে ছেলেমেয়েরা একে অপরের নিকট আসার পর্যাপ্ত সুযোগ সহজেই পেয়ে যায়, কারণ এখন বার্থ-ডে পার্টিতে একে অপরকে ডাকা, উপহার দেওয়া শিষ্টাচার হয়ে দাঁড়িয়েছে। 'ভ্যালেনটাইন ডে'-তে একে অপরের প্রতি প্রেম প্রদর্শিত করার ব্যবহার সামান্য মনে করা হয়। সেজন্য কিছু ছেলে একসাথে পড়া মেয়েদের 'চিপ' মনে করে তাদের সাথে দুর্ব্যবহার করা তাদের অধিকার বলে মনে করে থাকে। কিছু ছেলেরা কোনো মেয়ের প্রতি প্রাণ দিতেও কুণ্ঠা করে না আর তাকে পাওয়ার জন্য একপক্ষীয় প্রেমের ভাবনাতে ডুবে থাকে। কিছু ছেলেরা এধরনের একপক্ষীয় প্রেমের জন্য মেয়েদের জীবন নষ্ট করে দেবার চিন্তাও করতে থাকে।

কুণ্ঠাগ্রস্ত যুবকদের সম্বন্ধে এমন অনেক ঘটনা নিত্য ঘটছে। বিড়ম্বনা এটা যে এই ধরনের ঘটনা দিন দিন বাড়ছে আর স্কুলে পড়া হিরো টাইপের ছেলেরাই এই প্রকারের অপরাধিক আচরণকে নিজেকের পুরুষত্ব মনে করে একটার পর একটা অপরাধ করতে থাকে। সমস্ত দেশে এধরনের ঘটনার গ্রাফ বাড়তেই থাকছে। বড়লোক বাবার ছেলে হওয়ার জন্য এই ধরনের অপরাধ আইনের চোখেও ধূলো দিতে সক্ষম হচ্ছে। দিল্লী পুলিশের ভূতপূর্ব সংযুক্ত আধিকারিক আমোদ কণ্ঠের বক্তব্য যে আগে আর্থিক অভাবের কারণে অপরাধ হতো, এখন আর্থিক সম্পন্নতার কারণে বড়ো ঘরের ছেলেরা অপরাধের দিকে অগ্রসর হতে থাকছে।

সন্তানদের প্রাকৃতিক জীবন অতিবাহিত করতে দিন—

সন্তানদের সঠিক বিকাশ তাদের সমান বয়স, সমান বৌদ্ধিক স্তর, সমান রুচির বাচ্ছাদের মধ্যে থাকার ফলে হয়ে থাকে, সেজন্য বাচ্ছাদের, তাদের এই পরিবেশ, চিন্তাশীল কার্যক্ষেত্র আর সম্বন্ধের আকাশ কেড়ে নেবেন না। আপনি যতই আর্থিকভাবে সচ্ছল হো'ন না কেন, তাকে বাচ্ছাই থাকতে দিন। তাদের শৈশব কেড়ে নেবেন না। তাকে সঙ্গী-সাথীদের সাথে খেলতে দিন, ঘুরতে দিন। মনের কথা বলতে দিন। তাদের কখনো কখনো মাটিতে খেলতে দিন, কারণ মাটিরও নিজের গুণ থাকে। যখন বাচ্ছারা খেলার মাঠে অন্য বাচ্ছাদের সাথে খেলতে থাকে তো তাদের মধ্যে পরস্পর সহায়তা প্রতিযোগীতার ভাবনা আসে। তারা জেতাতে যে সাময়িক আনন্দ অনুভব করে, সেই সুখানুভূতিই তাকে সামাজিক করে তোলে। হেরে গেলেও সে মনোবল পায়। সে পুনরায় জেতার চেষ্টা করতে থাকে আর এভাবে হারিয়ে যাওয়া শক্তি পুরনায় অর্জন করে। হতাশ হয়ে বসে যায় না। বাস্তবে আপনার সম্পন্নতা তখনই সার্থক হয় যখন আপনি বাচ্ছাদের মধ্যে সামাজিক ভাবনা আনতে পারবেন। সামাজিকতা বাচ্ছাদের মধ্যে মনোবল বাড়ায়। তাদের দৃষ্টিকোণ বিকশিত করে। সেজন্য সন্তানদের তাদের সাথীদের সঙ্গ পেতে দিন, তাদের থেকে আলাদা করবেন না।

সামগ্রিকতার ভাবনা বিকশিত হতে দিন—

সমূহের মধ্যে থেকেই বাচ্ছারা একে অপরের ভাবনাকে বুঝতে পারে। একে অপরের সম্মান করতে শেখে। একে অপরকে সহযোগীতা করে সামনে এগিয়ে যায়। তাদের মধ্যে সমন্বয়সাধন করার বিষম পরিস্থিতিতেও সম্মানজনক সমঝোতা করার অভ্যাস হয়ে যায়। ব্যবহারিক জীবনে শুধুমাত্র অর্থই কাজে আসে না। ধনতো

একটা সাধনা মাত্র, একে সাধ্য করে তুলবেন না বরং বাচ্ছাদের ধনকে ব্যবহার করতে শেখান। তাদের শেখান ধনের শুধু তিনটি ব্যবহার হয়ে থাকে।—দান, উপভোগ আর নাশ। সাধন-সম্পন্ন অভিভাবকদের উচিত বাচ্ছাদের ধন সম্বন্ধে ধারণাকে স্পষ্ট করে দেওয়া। তাদের নাশকারী পরিণাম থেকে সাবধান করুন। তাদের টাকা-পয়সার সদোপযোগ করতে শেখান। লেখা-পড়া শিখে নিজের পায়ে দাঁড়াতে যোগ্য করে তুলুন। এটা বোঝান যে টাকা দিয়ে সবকিছু সম্ভব—এটা ভুল ধারণা। সেজন্য বাচ্ছাদের সামনে এধরনের কথা বলবেন না যার ফলে তাদের মনে এই ধারণা দৃঢ় হয়ে যায়। টাকা অনেক কিছু, কিন্তু সব কিছু নয়। পয়সাতে না সব কাজ সম্ভব হয়, আর না ভবিষ্যতে হবে। সেজন্য বাচ্ছাদের বিচার, বিবেক, সাহস, তর্কের সাথে পয়সার ঔচিত্য সম্বন্ধে তাদের ধারণাকে বিকশিত করুন।

সফলতার আধার—সাধনার পবিত্রতা—

নিজের সফলতার আধার সাধনার পবিত্রতা মনে করুন। অনুচিত উপায়ে হাতানো সফলতা সন্তানদের সর্বদা নীচু দেখায়। তাদের মধ্যে চোরের মতো মনোবৃত্তিই বিকশিত হবে। সেজন্য এধরনের ব্যবহারের উপযোগ ভুলেও করবেন না।

পারিবারিক সম্পন্নতা বাচ্ছাদের যোগ্যতা আর প্রতিভাতে সহায়ক হবে, এটা তখনই সম্ভব, যখন অভিভাবকরা নিজেদের সন্তানদের সম্পন্নতার দুষ্প্রভাব থেকে বাঁচিয়ে রাখবে।

সমাধান—

1. বাচ্ছাদের আর্থিক প্রয়োজনীয়তা জানুন, তাকে একটা সীমা পর্যন্ত পূরণ করুন। আর্থিক সম্পন্নতার প্রদর্শন করে অভিভাবক বাচ্ছাদের মহতাকাঙ্খাকে বাড়িয়ে দেন। তাতে তাদের মানসিক বিকাশ হতে পারে না।

2. বাচ্ছাদের দেওয়া পকেট খরচ এতটা বাড়াবেন না যে সেটা স্ট্যাটাসের সিম্বল হয়ে যায়। এধরনের পকেট খরচ তাকে অহংকারী করে তোলে।

3. ঘরের বাইরে বাচ্ছাদের করা পার্টির স্তরকে জানুন।

4. বাচ্ছাদের সব রকমের ফরমাইশকে মানবেন না।

5. আর্থিক অভাবকে অভিশাপ মনে করবেন না। এই আর্থিক অভাবকে দুর করার জন্য বাচ্ছাদের ধনের মাহাত্ম্য বোঝান। পরিশ্রম, সংঘর্ষ আর সফলতা

আর্থিক অভাবকে দুর করতে পারে। অতএব বাচ্ছারা যেন এর থেকে মুখ ফিরিয়ে না থাকে।

6. আর্থিক চাকচিক্যকে জীবনের সত্য মনে করবেন না।

7. আর্থিক সম্পন্নতার ব্যবহার যখন লোক কল্যানে হয়ে থাকে, তো তার প্রভাব বাচ্ছাদের মস্তিষ্কে ভালোভাবে পড়ে থাকে। সেজন্য ধনের ব্যবহার ভালো কাজে করুন।

8. ধনের সদোপযোগ করুন। যদি তার সদোপযোগ না হয় তবে, তার দুরোপযোগই হয়ে থাকে।

9. ধন যে রাস্তাতে আসে, সেই রাস্তাতেই চলে যায়। সেজন্য একে অর্জন করা আর খরচ করা দু'টোতেই সাবধানতা গ্রহণ করুন। বাচ্ছাদের কাছ থেকেও এটা আশা করুন যে তারা ধনের ব্যাপারে মূল সিদ্ধান্তকে বোঝে।

10. আর্থিক সম্পন্নতা বাচ্ছাদের ওপর যেন প্রতিকূল প্রভাব না ফেলে। সেজন্য কবীরের এই আদর্শকে সর্বদা মনে রাখবেন।—

সাই এতটাই দিন, যা কুটুম্ব রক্ষা করতে পারি,

আমি অভুক্ত না থাকি, আর সাধুও না অভুক্ত থাকে।

ধন সর্বোত্তম সেবক, কিন্তু ক্রুর স্বামী।

—অর্থনীতি

সদ্‌গুণের বিকাশে বাধক—অহংকার

পৃথিবীতে শ্রেষ্ঠ সৃষ্টি মানুষ। কারণ ঈশ্বর শুধুমাত্র মানুষকেই বুদ্ধি আর বিবেক শক্তি প্রদান করেছেন। বুদ্ধি আর বিবেক জ্ঞানের স্রোত। বিদ্যাপ্রাপ্ত করেই ব্যক্তি ধর্ম-কর্ম করতে যোগ্য হয়ে ওঠে। নতুন নতুন সফলতা লাভ করে, কিন্তু যেভাবে একটা খারাপ মাছ সমস্ত পুকুরের জলকে নষ্ট করে দেয়, সেইভাবে অহংকার-ই ব্যক্তির সমস্ত গুণকে প্রভাবহীন করে দেয়।

সমস্ত অভিভাবকদের এটাই ইচ্ছা হয়ে থাকে যে, তার ছেলে-মেয়েরা সদ্‌গুণসম্পন্ন হোক, কিন্তু এই চাহিদার কারণে যখন বাচ্ছার উপর আদর-ভালোবাসার ব্যক্ত করতে থাকে, তখন তাদের পাওয়া সুখ-সুবিধা, স্বচ্ছলতার কারণে তারা তাদের পরিচয়-ক্ষেত্রে অন্য ছেলেদের সাথে তার উচ্চতার প্রদর্শন করতে থাকে। উচ্চতার এই ব্যবহার তাকে অহংকারী করে তোলে।

অহংকারের দুষ্প্রভাব—

অহংকার আপনার মধ্যে এক অসুস্থ্য চিন্তা-ভাবনা। অহংকারী বাচ্ছারা অনেক প্রকারের পূর্ব-ইচ্ছা থেকে গ্রাসিত হয়ে নিজেকে অন্যের থেকে শ্রেষ্ঠ, সুন্দর, বুদ্ধিমান, বিশিষ্ট এবং বড়ো মনে করে, পরিণাম, এটাই হয় যে—তার সঙ্গী-সাথী বন্ধুরাই তার সাথে খেলা-ধূলা, ওঠা-বসা, কথা বলা ইত্যাদি বন্ধ করে দেয় আর এভাবে তার জীবন সম্পূর্ণ নীরস ও একাকী হয়ে যায়। তার প্রতিভা কুণ্ঠিত হতে থাকে। শুধু তাই নয়, অহংকারের কারণে তার সঙ্গী বন্ধুরা তাকে নীচু দেখানো ও ছোট মনে করে। সে সর্বদা সেইসব সুযোগের খোঁজ করে আর কখনো কখনো সফলও হয়ে যায়। এই ধরনের ব্যবহার থেকে বাচ্ছারা ঈর্যান্বিত হয়ে যায়। অন্যের

ব্যাপারে তাদের চিন্তা-ভাবনাও রুগ্ন হয়ে যায়। অহংকারী ছেলেরা সর্বদা অবসাদগ্রস্ত থাকে। তার চেহারাতে হাসি-খুশিভাব দেখতে পাওয়া যায় না।

অহংকারের কারণে বাচ্ছারা সর্বদা ভয়ে ভয়ে থাকে। কারণ তার সফলতা কারও কাছ থেকে ছিনিয়ে নেওয়া হয়ে থাকে। ফলে সেই সফলতাও হাত থেকে চলে যাওয়ার ভয় সর্বদা হয়ে থাকে। এই কারণেই অহংকারী বাচ্ছারা নিজেদের সাথীদের সাথে মিলে-মিশে থাকতে পারে না। কোনো কোনো সময় ঝগড়া-বিবাদও করতে থাকে।

অহংকার আত্মঘাতী মনোভাব—

অহংকারী ব্যক্তির চিন্তা-ভাবনা অত্যন্ত সংকীর্ণ হয়ে থাকে। এর পরেও যখন তারা অন্য সাথী-বন্ধুদের নিজেদের থেকে বেশী উন্নতি করতে দেখে, তো তার মন ঈর্ষাতে ভরে যায়। তার ব্যক্তিত্বতে বিভিন্ন দোষ উৎপন্ন হয়ে যায়।

আসল কথা এটা যে অহংকার সদ্‌গুণের বিকাশে সবচেয়ে বড় বাধা, এক অব্যবহারিক চিন্তা-ভাবনা, বাচ্ছাদের সদ্‌গুণকে নষ্ট করে দেওয়ার মতো আচরণ। সেজন্য বাচ্ছাদের এই চিন্তা-ভাবনা থেকে বাঁচানো প্রয়োজন।

সমাধান—

1. সন্তানদের কাছ থেকে তাদের শৈশব কেড়ে নেবেন না। তাদের, নিজেদের সাথী-বন্ধুদের সাথে লেখা-পড়া করতে দেন। নিজের বিশিষ্টতার কোনো ভাব তাদের মধ্যে জন্ম নিতে দেবেন না।

2. বাচ্ছাদের মধ্যে কোনো প্রকারের উচ্চাসনের ভাবনা জাগাবেন না। অভিভাবকরাও নিজেদের পদ, প্রভাব অথবা শক্তির প্রয়োগ বাচ্ছাদের মধ্যে অহংকার সৃষ্টির জন্য করবেন না।

3. বাচ্ছারা আপনার যোগ্যতা, প্রতিভা, শক্তির বিশিষ্টতার আভাষ পেলে তাদের এটা বোঝান যে সব ঈশ্বরের প্রদত্ত, আমাদের ঈশ্বর এবং সমাজের প্রতি কৃতজ্ঞ হওয়া উচিত, যিনি আমাদের এই সমস্ত প্রদান করেছেন।

4. অন্যের প্রতি কৃতজ্ঞ হওয়ার কোনো সুযোগই হাতছাড়া করবেন না। তার প্রতি সর্বদা কৃতজ্ঞ থাকবেন, যা আপনাকে বাচ্ছাদের সফলতার জন্য সহযোগীতা করবে। বড়োদের প্রতি মান-সম্মান প্রদর্শন করবে। দুর্বলের প্রতি মন খুলে সহায়তার জন্য তৈরী থাকবে।

5. বাচ্ছাদের সর্বদা তাদের সামাজিক, পারিবারিক আর মানবীয় কর্তব্যের প্রতি সজাগ করে তুলুন।

6. বাচ্ছাদের এই সত্যতার সাথে পরিচিত করান যে অহংকারী লোকের মাথা সর্বদা নীচু হয়ে থাকে। এব্যাপারে নীতি-কথার উল্লেখ করুন।

7. অহংকারী ছেলেদের সফলতা অন্য কোনো যোগ্য ছেলেদের থেকে বেশী এগোতে পারে না।

8. প্রত্যেক ব্যক্তির সমাজে নিজের নিজের স্থান এবং মহত্ব থাকে, সেজন্য কাউকে উপেক্ষা করবেন না। যখন বাচ্ছারা নিজেদের অন্য সঙ্গীদেরও ততটাই গুরুত্ব দিতে পারবে, তাহলে অহংকার করার প্রশ্নই আসবে না।

9. অহংকারীরা অন্যের কাছ থেকে সহযোগীতা লাভ করতে পারে না, সেজন্য তাদের সফলতা সর্বদা সন্দিগ্ধই থেকে যায়।

10. অহংকারী ছেলেদের মধ্যে তর্ক, বিবেক আর বুদ্ধির অভাব থাকে। সেজন্য ছাত্র জীবনে সহজ, সরল আর সাধারণ জীবন অতিবাহিত করার চিন্তা করুন। অহংকার করে নিজের জীবনকে নীরস, একাকী আর পঙ্গু করে তুলবেন না।

যোগ্যতার মহত্ব তাকে বন্টন করার মধ্যে আছে। অনুপযোগী সোনাও মাটির সমান।

—অজ্ঞাত

অসৎ-সঙ্গ থেকে বাঁচান

সঙ্গাতের প্রভাব অত্যন্ত গভীর। সেটা ভালো হোক কিংবা মন্দ। ভালো সঙ্গের ভালো আর খারাপ সঙ্গের প্রভাব খারাপ পড়ে। যখন আমরা আশা করি যে তাদের সৎ-সঙ্গ প্রাপ্ত করা দরকার, তখন আশাকরি তারা শ্রেষ্ঠ পুরুষ, ভালো শিক্ষক, বিদ্বান আর মিত্রদেরই সঙ্গ লাভ করুক। যাতে বাচ্ছাদের মধ্যে শ্রেষ্ঠ গুণের বিকাশ ঘটে।

যখন আমরা বাচ্ছাদের কু-সঙ্গ থেকে বাঁচানোর কথা বলি, তখন তার সোজা অর্থ হলো—তারা সৎ-সঙ্গ পাক্। সৎ-সঙ্গ প্রাপ্ত ব্যক্তি সমাজে নিজের আচরণ দ্বারা উত্তম চারিত্রিক গুণের প্রচার করে। এধরনের ব্যক্তি নিজের আর পরিবারের ব্যাপারে সঠিক নির্ণয় নিতে সক্ষম হয়ে থাকে।

'সৎসঙ্গ ছাড়া বিবেক আসেনা' তুলসী দাসের এই জ্ঞানের কথাও বিশেষ গুরুত্বপূর্ণ।

শ্রেষ্ঠ পুরুষদের সম্পর্কে আসা বাচ্ছাদের চারিত্রিক বিশিষ্টতাও প্রভাবিত হয়ে থাকে। সৎ-সঙ্গের প্রভাবে অনেক দুশ্চরিত্র ব্যক্তিও চরিত্রবান হয়ে যায়। অত্যন্ত ক্রুর ব্যক্তিও সৎ-সঙ্গের দ্বারা মহাপুরুষ হয়ে ওঠে। আসল কথা এটা যে সৎ-সঙ্গ পেয়ে লোহাও সোনা হয়ে যায়। যেমন, বন্ধুর সম্পর্ক পেয়ে দুরাচারী মানুষ দুষ্কর্ম ছেড়ে দেয়। সমাজে প্রতিষ্ঠা পায়। সৎ-সঙ্গের ভালো প্রভাবের সম্বন্ধে অনেক উদাহরণ দেওয়া যায়। এব্যাপারে এখানে এতটাই বলা সঠিক হবে যে অভিভাবকরা

তাদের সন্তানদের সৎ-সঙ্গের সাথে যুক্ত করতে না পারলেও, তাদের কু-সঙ্গ থেকে অতি অবশ্যই রক্ষা করুন।

বাচ্ছাদের মধ্যে কু-অভ্যাস তাদের বন্ধুমহল থেকেই হয়ে থাকে। ধূমপান করা বন্ধুরা চায় ধূমপান না করা বন্ধুকে 'একটান' দেবার জন্য অত্যন্ত পীড়াপিড়ি করে। না টানলে মিত্রতার দোহাই দিতে থাকে। দিব্যি দেওয়া আর অবশেষে মিত্র সম্বন্ধ রক্ষার জন্য ধূমপান না করা বন্ধুও ধূমপান করা শুরু করে।

নীচ-প্রবৃত্তির বাচ্ছাদের সাথে থাকা বাচ্ছাদের মধ্যেও নীচতার দোষ এসে যায়। সেজন্য অভিভাবকদের উচিত তাদের সন্তানদের অনেক প্রকারের দোষ থেকে বাঁচানোর জন্য সর্বদা সাবধান, তীক্ষ্ণ দৃষ্টি-সম্পন্ন আর সতর্ক থাকা। সত্যতা এই যে, সেইসব বাচ্ছারাই অবাধ্য হয়ে যায় যাদের অভিভাবকরা তাদের সন্তানদের প্রতি অমনোযোগী থাকে। বাস্তবে তাদের এটা দেখার সময়ই থাকে না যে তাদের সন্তান কি করছে? কোথায় আছে? তাদের সময় কীভাবে কাটাচ্ছে? এটা লক্ষ্য রাখবেন যে তাদের থেকে বেশী বয়সের অসমান সামাজিক স্তরের আর আর্থিক স্তরের ছেলেদের সাথে সম্পন্ধ তৈরী না করে। বাচ্ছাদের চরিত্রের অধিকাংশ দোষ এই ধরণের অসমান বয়সের মিত্রদের কাছ থেকেই পেয়ে থাকে।

সমাধান—

1. যেমনভাবে অসুস্থ্য, দুর্বল ব্যক্তির উপর আবহাওয়ার প্রভাব শীঘ্র হয়ে থাকে, সেইভাবে যেসব ছেলেদের মনোবল দুর্বল হয়, যাদের মধ্যে আত্মবিশ্বাসের অভাব থাকে, তাদের ওপর কু-সঙ্গের প্রভাব শীঘ্র পড়ে যায়। সেজন্য নিজের বাচ্ছাদের শারীরিক আর মানসিক দৃষ্টিতে এত মজবুত করে তুলুন যে নিজের ভালো-মন্দ স্বয়ং বুঝতে পারে আর অনুচিত ব্যবহারের দৃঢ়তাক সাথে বিরোধ করতে পারে।

2. সত্যি কথা বলার সাহস জোগান। কারণ বাচ্ছারা কোনো অনুচিত কথাকে সহ্য না করে, না তার সাথ দিক। অনুচিতের বিরোধ করা ছেলেদের ওপর কু-সঙ্গের কোনো প্রভাব পড়ে না।

3. অনুচিত ব্যবহারকে নির্ভয় হয়ে বিরোধ করুন। আর নিজের এই বিরোধে অভিভাবকদেরও সহযোগীতা, সমর্থন লাভ করুন।

4. কোনো ব্যক্তির সাথে, কোনো ভুল, প্রলোভন অথবা অনুচিত লাভের জন্য

কোনো অপ্রিয়, অসম্মানজনক বোঝাপড়া করবেন না। সে যতই বড়ো অথবা প্রভাবশালী ব্যক্তি হোক না কেন।

5. 'আমি আপনার সম্পর্ক কেন খারাপ করব'—জাতীয় কথা বলে কোনো অনুচিত কথা, ভাবনা, ব্যবহারকে সমর্থন করবেন না। 'চোরে চোরে মাসতুতো ভাই'—এধরনের চোরেদের কখনো সাথ দেবেন না, সে যেকোনো মুহূর্তে আপনাকে দিয়ে অনুচিত কাজ করিয়ে নিতে পারে।

6. কু-সঙ্গের ফলে হয়ত কিছুক্ষণের জন্য লাভ পাওয়া যায়, কিন্তু তার দুরবর্তী প্রভাব, পরিণাম ভালো হয় না। সেজন্য এধরনের লাভকে দেখে কোনোদিন লোভ করবেন না।

7. বাচ্ছাদের বুঝিয়ে দিন ভালো-মন্দ বিচার না করে কোনো কথাতে বিশ্বাস না করে, কারণ স্কুল-কলেজে এমন লোকেদের অভাব নেই, যারা আপনার দুর্বলতা থেকে সুযোগ নিতে চায়।

8. উন্নত লক্ষ্য প্রাপ্তির জন্য ভালো আর পবিত্র সাধনার উপযোগ করা দরকার। অনুচিত ব্যবহারে উন্নত লক্ষ্য প্রাপ্তি হতে পারে না।

9. জীবনাদর্শকে বুঝুন, জানুন আর তার অনুকূল চিন্তা-ভাবনা করুন। বাচ্ছাদের মধ্যে এই ভাবনাকে প্রবিষ্ট করান যে—ভালো কাজে বাধা আর কষ্ট আসতেই থাকে। কষ্টের ভয়ে কোনো ভালো কাজ করা ছাড়বে না।

10. আমাদের সমস্ত সফলতা, উপলব্ধির আধার সঙ্গের প্রভাব হয়ে থাকে। সেজন্য সৎ-সঙ্গ দ্বারা নিজের জীবনকে সফল করে তুলতে পিছিয়ে থাকবে না।

মানুষের মানসিক শক্তি তার ইচ্ছাশক্তির ওপর নির্ভর করে। ইচ্ছাশক্তি সৎ-সঙ্গের দ্বারা বৃদ্ধি পায়। —বীরেন্দ্র কুমার জৈন

সংক্ষিপ্ত উপায়ে সফলতা-প্রাপ্ত করতে দেবেন না

যেমনভাবে অনৈতিক উপায়ে অর্জিত ধন সুখ আর সমৃদ্ধির আধার হতে পারে না, সেইভাবে তাৎক্ষণিক সফলতা বা পিছনের দরজা দিয়ে আসা সফলতাও মানসিক সন্তুষ্টি দিতে পারে না। বাচ্ছাদেরও এই মনোভাব জাগিয়ে তুলুন যে সংক্ষিপ্ত উপায়ে আসা সফলতা মানুষের আলেয়ার আলোর মতো হয়। যখন এই সত্যতা সন্তানরা সম্পূর্ণ সততার সাথে স্বীকার করে নেবে, তখন তাদের অবাধ্য হওয়ার সমস্ত রাস্তা বন্ধ হয়ে যাবে।

স্কুল কলেজে ভর্তি করাই হোক বা চাকরি, সরকারী সুবিধালাভের হোক বা ব্যবসায় লাভ হওয়া, প্রত্যেক ব্যক্তির চিন্তা-ভাবনা এটাই থাকে যে তার কাজ অন্যের অপেক্ষা শীঘ্র, ভালো আর সস্তাতে কীভাবে হবে। এই চিন্তাই মানুষকে এতবেশী ঈর্ষান্বিত, মানসিকভাবে সংকীর্ণ আর স্বার্থপর করে দেয় যে তারা একে-অপরের প্রতিদ্বন্দ্বী হয়ে যায়।

প্রতিদ্বন্দ্বীতার এই চিন্তা-ভাবনা আজকাল প্রগতিশীলতা আর বিকাশের সিঁড়ি মনে করা হয়। কিন্তু এই চিন্তা মানুষের মধ্যে ঈর্ষাভাব বাড়িয়ে দিয়েছে। আজকের যুবক-সম্প্রদায়ের মধ্যে এই মনোভাব অত্যন্ত বৃদ্ধিপ্রাপ্ত হয়ে উঠেছে। সামনে এগিয়ে যাওয়া ব্যক্তির থেকেও এগিয়ে যাওয়ার জন্য নিজের যোগ্যতা বাড়াবার অপেক্ষা এগিয়ে যাওয়া ব্যক্তির পা ধরে টেনে তাকে ফেলে দিয়ে সামনে এগোতে চায়। এটাও একটা কঠিন সত্য যে কিছু লোক এই উপায়ে সামনে এগিয়ে যায়। তারা পদকও পেয়ে যায়। পদোন্নতিও পেয়ে যায়। যেখানে বাস্তবিকভাবে যোগ্য,

অনুভবী আর সুপাত্র ব্যক্তি কপাল চাপড়াতে থাকে। সেজন্য নৈতিকতার শিক্ষা দেওয়াও আজকাল মুশকিল হয়ে গেছে।

আজ অভিভাবক বাচ্ছাদের কাছে এই প্রত্যাশাতো করে যে—তাদের সন্তান চরিত্রবান, প্রগতিশীল চিন্তা-যুক্ত, সমস্ত ক্ষেত্রে নাম্বার-ওয়ান, স্মার্ট, আর উপার্জনশীল হোক, কিন্তু যখন এইসব বাচ্ছারা তাদের আশপাশে ঘুষখোর, ভ্রষ্টাচার, অশ্লীল, অঙ্গ-প্রদর্শন, চুরি, মিথ্যা, দেখনদার, গ্ল্যামার আর চাকচিক্যের আধিক্য দেখে তখন তাদের কল্পনা আর আদর্শ ভেঙ্গে চুরমার হয়ে যায়। তারা এই সমস্ত চাকচিক্যের জীবনকেই সত্য মনে করতে থাকে, কারণ তারা সংক্ষিপ্ত উপায়ে এত বেশী সফলতা লাভ করে নেয় যে তার পাওয়া এই সফলতাকে অপরাধ মনে না হয়ে আধুনিক জীবনশৈলীর সফলতা মনে হতে থাকে। চুরি, মিথ্যা, ধোকাবাজী আর বিশ্বাসঘাতক ব্যবহারের দ্বারা প্রাপ্ত এই উপলব্ধিকে সে শিল্প মনে করে আর 'সব কিছু চলে' বলে এতে নিজেকে বিজ্ঞ মনে করে।

অভিভাবকদের উচিত তাদের বাচ্ছাদের বুঝিয়ে দেওয়া, যে তারা যেন জীবনের এই গ্ল্যামার ভরা চাকচিক্যের দ্বারা প্রভাবিত না হয়, আর না এই প্রকারের জীবনের জন্য লালায়িত হয়। ভুল উপায়ে সফলতা প্রাপ্ত, বা পিছনের দরজা দিয়ে লোক যেকোনো জায়গায় প্রবেশ করে যায়। কিন্তু যখন বাস্তবিকতার সম্মুখিন হয় তখন নিজেকে খুবই হীন মনে হয়। অন্যেরা এর সত্যতা সম্বন্ধে জানতে পারে, আর সকলেই তার এই হীনতার জন্য মুখ ফিরিয়ে নেয়। নিজের হীনতাকে লুকোবার জন্য অনুচিত সমঝোতাও করতে থাকে। এধরনের বাচ্ছারা সামাজিক জীবনে সেভাবে মান-সম্মান প্রতিষ্ঠা করতে পারে না, যা তাদের পাওয়া উচিত ছিল।

পিছনের দরজা দিয়ে প্রশাসনিক পদ-প্রাপ্ত করা এধরনের ছেলেদের যখন প্রশাসনিক দায়িত্ব নির্বাহ করতে হয়, তো এদের ঘাম ছুটে যায়। নির্ণয় নেওয়ার ক্ষমতা তাদের মধ্যে থাকে না, যোগ্যতা এবং অনুভবের নিতান্ত অভাব থাকে।

এধরনের লোকেদের কাছ থেকে সামাজিক ন্যায়ের আশা করা অন্যায়, কারণ সে স্বয়ং নিজেই জানেনা সামাজিক ন্যায় কী হয়। এধরনের লোকেরা শাসনহীন আর সস্তা সুখ ভোগ করতে থাকে আর সময় ব্যতীত করে বা দু'হাতে পয়সা ওড়াবার জন্য বিভিন্ন ধরনের ফেরেব্বাবাজি করতে থাকে, সংক্ষিপ্ত উপায়ে প্রাপ্ত সফলতা ব্যক্তিকে চোর, ভীরু, আর কাপুরুষ করে তোলে। এই ধরনের চরিত্রহীন ব্যক্তি এই চিন্তার কারণে নিজে অবসাদগ্রস্ত থাকে আর নিজের বর্তমান আর ভবিষ্যতকে অন্ধকারময় করে তোলে।

এই সত্যতা জানা দরকার—যেমনভাবে হীরের দ্যুতি বিপরীত পরিস্থিতিতে যেমন কম হয় না, ঠিক সেভাবেই যোগ্যতা, প্রতিভা আর ক্ষমতা কখনো লুকানো থাকে না বা তা উপেক্ষিত হয় না। সেজন্য স্কুল-কলেজ থেকে বেরোনো ছেলেমেয়েদের উচিত যে তারা তাদের দায়িত্ব পালন অত্যন্ত সাহসের সঙ্গে করে। নিজের কার্যক্ষেত্রের চাহিদাকে জানে, বোঝে, আর তারপর সেই অনুরূপ নিজের মানসিক চিন্তা-ভাবনাকে তৈরী করে। কেবলমাত্র সম্মুখে আসার জন্য কোনো প্রকার 'শর্ট কার্ট' গ্রহণ করবে না। মনে কখনো এই ভাবনা আসতে দেবেন না 'কি তফাৎ হয়'। যদি বোঝা যায় তবে দেখা যাবে তফাৎ হয়। কল্পনা করুন সেই ফিউজের ব্যাপারে যার ওপর সমস্ত সার্কিট চলে আর এতবড়ো কারখানা সঞ্চালিত হয়। বাস্তবে আপনার কার্য-ব্যবহার, শৈলী আর জীবনযাত্রার ওপর সকলের নজর থাকে। লোকেরা আপনার ভালো-মন্দ আচরণের দ্বারা প্রভাবিত হয়। যদিও আপনার সামনে কিছু বলে না, কিন্তু প্রভাব পড়েই। আপনার ভালো অথবা মন্দ আচরণের প্রতিফল তো আপনি পেয়েই যাবেন।

আপনার সফলতার খোলা আকাশ—বিস্তৃত দৃষ্টিকোণ—

সংক্ষিপ্ত পথে অর্জিত সফলতা যেখানে আমাদের উপেক্ষিত, অপমানিত করে নীচু দেখায়, সেই সাধনাই পবিত্রতা, পরিশ্রম আর আত্মবিশ্বাস থেকে অর্জিত সফলতা আমাদের উত্তরোত্তর প্রগতির খোলা আকাশ প্রদান করে, প্রগতি নতুন মানদণ্ড স্থাপিত করে। কারণ যোগ্যতা কখনো ঢাকা থাকে না, মাথা চাড়া দিয়ে ওঠে। এটাও খেয়াল রাখতে হবে বাস্তবে আপনি কোনো পদের যোগ্য, আর জেনেশুনে আপনার সাথে অন্যায় করা হচ্ছে, তবে আপনাকে শক্ত হয়ে তার বিরোধও করতে হবে। নিজের অধিকার-প্রাপ্তির জন্য সংঘর্ষ করুন। নিজের কথাকে আধিকারিক পর্যন্ত নিয়ে যান। অন্যের সহানুভূতি পাওয়ার জন্য নিজের হীনতার কান্না কাঁদা কাপুরুষতা। অতএব কারোর সঙ্গে অনুচিত কিছু করবেন না, আর কারোর অনুচিত ব্যবহারও সহ্য করবেন না।

সম্মানজনক জীবনের জন্য লক্ষ্য রাখুন—

1. নিজের যোগ্যতা থেকে বেশী কিছুর অপেক্ষা করবেন না।
2. সমর্পিত কাজকে সম্পূর্ণ মনোযোগ, আত্মবিশ্বাসের সাথে করুন।

3. প্রলোভনের চাকচিক্যে প্রভাবিত হবেন না। বাস্তবে এই ধরনের ফাঁদ আপনাকে ফাঁসানোর জন্য পাতা হয়ে থাকে। এর থেকে বাঁচুন।

4. অন্যের যোগ্যতা, বিজ্ঞতা আর প্রভাবকে মান্য করুন। তার থেকে কিছু শেখার মানসিকতা রাখুন আর তার সেই উপকারকে মনে মনে স্বীকার করুন।

5. নিজের হীনতা প্রদর্শন করে কোনো প্রকারের সহানুভূতি প্রাপ্ত করার চেষ্টা করবেন না।

6. নিজের সমস্ত সময় প্রতিষ্ঠানের কাজে লাগান। যদি কোনো অধ্যাপক, উপাচার্য্য, বস্ আপনাকে বিশেষ দয়া করে তো তার সেই দয়ার সত্যতা জানুন।

7. সাধনার পবিত্রতাকে জানুন। চুরির দ্বারা টাকা উপার্জন করে তার থেকে কীর্তন শুনিয়ে পুণ্য অর্জনের চিন্তা ত্যাগ করুন।

8. নিজের পোশাক-পরিচ্ছদ, আচার-আচরণ সর্বদা শালীন রাখুন।

9. কারোর সাথে অনুচিত ব্যবহার করবেন না, আর কারোর অনুচিত ব্যবহার সহ্যও করবেন না।

10. নিজেকে অতি-বিশিষ্ট ভাবার ভুল মনে লালিত-পালিত করবেন না।

> ***নৈতিকতা এক এমন আচরণ, যার চমক কখনো ক্ষীণ হয় না, তার ওপর কোনো বাহ্যিক প্রভাব পড়ে না। তার ওপর কখনো জঙ্গা ধরে না।***
>
> **—অজ্ঞাত**

অবাধ্য সন্তানকে শোধরানোর সম্বন্ধে 51টি টিপস্

সন্তানদের সম্বন্ধে মনোবৈজ্ঞানিক, বিচারক, সমাজশাস্ত্রী, শিক্ষাবিদ্ এবং ক্যারিয়ার কাউন্সিলার—সকলের এই মত যে বাচ্ছাদের মধ্যে সামঞ্জস্য স্থাপিত করার অত্যন্ত লালসা থাকে। সে পরিবারে তার ছবি অবাধ্য সন্তানরূপে নয়, বরং পরিবারের লোকেদের নয়নের মণি হয়ে থাকতে চায়। 'কিছু করে', 'কিছু হয়ে' দেখাতে চায়। অতএব এই বিষয়ে আপনি আপনার সন্তানদের মনোভাবকে বুঝুন। তাকে চরিত্রবান, প্রতিভাশালী আর সফল নাগরিক তৈরী করতে নিম্নলিখিত তথ্যগুলি অবশ্যই গ্রহণ করুন—

1.

সন্তানদের ব্যক্তিত্ব আর প্রতিভার বিকাশে তাদের বন্ধু-বান্ধবদের যোগদান অত্যন্ত জরুরী। সত্যতা এই যে তাদের মধ্যে খারাপ হওয়া ভালো হওয়ার সমস্ত সংস্কার বন্ধু-বান্ধবদের দ্বারা প্রভাবিত হয়। বন্ধু-মহলের স্নেহ, সহযোগীতা আর সদ্ব্যবহার পেয়ে তারা স্কুল-কলেজে আর পাড়াতে বিভিন্ন ক্রিয়া-কলাপে সংযুক্ত থাকে। খেলার মাঠে খেলে। বয়সের সাথে অনেক রকমের সমস্যা আসে, যা তারা এই বন্ধু-বান্ধবদের সাথে থেকে সমাধান করতে পারে। কিছু করে দেখানোর চাহিদা আর মানসিক চাপের মধ্যে থেকে সে এই সমস্যাকেও জয় করে। বন্ধু-বান্ধবের অভাবে তারা নিজেদের নিঃসঙ্গ মনে করে, কারণ সে নিজের মনের কথা একমাত্র বন্ধুদেরই বলতে পারে।

সেজন্য অভিভাবক সন্তানদের ব্যক্তিত্ব আর মনকে বুঝুন, তাকে নিজের বন্ধু-মহলে থাকার পর্যাপ্ত সুযোগ দিন। হ্যাঁ, এটা খেয়াল রাখবেন—অভিভাবকদের কাজ হলো নিজের বাচ্ছাদের ওপর তার বন্ধুর কি প্রভাব পড়ছে, তা দেখা। কারণ কখনো

কখনো বাচ্ছাদের তথাকথিত বন্ধু-বান্ধব অনুচিত চাপ সৃষ্টি করে তাদের দিয়ে অন্যায় কাজে লিপ্ত করে থাকে। এই অবস্থা থেকে বাঁচানোর জন্য বাচ্ছাদের মধ্যে এতটাই নৈতিক সাহস সৃষ্টি করুন যে, সে এই ধরনের বন্ধু-বান্ধবদের বিরোধ করতেও শেখে।

সন্তানরা তাদের নিজেকে নিজেদের এই সমষ্টিতে প্রতিষ্ঠিত করতে চায় আর সম্পন্নতার এই প্রদর্শনের জন্য সে যা কিছু করতে তৈরী থাকে। অতএব অভিভাবক নিজেদের বাচ্ছাদের এই চাহিদার ওপর নজর রাখুন, কিন্তু বিগড়ানোর কারণকেও অবহেলা করবেন না।

2.

বাচ্ছাদের প্রত্যেকটি ব্যবহারকে নিজের শৈশবের সাথে তুলনা করে দেখুন। সেই দিনগুলি মনে করুন, যখন নিজের অভিভাবকদের কাছে কিছু লুকিয়ে নিজের স্বপ্ন সাকার করতে চেস্টা করেছেন। অভিভাবকদের কঠোর অনুশাসন, প্রত্যেক কথায় টোকা, আপনাকে কতটা বিরক্ত করত। কখনো কখনো আপনার বিদ্রোহী মনোভাব আর ভাবনা আপনাকে এত বিচলিত করে তুলত, যে আপনার চোখে জল এসে যেত। আজ আপনিও সেটা অনুভব করছেন যে আপনার অভিভাবক ঠিক বলতেন। এটাই অত্যন্ত মুশকিল যে, যখন মানুষ অনুভব করে যে—বাবা ঠিক বলতেন, তার চিন্তা-ভাবনা ঠিক ছিল, ততক্ষণ তার ছেলেও তাকে ভুল মনে করার যোগ্য হয়ে গেছে। সেজন্য আপনি বেশী ঝামেলাতে না পড়ে কেবল নিজের সময়কে মনে করুন আর নিজের বাচ্ছাদের সেই সীমা পর্যন্ত পুরোপুরি স্বাধীনতা দিন, যেখান পর্যন্ত সুতো আপনার হাতে থাকতে পারে। বেশী ছাড় দিলে ঘুড়ি কেটে যাওয়ার আশংকা থেকে যায় আর এই ধরনের কাটা ঘুড়ি মাটিতে পড়ে ধূলায় গড়াগড়ি খেতে দেখা যায়।

3.

কখনো কখনো বাচ্ছাদের যতই কাছে রাখতে চান, তারা আপনার সাথে ততই দূরত্ব বজায় রাখতে চায়। এর মানে এটা নয়, যে বাচ্ছারা আপনাকে ভালোবাসে না, আপনার থেকে সত্যি সত্যি দূরে থাকতে চায়। এর সত্যিকারের অর্থ এই যে—তার জীবনশৈলীতে কিছু পরিবর্তন আনতে চায়। এই পরিবর্তনে তার আত্মনির্ভরতা ফুটে ওঠে। হোস্টেলে থাকা বাচ্ছারা অপেক্ষাকৃত বেশী অনুশাসিত হয়ে থাকে। তারা যখনই বাড়ীতে এসে থাকে, তাদের কাজ কর্মে পরিষ্কার পার্থক্য

দেখা যায়। ঘরের বাইরে চাকরী করা বাচ্ছারা অথবা পরিবার থেকে দূরে থাকা স্বামী-স্ত্রীরা যখনই পরিবারের সঙ্গে থাকার সুযোগ পায়, সে অত্যন্ত নিজের মান-সম্মান প্রতিষ্ঠার সাথে পরিবারে থাকে। আত্ম-নির্ভরতার এই অদ্ভুত প্রচেষ্টা তাকে ঘরের দায়িত্বর সাথে যুক্ত করে আর এই দায়িত্বকে নিজের মতো করে সম্পূর্ণ করে আত্মগৌরব অনুভব করে। মানসিক সন্তুষ্টির এই অনুভব তার মধ্যে আত্মবিশ্বাস উৎপন্ন করে। সেজন্য অভিভাবক বাচ্ছাদের আত্মনির্ভরতার এই চাহিদাকে সকল অবস্থায় পূরণ করুন। তার কল্পনাতে আপনার সহযোগীতা আর বিশ্বাসের সাথে তার আশার অনুরূপ রঙে রাঙিয়ে তুলুন। যুবাবস্থাতে বৃদ্ধিপ্রাপ্ত ছেলেমেয়েদের নিজেদের ভুল থেকে নিজেদেরকে শিখতে আর শোধরাতে পর্যাপ্ত সুযোগ দিন।

4.

নিজের বাচ্ছাদের অন্য বাচ্ছাদের সাথে তুলনা করে তার ঘাটতি, দুর্বলতা, হীনতা, অসফলতার ব্যঙ্গ করবেন না। সব বাচ্ছাদের চিন্তা, প্রতিভা, যোগ্যতা, রুচি-জ্ঞান সমান হয় না, তবুও নিজের বাচ্ছাদের অন্যদের সাথে তুলনা করে তাকে অবসাদগ্রস্ত করে তোলার প্রয়াস করবেন কেন? আপনার এই চেষ্টা তাকে গড়ে তোলার জন্য কোন পরিবর্তন আনতে পারবে না, তবে তার মধ্যে প্রতিশোধের ভাবনা, হিংসার ভাবনা অবশ্যই বাড়াতে পারবে। এধরনের হীন ভাবনা তাকে এমন দুর্বল আর ভীতু করে তুলবে যে, সে অসফলতার ভয়ে কাঁপতে থাকবে। আর কোনো কাজ করতে রাজী থাকবে না। শেষে তার প্রবৃত্তি চুরির কাজ করতে তৈরী হয়ে যাবে।

5.

সঠিক উপায়ে বড়ো হওয়া গাছকে মালি কেটে-ছেঁটে সাজিয়ে তোলে। তাকে সন্তুলিত করে তোলে। বড়ে হয়ে যাওয়া চুলকেও সুন্দর করে তোলা হয়। রাস্তা হারিয়ে যাওয়া বাচ্ছাদেরও পুনরায় সামলানোর জন্য একটু-আধটু বকা-ঝকার প্রয়োজন হয়। একথা বলে নিজের দায়িত্ব থেকে রেহাই পাওয়া উচিত নয়, যে—নিজের ভালো-মন্দ নিজে বুঝে নাও'। কারণ এধরনের উপেক্ষা তাদের জন্য অত্যন্ত ভয়ানক হয়ে ওঠে। বাচ্ছাদের অনুচিত, ভ্রান্ত আর ভুল চিন্তা অবশ্যই রোধ করবেন।

6.

নৈতিকতা, সম্বন্ধ আর সাধনের পবিত্রতার সামাজিক আর পারিবারিক জীবনে

নিজের মাহাত্ম্য দিন। অতএব এই মহত্বকে কোনো কারণেই কমতে দেবেন না। যখন সামাজিক কর্তব্য ও নৈতিক মূল্যকে অবহেলা করা হয়, তো অবৈধ সম্বন্ধের স্থাপনা হয়ে যায়। এই সম্বন্ধ সে বিবাহের পূর্বের হোক অথবা বিবাহের পরে, অবৈধ সম্বন্ধে সেই আটকে পড়ে যে সামাজিক মান্যতার খেয়াল রাখে না। এধরনের বাচ্ছাদের ভবিষ্যত অসুরক্ষিত হয়ে থাকে, তাদের মধ্যে মানসিক হীনতা এত বেশী বেড়ে যায় যে তার সামনে আত্মহত্যা ছাড়া আর কোনো বিকল্প পথ থাকে না। সেজন্য এই বিষয়ে বাচ্ছাদের এমন পারদর্শী করে তুলুন যে তারা মানসিকভাবে কোনোভাবেই নিজেদের দুর্বল, হীন আর অনৈতিক অনুভব না করে।

7.

মনোবৈজ্ঞানিকদের মত হলো যে—বাচ্ছারা সবচেয়ে বেশী প্রসন্ন তার পরিবারেই থাকে। বিভিন্ন অনুষ্ঠানে যখন সমস্ত পরিবার একসাথে মিলিত হয়, তখন বাচ্ছারা স্নেহশীল ব্যবহারে উড়তে থাকে। সেজন্য নিজের বাচ্ছাদের পরিবারে যুক্ত রাখুন। এই যুক্ততাকে মজবুত রাখার জন্য একে অপরের সহযোগীতা করুন। সমর্পিত ভাবনার সাথে যুক্ত হ'ন। নিজের নিজের অবস্থা অনুযায়ী একে অপরকে উপহার দিন। বিশ্বাস অর্জন করুন।

8.

স্বামী-স্ত্রীর অবসাদগ্রস্ততার প্রভাব বাচ্ছাদের মানসিকতার ওপর ভালো প্রভাব ফেলে না। সে সারাদিন ঘর থেকে দূরে থেকে নিজের সময় কাটাতে চায়। সেজন্য আপনি কখনো মনে করবেন না যে—বাচ্ছা এখনো বাচ্ছা আছে, ও এসব কী বুঝবে? মনোবৈজ্ঞানিক ফ্রায়েডের মতানুসারে 'ও সব বুঝতে পারে'। স্নেহ, মায়া-মমতা, আত্মীয়তা, ঘৃণা, ক্রোধ সবকিছুরই বাচ্ছাদের মনে প্রভাব পড়ে। এই সমস্ত ভাবই বাচ্ছাদের মানসিকতাকে ভালো অথবা মন্দ করে তোলে। পরিবারে স্নেহপূর্ণ আবহাওয়া বাচ্ছাদের চুরি করতে বারণ করে, যেখানে অবসাদগ্রস্ত আবহাওয়া সব কিছু করতে প্রেরণ করে থাকে। এমনকি সে এরকম আবহাওয়া থেকে পালাতেও চায়। অবসাদপূর্ণ পরিবেশের কারণেই বাচ্ছারা প্রায়শঃই বাড়ী থেকে পালিয়ে যায়।

9.

সন্তানরা তাদের বাবা-মায়ের মধ্যে নিজের কল্পনার এক শ্রেষ্ঠ ছবি দেখতে পায়। সেই কল্পনাকে তারা অন্যের সামনে গর্বের সাথে বলতে চায়। সারদার এই কথা যে—'মা তুমি ভালো শাড়ী পরে আমার স্কুলে আসবে'—ব্যক্ত করে যে,

বাচ্ছারা নিজেদের অভিভাবকদের শ্রেষ্ঠ প্রদর্শিত করতে চায়। আপনি তার এই কল্পনাকে কিছুতেই বন্ধা হতে দেবেন না। সন্তানরা তাদের কল্পনাতে গর্ব অনুভব করে। আপনার কথা-বার্তাতে প্রভাব থাকা আবশ্যক,যাতে আপনার সন্তান তো প্রভাবিত হবেই, তার সাথে তার বন্ধু-বান্ধবদের ওপরও সাকারাত্মক প্রভাব পড়ে।

10.

অধিকাংশ সম্পন্ন পরিবারের বাচ্ছাদের অতিরিক্ত আদর-ভালোবাসা প্রদর্শন করে তার সমস্ত ইচ্ছা, ফরমাইশ, জিদ্ পূরণ করা হয়। তার পরিণাম ভালো হয় না। বাচ্ছাদের সামনে অভাবকে আসতে দিন, যাতে সে অভাবে থাকা শিখতে পারে। বাচ্ছাদের নিজের পক্ষ থেকে জিদ্ ছেড়ে দেওয়ার কথাও বলুন। বাচ্ছারা যখন নিজের জিদ্ ছেড়ে দেয়, তখন সে পরিবারের সাথে যুক্ত হয়। বাচ্ছাদের প্রলোভন দেখিয়ে নিজের ইচ্ছা পূরণ করবেন না। প্রলোভন পেয়ে বাচ্ছাদের ইচ্ছা বাড়তে থাকে আর এই প্রকারের বৃদ্ধিপ্রাপ্ত ইচ্ছা তাকে অনুচিত সমঝোতার জন্য মানসিকভাবে তৈরী করতে সহায়ক হয়। এতে বাচ্ছাদের মধ্যে স্বার্থ এসে যায় আর তার চিন্তা ভাবনা বিকৃত হয়ে যায়।

11.

সর্বদা মায়েরা 'মা' হওয়ার দোহাই দিয়ে নিজেদের দুর্বলতা প্রদর্শন করে বাচ্ছাদের অনুচিত ইচ্ছার সামনে সমর্পন করে দেয়। সেজন্য মা বকলে বাবার ও বাবা বকলে মায়ের বাচ্ছার পক্ষ নেওয়া উচিত নয়। এই ধরনের পক্ষপাতিত্ব আর ব্যবহার বাচ্ছাদের ভাবনাকে হিংস্র করে তোলে। আর সে মা-বাবার পরোয়া না করে তাকে নিজের প্রতিদ্বন্দ্বী মনে করে। মা-বাবার প্রতি বেড়ে যাওয়া অবিশ্বাস তাকে সেই পর্যন্ত বিগড়ে দেয়, যেখানে অভিভাবকরা তাদের দোষারোপ করতে থাকে।

12.

এই কথা সত্য প্রমাণিত হয়েছে যে—বাচ্ছাদের মারপিট করে বিতাড়িত করে অথবা অপমানিত করে সোজা রাস্তায় নিয়ে আসা যায় না। সেজন্য তার কোনো ভুল, খারাপ অভ্যাস অথবা ব্যবহারের জন্য তাকে মার-পিট করা ঠিক নয়। বাচ্ছাদের কোনো মন্দ অথবা খারাপ অভ্যাস, কথা, রহস্য, মন্দ-ভাব জানতে পেরে তাকে হাতে-নাতে ধরা ও অপমানিত করার বদলে নিজের দিক থেকে সহনশীলতা, মানসিক উদারতার পরিচয় দিন। আপনার এই সহনশীলতাই বাচ্ছাদের শোধরাতে সুযোগ আর চিন্তা প্রদান করবে। এই ধরনের শোধরানো বাচ্ছারা খাঁটি সোনার

মতো হয়, কারণ সে সংঘর্ষের পরে নিজে শুধরেছে।

13.

বিচারীয় মতভেদ বা অন্য কোনো কারণে অধিকাংশ ঘরে কখনো কখনো যুবকদের আর অভিভাবকদের মধ্যে কথা-বার্তা বন্ধ হয়ে যায়। যদি কখনো নিজেদের মধ্যে কথা বলেও, তো তলোয়ারের ধারের মতো কথা বলে। এধরনের মানসিক চিন্তার উপরে উঠুন। ছেলেরা যতই বড়ো হয়ে যাক না কেন, বাবা-মায়ের জন্য ছেলেই থাকে আর যোগাযোগহীনতার জন্য দু'জনের মধ্যে ভুল বোঝাবুঝি, পুরাতনী চিন্তা বাড়তে থাকে। সেজন্য যোগাযোগহীনতার সৃষ্টি করতে দেবেন না। জমে থাকা জলেও দুর্গন্ধ হতে থাকে, তো যোগাযোগহীনতা পরস্পরের বিশ্বাস কমাতে থাকে। ভুল বোঝাবুঝি বাড়াতে থাকে। একে কোনো সমস্যার সমাধান মনে করবেন না। সর্বদা বাচ্ছাদের উন্নতির খোঁজ নিতে থাকুন। এতে নিজে নিজেদের মধ্যে বিশ্বাস বাড়বে, আর সমস্যাও কমবে। এই অবস্থায় বাচ্ছাদের উচিত যদি তারা অভিভাবকদের কাছ থেকে বেশী সহযোগীতা পেতে চায়, তাহলে নিজের সমস্ত সফলতার, উপলব্ধির, আর প্রগতির শ্রেষ্ঠতা অভিভাবকদের দেওয়া উচিত। 'মায়ের আশীর্বাদ', 'বাবার স্নেহ'—ইত্যাদি বলে সর্বদা তাদের প্রতি কৃতজ্ঞতা স্থাপিত করা। এতে বাচ্ছাদের সফলতা নতুন দিশা পাবে। অপরদিকে অন্যদের শুভকামনাও প্রাপ্ত হবে।

14.

বাচ্ছারা অত্যন্ত মহতাকাঙ্খী হয়ে থাকে। কিন্তু তারা এটা ভুলে যায় যে ছোটো ছোটো সফলতা আর খুশির-ও নিজের মহত্ব থাকে। সেজন্য বড়ো খুশির ফেরে ছোটো খুশি, ছোটো সফলতাকে অবহেলা করবেন না। যখন ছোটো ছোটো সফলতা পেতে থাকে, তবেই বড়ো সফলতাকে পাওয়া যায়। সেজন্য যা সুলভ, তাকে অবশ্যই প্রাপ্ত করুন। যা সুলভ নয়, তা পাওয়ার জন্য কান্নাকাটি করা উচিত নয়।

15.

ভালো বাবা-মার সন্তান ভালো হয়—এই আদর্শকে স্বীকার করে আপনি স্বয়ং ভালো হয়ে উঠুন। বাচ্ছা তো আপনার অনুসরণ করে নিজে ভালো হবে। আপনার বলা ও করার মধ্যে সামঞ্জস্য বাচ্ছাদের কখনো অবাধ্য হতে দেবে না। এব্যাপারে একমত যে প্রথমে বাবা-মা বিগড়ায়, পরে বাচ্ছারা।

16.

স্টেটাস সিম্বলকে প্রদর্শিত করা পার্টির আয়োজন আজকের প্রগতিশীল জীবনের এক অংশ বিশেষ। সর্বদা বেশী রাত পর্যন্ত চলা পার্টিতে স্বচ্ছন্দতার এমন কিছু প্রদর্শিত হতে থাকে যে, যার প্রভাব বাচ্ছাদের মানসিকতার ওপর ভালো পড়ে না। অনৈতিক আচরণকে উৎসাহ দেওয়ার মতো এই পার্টি বাচ্ছাদের অবাধ্যতার সেই সীমা পর্যন্ত নিয়ে যায়, যেখান থেকে ফিরে আসা কঠিন হয়ে যায়।

17.

আর্থিক সম্পন্নতা বাচ্ছাদের মানসিকতাকে বিকৃত করে দেয়। সেজন্য অভিভাবক বাচ্ছাদের ততটাই আর্থিক সম্পন্নতা দিন, যতটা তার ক্যারিয়ার তৈরীর জন্য প্রয়োজন। বাচ্ছাদের মধ্যে কথা-রাখার অভ্যাস তৈরী করুন। সে তার আর্থিক সম্পন্নতা, প্রভাব অথবা শক্তির প্রয়োগ অনুচিত ব্যবহারের উপর করবে না। নিজের থেকে দুর্বলের প্রতি সহিষ্ণুতার ব্যবহারই বাচ্ছাদের ভালো তৈরী করে।

18.

বাচ্ছাদের ভাবনা, বিচার আর ব্যবহারকে প্রতিশোধী-পরায়ণ হওয়া থেকে বাঁচান। এধরনের মনোভাবের কোনো শেষ নেই। আর এধরনের চিন্তা মানুষের প্রগতিতে সর্বদা বাধা হয়ে থাকে, কারণ তার অধিকাংশ সময় অন্যের অনিষ্ট করার কল্পনাতে অতিবাহিত হয়ে থাকে। সে নিজে নিজের ব্যাপারে কিছু ভাবনার সুযোগ পায় না। অতএব অভিভাবকদের উচিত না তারা নিজে বা বাচ্ছাদের মনে এধরনের ভাবনাকে বৃদ্ধি পেতে দেবেন।

19.

বাচ্ছাদের প্রতি অভিভাবকদের যখন নিজেদের দায়িত্ব পালন করে, তো সেই নির্বাহের ভাবনাই বাচ্ছাদের মনে সংস্কাররূপে জন্ম নেয়। অতএব পরিবারের বাচ্ছাদের মধ্যে এই ভাবনা দৃঢ়ভাবে ভরে দিন যে, তার পরিবার আর পরিবারের সদস্যদের প্রতি কিছু নৈতিক দায়িত্ব আছে। এই দায়িত্ব নির্বাহ করেই সম্পূর্ণ আত্মিক ও মানসিক সন্তুষ্টি পেতে পারে। পরিবারের সদস্য—সে মা হোক, বা বোন, ছোটো ভাই অথবা বৌদি—যতক্ষণ তার নিজের পারিবারিক দায়িত্বের জ্ঞান থাকবে, সে পারিবারিক চাহিদার অনুরূপ তৈরী থাকবে।

20.

সামাজিক আর পারিবারিক জীবনে আপনার স্তর যাই হোক না কেন, এটা জানার চেষ্টা করুন আপনার অন্তরাত্মা কি বলছে? আপনি এটা জেনে আশ্চর্য হবেন যে, আপনি আপনার মনের কথা শুনতে পাবেন, এবং সেই আওয়াজ কখনো ভুল হবে না। অতএব আপনি নিজের সমস্ত নির্ণয় এই অন্তরাত্মা থেকে নিন। সেই নির্ণয় কখনো সামাজিক অথবা পারিবারিক আলোচনার কেন্দ্র হতে দেবেন না।

21.

আপনি অভিভাবক হোন, অথবা বাচ্ছা, এই কথার খেয়াল রাখবেন, যে আপনি শুধুমাত্র নিজেকে পাল্টাতে পারেন। অন্যকে বদলাতে, নত হতে, সহমত হতে কেবলমাত্র স্নেহ ভরা অনুরোধ আর আগ্রহই দেখাতে পারেন। কোনো প্রকারের দুরাশা মনে পালন করবেন না। অন্যকে একমত করতে না পারার দুঃখ মনে পোষণ না করে এটা ভাবুন যে এটা তার স্বভাব। এব্যাপারে আপনিও সেই সাধুর কথা মনে রাখুন—একজন সাধু ডুবে যাওয়া একটা বিছেকে বাঁচাবার বার বার চেষ্টা করছিল। আর বিছেও তাকে বার বার দংশন করছিল। তখন একজন ভদ্রলোক বললেন—"যখন ও বাঁচতে চায়না তখন ওকে বার বার বাঁচাবার চেষ্টা করছেন কেন?" সাধু বললেন—"যখন বিছে তার ধর্ম ত্যাগ করছে না (কাটা তার ধর্ম) তো আমি আমি আমার ধর্ম কেন ত্যাগ করবো?" আপনিও বাচ্ছাদের শোধরানোর ব্যাপারে এই ধরনের চিন্তা-ভাবনা গ্রহণ করুন।

22.

নিজের এবং নিজের পরিবারের জীবনশৈলী (Life style) অত্যন্ত সাধারণ, সরল, সহজ ও শান্ত রাখুন। উচ্চশ্রেণীর তৈরী হওয়ার চিন্তা আপনার জীবনকে সমস্যাগ্রস্ত করে তুলবে আর আপনি না চাইলেও অনেক ধরনের নিরাশা, দুশ্চিন্তা, অবসাদের দ্বারা আক্রান্ত হয়ে পড়বেন। এর সবথেকে বেশী প্রভাব বাচ্ছাদের ওপর পড়বে।

23.

আপনি যে ধরনেরই আর্থিক কার্যক্রমে ব্যস্ত থাকুন না কেন, আপনি নির্ধারিত সময়ে নিজের কাজ সমাপ্ত করে, বাকী কাজের ব্যবস্থা করে তাড়াতাড়ি বাড়ী আসার চিন্তা করবেন। পরিবারের সাথে যুক্ত থাকুন। খুব ভালো হয় সন্ধ্যাবেলায় পরিবারের সদস্যরা একসাথে ঘরে থাকলে বা পার্কে ঘুরতে গেলে।

24.

নিজের বাইরের ঝামেলাকে ঘরের লোকের ওপর ব্যক্ত করবেন না। বরং খোলা আকাশের নিচে, চেয়ার পেতে অথবা মাটিতে মাদুর পেতে শুয়ে, শরীরকে ঢিলে ছেড়ে দিন। চোখ বন্ধ করে কিছুক্ষণের জন্য শুয়ে থাকুন। এতে আপনি অবসাদ থেকে মুক্ত হবেন ও পরিবারের সাথে যুক্ত থাকবেন।

25.

ছেলেদের মনে বিশ্বাস জাগিয়ে তুলুন। এতে তারা নিজেদের সমস্যার সাথে একা লড়বে না। নিজের সমস্যার নিজের কাছের কোনো আত্মীয়, বন্ধু অথবা শুভাকাঙ্খীদের সাথে শলাপরামর্শ করে সমাধান বার করে নেবে। তার পরামর্শ নিন, তার 'মরাল স্পোর্টস'কে হাসিমুখে স্বীকার করুন।

26.

বাচ্ছাদের সম্বন্ধে, বা পরিবারের অন্য কোনো সদস্যের কোনো ভালো বা মন্দ সংবাদ পেলে বিচলিত হবেন না। এধরনের কোনো কথা শুনে শান্ত মনে ভাবুন। পরবর্তী কার্যক্রম তৈরী করুন। আপনাকে কে কতটা সহযোগীতা দিতে পারবে তার কথা ভাবুন, তারপর আপনার পদক্ষেপ রাখুন। আপনি জানবেন—জীবনে দুঃখ-কষ্ট, বিপদ, সমস্যা অনেক থাকলেও সুখের অভাবও নেই। সমাধানও অনেক আছে, রাস্তাও সহজ ও সরল।

27.

নিজের কাজ, নিজের সমস্যা, নিজের দুশ্চিন্তাকে কালকের জন্য ফেলে রাখবেন না, কারণ কালকের জন্য রাখা দুশ্চিন্তা আপনার আজকে কিছু করতে দেবে না। কাজ অথবা সমস্যা থেকে উৎপন্ন হওয়া দুশ্চিন্তা আপনার কাজকে নষ্ট করে দেবে আর কালকের ব্যাপারে চিন্তা করে করে আপনার নিরাশাকে বাড়াবে।

28.

বাচ্ছাদের ভবিষ্যতকে নিয়ে আপনার মনের ক্যানভাসের ওপর ভবিষ্যতে ভয়ঙ্কর চিত্র তৈরী করবেন না। জীবনের সমস্ত ক্ষণ-ই ভালো আর মন্দ হয়ে থাকে। যদি সাংঘাতিক পরিস্থিতির কারণে বাচ্ছাদের মধ্যে অবাধ্যতার কোনো লক্ষণ দেখা দেয়, তো আপনার সহযোগীতা এই অবাধ্যতা থেকে তাকে মুক্ত করতে পারে।

এব্যাপারে আপনার চিন্তা-ভাবনা সর্বদা সাকারাত্মক হওয়া উচিত—যাতে বাচ্ছারা সেই অনুসারে চলতে পারে।

29.

নিজের সন্তানদের চিন্তা-ভাবনা স্মার্ট, গুড-লুকিং আর লেটেস্ট হতে দিন। নিজের এই ইচ্ছাকে প্রমাণিত করার জন্য বাচ্ছাদের সহযোগীতা দিন। একে অসাধারণ ব্যবহার মনে করবেন না।

30.

বাচ্ছাদের সম্বন্ধে অজানা ভয় মাথায় আসতে দেবেন না। মৃত্যুর চিন্তা নিজের বর্তমান খুশি থেকে মুখ ফিরিয়ে নেওয়ার মতো মূর্খতার পরিচয়। এতটা ভাবনা বাচ্ছার মধ্যেও তৈরী করুন।

31.

পুরাতনপন্থী চিন্তার জন্য কখনো কখনো বাচ্ছাদের মনে এতটা দুশ্চিন্তা বেড়ে যায় যে তারা ভয়ের কারণে মনোরোগী হয়ে যায়। অকারণ হাঁক-ডাক বাচ্ছাদের প্রতি প্রদর্শন করলে, অভিভাবকদের অকারণ আদর-ভালোবাসা, বাচ্ছাদের ভীতু, ভীরু আর দাবানো মনোবৃত্তির হয়ে যায়। তারা কাল্পনিক ভয়ে ভীত হতে অভ্যস্ত হয়ে যায়।—এর থেকে তাদের বাঁচান। তাদের ভয়শূন্য, সাহসী আর আত্মবিশ্বাসে ভরপুর হয়ে উঠতে প্রয়াস করুন।

32.

বাচ্ছাদের তাদের খুশি, আনন্দ, বৈশিষ্টতাকে বিকশিত করার সুযোগ দিন। তাদের উচিত প্রশিক্ষণ দেওয়ান।

33.

নিজের সন্তানদের মনে কোনো প্রকারের হীনতা আসতে দেবেন না। তাদের না-সূচক চিন্তা-ভাবনাকে উৎসাহিত করবেন না। নিজের ব্যাপারে বলা—"আমি কালো, আমি মোটা, আমার আওয়াজ ভারী.........., আমার দাঁত ভালো নয়.........., মেয়েরা আমার ব্যাপারে কি ভাবছে........ ?" এতে মনে কুণ্ঠাভাব জন্ম নেয়। অতএব এধরনের চিন্তা থেকে বাঁচান।

34.

বাচ্ছাদের সাকারাত্মক চিন্তাকে বৃদ্ধি করার জন্য তাদের অসফলতার সূচী তৈরী করুন। এধরনের সূচী বানাতে বানাতে তার মন থেকে নিরাশা, হার বা অসফলতার ভয় শেষ হতে থাকবে। খেয়াল রাখবেন যে গতমাসের অপেক্ষা এমাসের লিষ্ট যেন বেশী না হয়। এব্যাপারে বাচ্ছাদের নিজেকে সৎ করে তুলুন। তার সততার ওপর বিশ্বাস রাখুন।

35.

জোরে হাসা, মনখুলে কথাবার্তা বলা, মাথা উঁচু করে চলা, অন্যের বিচারকে মান্যতা দেওয়া নিশ্চয়ই সুস্থ্য চিন্তা-ভাবনা। এতে বাচ্ছাদের মধ্যে আত্মবিশ্বাস বাড়বে।

36.

নিজের ভিতরের শক্তিকে জাগান আর ক্ষমতার ওপর বিশ্বাস রাখুন। এই বিশ্বাসের সাহায্যে সামনে এগিয়ে যাবেন। সফলতা লাভ করবেন। নিজের সফলতাকে সাকার করে তুলুন।

37.

'I am sorry', আর 'Excuss me' বলা শিখুন। এটা কোনো দুর্বলতা নয়, না কোনো অপরাধ ভাব, বরং এটা তো খোলা মনের ব্যবহার। অন্যের সাথে একত্রিত হওয়ার সুযোগ। এটা গ্রহণ করতে দ্বিধা করবেন না। এতে আপনার বিনম্রতা প্রকাশ পাবে।

38.

অকারণ কথাবার্তায় সময় নষ্ট করবেন না। নিরর্থক কথাতেও তর্ক করা মূর্খতাপূর্ণ আচরণ। এতে চুপ থাকা বুদ্ধিমানের কাজ। অতএব একে স্থায়ীরূপে গ্রহণ করুন।

39.

যতক্ষণ পারবেন অন্যের খারাপ করবেন না বা খারাপ চিন্তা করবেন না। অন্যের সাথে করা ভালো কাজে আত্ম-সন্তুষ্টি পাওয়া যায়। অশান্ত মনে শান্তি পাওয়া যায়। আপনিও এই ভাবনা নিয়ে অন্যের সাথে ভালো করুন। অন্যের সাথে যুক্ত হ'ন।

40.

অসুখ অথবা বিপদের সময় অন্যের সহায়তা অবশ্যই করুন। আপনি যতই ব্যস্ত হোন না কেন, তারজন্য পর্যাপ্ত সময় বের করুন।

41.

যার কাছে বসে বাচ্ছাদের আনন্দ হয়, তার কাছে অবশ্যই বসতে দিন। বাড়ীর বড়োদের সম্মান করুন। তাদের সেই সমস্ত ইচ্ছাপূরণ করুন যা আপনার কাছ থেকে তারা আশা করে।

42.

নিজেকে অন্যের থেকে ভালো, শ্রেষ্ঠ, সুন্দর, উচ্চ, বুদ্ধিমান, প্রতিভাশালী, ধনী মনে করবেন না। এই ধরনের চিন্তা বাচ্ছাদের অহংকারী করে তোলে। সর্বদা অন্যদের থেকে কিছু শেখার মানসিকতা রাখুন আর শিখুন।

43.

লোকেদের সাথে সম্পর্ক তৈরীতে প্রস্তুত থাকুন। বাড়ী থেকে বা খেলার মাঠ, পাড়ার পুজো প্যান্ডেল কিংবা রেলের যাত্রা, লোকেদের সাথে সহজ-সরলভাবে মেলামেশা করুন। তাদের বিচারকেও বুঝুন আর নিজের অবস্থায় দাঁড়িয়ে তাদের সহযোগীতা করুন। এই সম্বন্ধতে বেশী উৎসাহী হওয়ার প্রয়োজন নেই।

44.

স্কুল-কলেজ, ক্যারিয়ার সম্বন্ধে সাক্ষাৎকার, প্রশিক্ষণ-কক্ষ, খেলার মাঠ, কোথাও দেরীতে পৌঁছবেন না। সর্বদা সময়ের খেয়াল রাখবেন।

45.

সামনে এগিয়ে যাওয়ার জন্য ধীরে চলুন। চোখ ও মন সব সময় খোলা রাখুন।

46.

ক্রোধকে আপনার কাছে ঘেঁসতে দেবেন না। ক্রোধের আগুন ঝলসানো ব্যক্তির ভাগে হীনতা ছাড়া আর কিছুই আনে না।

47.

স্বপ্ন দেখুন, কিন্তু তাকে সাকার করার চেষ্টাও করুন।

48.

নিজের সিদ্ধান্ত নিজে নিন। বাচ্ছাদেরও এতটাই স্বাধীনতা দিন যে, সে নিজের সিদ্ধান্ত নিজে নিতে পারে। যদি তার এই সিদ্ধান্তে আপনি সহযোগীতা করেন, তবে তাতে তার মনোবল বৃদ্ধি পাবে। আর সে তার প্রয়াসে সচেষ্ট থাকবে।

49.

বাচ্ছাদের সুবিধা নয়, উৎসাহ দিন। স্নেহবশে বাচ্ছাদের দেওয়া পকেট খরচ তারজন্য অভিশাপ না হয়ে যায়।

50.

সন্তানদের ভালো বিচার, প্রচেষ্টা, ভাবনাকে সম্মান করুন।

51.

নিজের এবং বাচ্ছাদের ক্ষমতা, গুণ, আদর্শের বৃদ্ধি করুন। এই গুণ-ই আপনার জীবনে জ্ঞান আর সফলতার প্রকাশ ছড়িয়ে দেবে। বাচ্ছাদের বংশের প্রদীপ হওয়ার সম্মান দেবে।

যখন কোনো পক্ষ (স্বামী-স্ত্রী-পিতা-পুত্র) নিজের আমিত্ব ছেড়ে ভেঙ্গো যাওয়া সম্বন্ধকে জুড়তে চেষ্টা করে, তো কেউ হারে না, বন্ধুত্ব আর সম্বন্ধ আরও ঘনিষ্ট হয়ে যায়।

—শীলা সলুজা

●●●